Robert K. Cooper

Sie können mehr als Sie denken!

Robert K. Cooper

Sie können mehr als Sie denken!

Geistige Potenziale wecken und ausschöpfen
in Beruf und Privatleben

Aus dem Amerikanischen übersetzt von AMS/
Samira Goth und Dirk Oetzmann

REDLINE WIRTSCHAFT
bei verlag moderne industrie

Bibliografische Information der Deutschen Bibliothek
Die Deutsche Bibliothek verzeichnet diese Publikation in der Deutschen Nationalbibliografie; detaillierte bibliografische Daten sind im Internet über http://dnb.ddb.de abrufbar.

Copyright © der deutschsprachigen Ausgabe 2003 Redline Wirtschaft, 60439 Frankfurt am Main
http://www.redline-wirtschaft.de

Titel der amerikanischen Originalausgabe: „The Other 90%: How to Unlock Your Vast Untapped Potential for Leadership & Life", erschienen bei Crown Business, New York, USA, Member of the Crown Publishing Group.
Aus dem Amerikanischen übersetzt von AMS/Samira Goth und Dirk Oetzmann.

Copyright © 2001 by Robert K. Cooper
Published by Arrangement with Robert K. Cooper
Dieses Werk wurde im Auftrag der Jane Rotrosen Agency LLC durch die Literarische Agentur Thomas Schlück GmbH, 30827 Garbsen, vermittelt.

Umschlaggestaltung: Vierthaler & Braun, München
Coverbild: ZEFA, Düsseldorf
Satz: mi, J. Echter
Druck und Bindearbeiten: Himmer, Augsburg
Printed in Germany 37230/070303
ISBN 3-478-37230-5

Dieses Buch widme ich

Allen, die bereit sind,
ihr bisher unausgeschöpftes Potenzial
am Arbeitsplatz und im persönlichen Leben zu nutzen

Meiner Familie, die mich in besonderer Weise
angespornt hat zu erforschen, was *möglich*
ist und *Wirklichkeit* werden kann:
Meiner Frau Leslie
Meinen Kindern Chris, Chelsea und Shanna
Meinen Eltern Hugh und Margaret Cooper
Meinen Großmüttern Nora Roby Cooper und
Marion Downing
Meinen Großvätern Hugh Cooper sen. und
Wendell Lanphear Downing

„Wie soll ich meine Seele halten
Dass sie nicht deine rührt?"

Rainer Maria Rilke

Inhalt

Vierter Grundpfeiler

Stimmen zum Buch

„Robert Cooper ist der ultimative Business-Guru für das neue Jahrtausend."

USA Today

„Hin und wieder findet man ein Buch, das für immer die eigene Ansicht darüber verändert, was in Alltag und Arbeitswelt möglich ist. *So nutzen Sie Ihr ungeahntes Potenzial* ist so ein Buch. Robert K. Coopers Botschaft basiert auf lebenslanger Erfahrung und ist machtvoll, herausfordernd, inspirierend und hochgradig praktisch. Robert K. Cooper stellt auf brillante Weise das herkömmliche Denken über menschliche Fähigkeiten auf den Kopf und weckt ungeahnte Möglichkeiten, die jedem von uns zur Verfügung stehen. Dieses Buch ist ein Muss für alle, die das Beste in sich und bei anderen hervorbringen wollen."

Dr. Nancy L. Badore, Gründerin und Leiterin der Abteilung Führungskräfteentwicklung, Ford Motor Company

„Eine zeitlose und unvergessliche Botschaft! Im Management-bereich lässt sich nichts mit der emotionalen Intensität und dem praktischen Wert dieses Buches vergleichen. Auf inspirierende und sofort anwendbare Weise lädt uns Robert K. Cooper in eine neue Dimension unserer Möglichkeiten in Beruf und Alltag ein. Teilen Sie dieses Buch mit jedem, den Sie kennen."

Kenneth Blanchard, Co-Autor von
Die Praxis des :01-Minuten-Managers

„Robert K. Cooper brauchte ein sehr produktives Leben, um ein so herrlich inspirierendes und wahrhaft überzeugendes Management-buch für das digitale Zeitalter zu schaffen!"

Dr. Stephen R. Covey, Mit-Vorsitzender von Franklin Covey und Autor von *Die sieben Angewohnheiten hocheffizienter Menschen*

„Eine wahrhaft erleuchtende Botschaft! Robert K. Cooper zeichnet sich durch die Verwebung ungewöhnlicher, aber praktischer Wahrheiten mit höchst inspirierenden Wegmarken für neue Dimensionen in unserer Zukunft aus. Er bietet klar gehbare Wege für Kunst und Wissenschaft ebenso an wie für die Verbesserung unserer Gesundheit und Lebensqualität. In *So nutzen Sie Ihr ungeahntes Potenzial* führt uns Robert K. Cooper zur Entdeckung und Anwendung unseres eigenen großartigen, aber bisher ungenutzten Potenzials."

Dr. Susan J. Duggan, Gründerin und CEO des
Silicon Valley World Internet Center

„Robert K. Coopers Botschaft kann die Zukunft des Managements verändern. Als man seine Arbeit mit der von 20 anerkannten Management-Experten verglich, erhielt Robert K. Cooper die besten Beurteilungen. Dazu gehören persönlicher Wert, praktischer Nutzen und Gesamtergebnisse."

John C. Horton, Gründer und President des
Leadership Center, Atlanta

„Dieses Buch kann das Leben von Managern auf allen Stufen und in allen Berufszweigen positiv verändern. Es ist voller inspirierender und aufschlussreicher persönlicher Stories, wissenschaftlicher Erkenntnisse und Belege sowie praktischer Werkzeuge aus der Erfahrungswelt des Autors in Management und privatem Alltag. Ich habe mit Cooper fast zehn Jahre zusammengearbeitet. Sein einzigartiges Talent für Herausforderung, Inspiration, Motivation und Weiterbildung ist stets erkennbar. Teilen Sie dieses Buch mit jedem, der in Ihrem Leben und in Ihrer Arbeit zählt."

Dr. Deborah J. Kiley, Leiterin der Abteilung
Führungskräfteentwicklung, Arthur Andersen LLP

„Dieses Buch behandelt die Kernfragen der Unternehmens- und Lebensführung. Robert Cooper bietet hoch interessante und bisher wenig bekannte Erkenntnisse aus der neurologischen Forschung, kombiniert mit inspirierenden Storys und praxisbezogenen neuen Instrumenten – eine Pflichtlektüre für jedermann!"
Bob Nelson, Autor von *1001 Ways to Reward Employees, 1001 Ways to Energize Employees* und *1001 Ways to Take the Initiative at Work*

„Ich liebe dieses Buch! Brillante Einsichten, eine gewaltige und bezwingende Botschaft und absolut praktisch. *So nutzen Sie Ihr ungeahntes Potenzial* trifft den Nagel genau auf den Kopf!"
Dr. Jim Loehr, CEO der LGE Performance Systems, Berater von Top-Athleten und -Managern und Autor von *Geistig stark* und *Durch Stress zum Erfolg*

„Robert K. Coopers Arbeit ist für all jene wichtig, die in ihrer Organisation, ihrer Gemeinschaft oder ihrem Leben etwas anders machen wollen."
Dr. Barry Z. Posner, Dekan der Leavey Graduate School of Business, Santa Clara University und Co-Autor von *Herausforderung Management*

„Dies ist ein wichtiger Weckruf, um alle ungenutzten Potenziale bei sich und anderen zu entdecken, zu aktivieren und zu nutzen! Das Berufsleben im Informationszeitalter verstellt uns leicht den Blick dafür, was im Leben und Beruf tatsächlich möglich ist. Robert K. Cooper zeigt uns mutige neue Wege, um diese verborgenen Fähigkeiten zu entdecken und zu nutzen."
Dr. Martha Rogers, Partnerin bei der Pepper and Rogers Group und Co-Autorin von *Die isomorphe Zukunft*

Einführung:
Das Vermächtnis meines Großvaters

Kommen und gehen; das ist die Geschichte eines jeden von uns.

Henry David Thoreau

Wie lange wir arbeiten, wie wenig wir schlafen, wie sehr wir es auch versuchen: Nur wenige von uns erreichen das Leben, das wir uns erträumt haben oder auf das wir gehofft haben. Es gibt einen anderen Weg.

Ich bin meinem Großvater jeden Tag dankbar für die Aufgabe, die er mir früh in meinem Leben gestellt hat, denn sie bildet die Basis für die Forderung und das Versprechen, das ich an Sie weitergebe.

Als ich heranwuchs, arbeitete mein Vater viel und war oft nicht zu Hause. Er war ein liebevoller Vater, doch seine Arbeit, die auch Hilfsdienste für Weltgesundheitsorganisationen und das Krankenhaus-Schiff USS HOPE umfasste, nahm seine Energie über lange Zeit in Anspruch. Bei zahlreichen Gelegenheiten verbrachten daher meine beiden Großväter sehr viel Zeit mit mir. Sie teilten die Einsichten und Lektionen ihres Lebens mit mir und beeinflussten damit nachhaltig mein eigenes Leben.

Hugh Cooper sen. war Landvermesser, Pfarrer, Lehrer und Schuldirektor gewesen. Unter den zahlreichen Andenken auf seinem Schreibtisch stand ein kleiner Zinnrahmen, den er als Junge in den späten 1880er Jahren bekommen hatte. Im Rahmen steckte ein bereits vergilbtes Stück Papier, auf dem mit Füllfeder die Worte geschrieben waren: „Gib der Welt das Beste, was du hast, und du wirst das Beste zurückbekommen."

Ich starrte auf diesen Satz, während ich im Arbeitszimmer seines Hauses stand und nach seinem vierten Herzinfarkt auf seine Rückkehr aus dem Krankenhaus wartete. Ich war 14 Jahre alt.

Nach jedem seiner ersten drei Infarkte – in einer Zeit vor Herz-Bypass-Operationen – hatten ihm seine Ärzte klar gemacht, dass es nichts gab, was sie tun konnten; seine Tage waren gezählt. Jedes Mal, wenn er noch einmal dem Tod entkommen war, rief er mich an und bat mich, zu ihm nach Hause zu kommen, um über das Leben zu sprechen und das, was am meisten zählte. Diesmal war er so unsicher, was seine Aussichten betraf, dass er aus dem Krankenhaus angerufen und mich gebeten hatte, ihn bereits bei seiner Rückkehr zu Hause zu erwarten. Er liebte mich und hatte mir etwas Wichtiges mitzuteilen.

Ich hörte, wie sich die Haustür öffnete, und sah meine Großmutter, vom Kummer gebeugt, wie sie ihrem Mann half, auf zwei Stöcke gestützt zu seinem Lieblingssofa zu gehen. Er setzte sich schwerfällig hin und bat mich, den kleinen Zinnrahmen von seinem Schreibtisch zu holen und mich neben ihn zu setzen.

„Sie haben gesagt, diesmal würde ich es nicht schaffen", sagte er. „Ich habe die Ärzte reden hören, als sie versuchten, mein Herz zum Schlagen zu bringen. Sie meinten, keiner könne das überleben." Er zwinkerte mir zu, seine Augen waren blutunterlaufen, aber hellwach. „Sie hatten Unrecht, nicht wahr, Robert?"

Obwohl es ein kalter Märztag war, ergoss sich warmer Sonnenschein durch eine Fensterfront in das Zimmer, in dem wir saßen.

„Ich habe nachgedacht", sagte er und deutete auf den Spruch im Rahmen. „Mein ganzes Leben dachte ich, ich wüsste, was diese Worte bedeuteten. Es war einfach. Entweder du gabst dein Bestes oder nicht. Zuerst bist du zur Schule gegangen und hast hart dafür gearbeitet, gute Noten zu bekommen ..." Er atmete ein, sammelte sich.

Er war der Erste in seiner Familie von sieben Kindern, der die Highschool beendet hatte. Danach besuchte er das College und erhielt zur Jahrhundertwende das Master´s Degree. „Dann", sprach er weiter, „bist du zur Arbeit gegangen, warst immer pünktlich und arbeitetest hart. Du gabst dein Bestes. Und dadurch würde das Beste zu dir zurückkommen, als Lohn und als Gefühl des Stolzes."

Er sah mich aufmerksam an, wie fast immer. „Ich habe mich mein ganzes Leben lang geirrt", sagte er.

„Was meinst du damit?"

„Im Krankenhaus habe ich über die außergewöhnlichsten Leute nachgedacht, die ich je gekannt habe. Sie waren es, die weitermachten, wenn andere aufgaben; die Wege fanden, das zu tun, was andere für undurchführbar hielten. Sie hatten nicht einfach eine Arbeit oder arbeiteten hart. Sie drangen tiefer vor und fanden etwas mehr. Sie waren von größerer Bedeutung. Ich glaube nicht, dass sie diese Worte so verstanden hätten", – er hielt den Rahmen so, dass wir beide den Spruch sehen konnten – „wie ich es tat."

„Ich erinnere mich, dass meine Eltern und andere Erwachsene in meiner Heimatstadt sagten: ‚Studiere hart und arbeite hart, aber erlaube deinen Träumen nicht, zu groß zu werden. Denn wenn du das tust, dann wirst du nur enttäuscht.' ‚Lerne, dich einzufügen, und geh mit der Masse', sagten sie, ‚so machen das erfolgreiche Leute.' Ich wurde sehr gut im Einfügen und Mit-der-Masse-Gehen." Seine Stimme verlor sich.

„Robert, du wirst das Gleiche von den Leuten um dich herum hören. Sie meinen es gut, doch sie haben Unrecht. Was wäre, wenn ich das nicht akzeptiert hätte? Was, wenn ich jeden Tag meine Definition des Besten, was gestern war, infrage gestellt hätte? Was, wenn ich auf mein Herz gehört hätte statt auf ihre Worte? Dann hätte ich vielleicht immer tiefere Einsichten gewonnen und der Welt mehr von dem Besten gegeben, das in mir verborgen war."

„Und wenn ich das getan hätte", meinte er, „dann wäre von diesem Besten auch mehr zu mir zurückgekehrt und zu dieser Familie und zu dir, Robert. Aber das wird es nicht", sagte er, „weil ich es nicht getan habe."

„Das ist also meine Forderung an dich, diese Worte zu leben." Er übergab mir den Rahmen. Es war kein Glas darin; ich strich mit dem Finger über die Worte und spürte das brüchige Papier. „Aber Großvater", sagte ich, um ihn nicht zu enttäuschen, zugleich jedoch unsicher, wie ich das erreichen sollte, um was er mich bat, „vielleicht, wenn ich älter bin ..."

„Alter hat damit nichts zu tun. Jeden Tag kannst du etwas mehr erfahren, wer du bist und wie viel Potenzial in dir verborgen ist. Jeden Tag kannst du dich dazu entscheiden, etwas mehr zu werden, als du bist. Ich bitte dich, fang sofort damit an."

„Aber wie?"

„Indem du in dich hineinschaust. Indem du neue Möglichkeiten ausprobierst. Indem du nach dem suchst, was für dich am wichtigsten ist, Robert. Die wenigsten von uns tun das für sich selbst. Stattdessen halten wir den Atem an. Wir sehen weg. Wir schlagen uns durch oder gehen mit der Masse. Wir verteidigen das, was wir waren, indem wir sagen: ‚Es ist gut genug.' Ich bete dafür, dass du nicht eines Tages aufwachst und sagst: ‚Ich habe mein Leben falsch gelebt, und jetzt ist es zu spät, um es richtig zu machen.'" So jung ich auch war, so konnte ich doch den Schmerz fühlen, der in seinem Bedauern lag, und selbst damals erkannte ich, dass sein Geschenk an mich in seiner Ehrlichkeit lag, ebenso wie in seinen eindringlichen Worten. „Robert, wir alle sind weitgehend ungenutztes Potenzial. Es liegt bei dir, der neugierigste Mensch zu werden, den du kennst, und dich immer wieder zu fragen: Was ist mein Bestes? Entdecke jeden Tag immer mehr, um es weiterzugeben. Wenn du das tust, dann verspreche ich dir, dass von diesem Besten mehr zu dir zurückkommen wird, als du dir vorstellen kannst – auf ganz andere Art, als Geld es bieten kann."

Und so ist es. Trotz meiner Kämpfe und Fehler im Lauf der Zeit habe ich gelernt, dass es für jeden von uns Möglichkeiten gibt, die hinter und jenseits konventionellen Denkens und selbst gezogener Grenzen liegen. Was mein Großvater zu spät erkannt hatte, was er versäumt hatte, gab er mir auf zu tun. In diesem Buch gebe ich diese Aufforderung an Sie weiter.

Die anderen 90 Prozent und mehr

Die menschliche Intelligenz und der Geist sind faszinierend, doch die meisten von uns nutzen nur einen winzigen Teil ihrer Brillanz oder Kraft. Es ist, als hätten wir alle unser eigenes Flugzeug zur Geburt bekommen. Es kann fliegen – es wurde dafür gebaut –, aber wir sehen es nicht; wir wissen nicht, was wir besitzen. Also polieren wir nur die Flügel oder starten jeden Morgen die Maschinen wegen des Geräuschs, und dann schließen wir den Hangar für den Rest des Tages. Wie Sie dieses Flugzeug zum Fliegen bringen, zeigt Ihnen dieses Buch.

Als ich die Herausforderung meines Großvaters annahm, war mir kaum bewusst, wie dies nicht nur mein persönliches Leben formen würde, sondern auch meinen beruflichen Werdegang in all den Jahren seit seinem Tod. Seine Forderung an mich hat dazu geführt, dass ich das Leben und die Menschenführung unabhängig und aus einer anderen Perspektive betrachtet habe – als ein ganz gewöhnlicher Mensch auf der Suche nach verborgenen menschlichen Möglichkeiten.

Es hat mich dazu gebracht, weit zu reisen und die Welt stets genauer zu betrachten, wo immer ich auch bin. Ich stelle normalen Leuten, die außergewöhnliche Dinge tun, ungewöhnliche Fragen: Erfindern, Eltern, Kindern, Lehrern, Managern, Denkern und Machern in allen Bereichen des Lebens. Immer wieder habe ich gesehen, wie sie gegen alle Widrigkeiten das Unmögliche möglich machten. Ihr Handeln, im Großen wie im Kleinen, hat mich verändert, hat meinem Fühlen und Denken mit der Zeit neue Dimensionen eröffnet. Ich bin nicht der gleiche Mensch, der ich sonst geworden wäre.

Mein Großvater glaubte an die Worte „Wir nutzen nur zehn Prozent unseres Potenzials in unserem Leben." Und er fragte sich: „Was aber ist mit dem Rest?" Deshalb schickte er mich auf die Suche nach den, wie wir es nannten, „anderen 90 Prozent". Er wäre sicher belustigt, wenn er wüsste, dass vor einigen Jahren Untersuchungen ergaben, dass wir nicht nur ein Zehntel, sondern sogar nur ein Zehntausendstel unserer Fähigkeiten nutzen!

Wann immer mein Großvater mich dabei beobachtete, wie ich an der Oberfläche kratzte, aus Gewohnheit weitermachte oder viel Zeit und Energie mit geringem Nutzen vertat, fragte er mich: „Was ist mit den anderen 90 Prozent, Robert?" Es war seine Art, mich zu ermutigen, meinen Blickwinkel zu ändern, tiefer zu schauen und bereit zu sein, an verborgene Möglichkeiten zu glauben.

Ich glaube, dass die aufregendsten Errungenschaften dieses Jahrhunderts nicht nur den Fortschritten in der Technologie zu verdanken sind, sondern einer tieferen Erkenntnis, was es bedeutet, überaus menschlich und lebendig zu sein. Viele Wahlmöglichkeiten, die unser Leben dennoch dramatisch verändern können, sind winzig und nahe liegend, doch nur wenige Menschen erkennen sie oder wissen, wie man sie nutzt.

William James, ein herausragender Philosoph und Psychologe, sagte einmal: „Das ganze Leben ist eine Kette kleiner Wahlmöglichkeiten – praktischer, emotionaler und intellektueller –, systematisch angeordnet zu unserer Größe oder zu unserem Kummer." Als er gefragt wurde, ob man daran etwas ändern könnte, erwiderte er: „Ja, eines nach dem anderen. Doch wir sollten niemals vergessen, dass die Wirklichkeit nicht unsere großen Träume erfüllt ... sondern die kleinen Entscheidungen bestimmen unausweichlich unserer Schicksal."

Jahrhundertelang ging man davon aus, dass den menschlichen Fähigkeiten enge Grenzen gesetzt sind. Nun belegen viele wissenschaftliche Entdeckungen, dass dies falsch ist. Dennoch, viel zu viele starre Vorstellungen bleiben bestehen – sie halten uns von unseren größten Möglichkeiten fern und tragen dazu bei, dass wir uns von Stress, Veränderung und Unsicherheit bedrängt fühlen. Wie hart wir auch arbeiten, wie viel wir auch geben, wir sind doch weit entfernt von dem, was wir erhofft haben.

Es gibt einen anderen Weg.

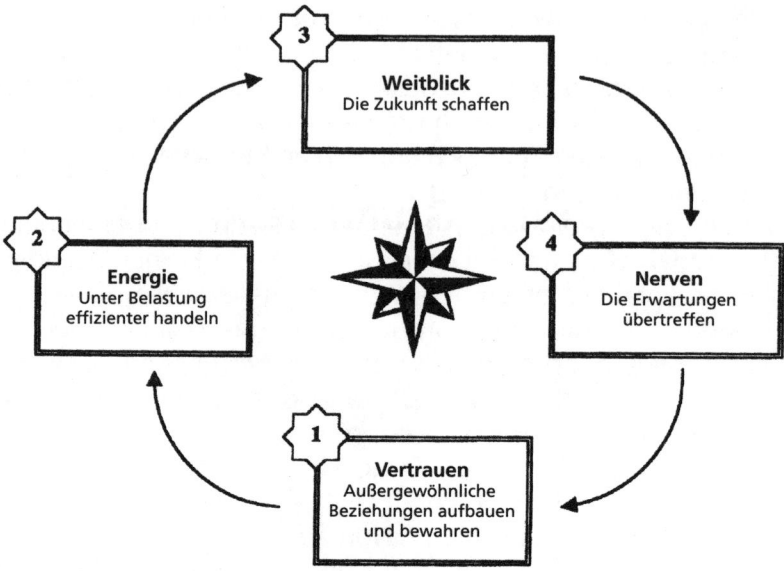

Die vier Grundpfeiler unseres ungenutzten Potenzials

Erster Grundpfeiler

Vertrauen

1 Seien Sie einmalig

In der Schule hatte ich einen schlechten Start. Am ersten Tag lag ein Schild mit meinem Namen auf einer Bank. Ich ging hin und setzte mich. Der 8-Uhr-Gong läutete, und die anderen setzten sich ebenso auf ihre Plätze. Meine Lehrerin, Frau Robinson, eine rundliche Frau, die ihr graues Haar in einem Knoten trug, musterte uns mit strengem, abschätzendem Blick.

Sie klatschte in die Hände und bat um Aufmerksamkeit, was jedoch keinen großen Erfolg hatte. Sie verlangte lauter nach Ruhe. Die Schüler an der Fensterseite schwatzten weiter. Mit Furcht einflößendem Glitzern in den Augen hob sie etwas in die Höhe: einen dicken, metallverstärkten Zeigestock, der von Dellen übersät war, wahrscheinlich vom Rücken ungehorsamer Kinder. Sie begann damit auf die Kante ihres Pultes zu schlagen.

In diesem Moment schätzte ich die Entfernung zur Tür ab.

Zuerst erhielten wir eine Aufstellung der Regeln. Sitz still. Auf deinem Hintern mit geradem Rücken im Plastikstuhl. Keiner redet, außer der Lehrer redet mit ihm. Kaugummi kauen verboten. Spucken verboten. Fluchen verboten. Schielen verboten. Grimassen schneiden verboten. Rülpsen verboten. Lachen verboten. Fragen stellen verboten, außer während der Fragestunde; Antworten kommen nur von ihr. Kenne deinen Platz in der Reihe. Mache dich in der Pause nicht schmutzig und hole dir keine Grasflecken. Frage um Erlaubnis, wenn du auf die Toilette musst. Werde nicht zu übermütig. Erzähle keine Witze. Bewege dich nie von deinem Platz in der Reihe. Tu eins nach dem anderen. Am wichtigsten war die Berichtskarte, die sie den Schlüssel für „ein gutes Leben" nannte.

Nach etwa 15 Minuten wusste ich Bescheid, dass das hier nichts für mich war. Ich stellte mir meine jüngeren Freunde draußen an diesem sonnigen Septembertag vor, wie sie auf dem Wendeplatz am Ende unserer Straße spielten. Ich wusste, sie würden gleich mit dem Ballspielen beginnen oder in einen der waldigen Parks unterwegs sein, zu irgendeinem Abenteuer, vielleicht um Frösche zu beobachten, nach Geistern zu suchen oder verlorene Hunde zu retten. In meiner kindlichen Vorstellung fühlte sich das wie der Schlüssel zum Leben an, aber nicht die Berichtskarte.

Ich erhob mich und ging auf die Tür zu.

„Setzt dich hin, Robert!", befahl Frau Robinson. Alle Augen richteten sich auf mich. Ich zögerte nur einen Augenblick. Sie ging um ihr Pult herum, den Zeigestock in der Hand. Ich rannte zur Tür. Im Zimmer brach ein Tumult aus.

„Stopp!", schrie sie.

Gerade als ich die Spielplatzecke erreicht hatte und über den Zaun sprang, begegnete ich einer Sicherheitspatrouille aus Fünft- und Sechstklässlern, die die Straßenecken zu bewachen hatten und unterwegs in ihre Klassen waren.

„Haltet ihn auf!", kreischte Frau Robinson von der Tür aus. Ich nahm meine Beine in die Hand und warf keinen Blick zurück.

Die genaue Entfernung vom Schulhof bis zur Hintertür meines Hauses betrug dreieinhalb Blocks. Meine vierjährigen Freunde, die tatsächlich auf dem Wendeplatz Ball spielten, begrüßten mich mit wildem Geschrei, als sie mich die letzte Steigung nach Hause rennen sahen, verfolgt von jemandem, der doppelt so groß war wie ich und quer über der Brust einen weißen Gurt mit Silberabzeichen trug. Er kam nicht näher als sechs Meter an mich heran.

Nichts tun, was alle anderen tun

Ich begann meine Schulkarriere auf dem falschen Fuß. Aber wenigstens war es mein eigener Fuß. Ich wollte immer lernen, wie das Leben sein könnte und wie die Welt tatsächlich funktioniert. Diese Dinge stehen nicht unbedingt im Lehrplan.

Eine der ungeschriebenen Regeln, an die ich bald glaubte, war: „Tu nichts, was alle anderen tun." Mit den Jahren habe ich gelernt, dass man mit einer solchen Einstellung in allen Bereichen des Lebens mehr Höchstleistung aus sich herausholen kann.

Wenn wir unsere Originalität unterdrücken, verlieren wir die Verbindung zu der Quelle, aus der wir unsere Vitalität und Inititative schöpfen. Die größten Lernerfolge und Errungenschaften erwachsen nicht aus standardisierter Gruppenarbeit, sondern aus einmaligen Anstrengungen von Einzelnen. Im Hinblick darauf spielt der menschliche Geist nach seinen eigenen Regeln. In vieler Hinsicht ist er rebellisch. Das Bedürfnis, unser Leben anders zu leben, nach unseren eigenen Gesetzen, wird immer stärker, bis es sich Bahn bricht. Es liegt an uns, wie wir damit umgehen.

Als Rosa Parks sich weigerte zu tun, was jeder an einem Dezemberabend des Jahres 1955 tat, war dies ein Wendepunkt in der amerikanischen Geschichte. Sie war nach einem langen Arbeitstag mit dem Bus unterwegs nach Hause. „Ich saß in der ersten Reihe des Farbigen-Abteils, und die Weißen saßen im Weißen-Abteil. Mehr Weiße stiegen zu. Gewöhnlich mussten wir Schwarze dann unsere Sitze an Weiße abtreten. Doch ich bewegte mich nicht. Der weiße Fahrer sagte: ‚Ich brauche die Sitze.' Doch ich stand nicht auf." Ihre mutige Weigerung, eine unmenschliche Praxis zu akzeptieren, erwies sich als bedeutsamer Augenblick für die amerikanische Bürgerrechtsbewegung.

Thomas Edison ist ein weiteres Beispiel für Individualität. An seinem ersten Schultag wurde Edison von seiner Vorschullehrerin nach Hause gebracht, die den Eltern erklärte: „Er ist dumm und unbelehrbar." Edison erinnert sich: „Ich gehörte zu den Schlechteren der Klasse. Ich spürte, dass meine Lehrer mir nichts zutrauten und mein Vater dachte, ich sei dumm."

Praktisch taub, aus vielen frühen Jobs gefeuert, schlug Edison absichtlich die Gegenrichtung des konventionellen Denkens ein – und spielte schließlich eine bedeutende Rolle in der Entwicklung des 20. Jahrhunderts. Er hinterließ 6.000 Erfindungen, die die Welt veränderten, drei Millionen Seiten voll Anmerkungen und Zeichnungen, und gilt als Begründer wissenschaftlicher Teamarbeit.

Ein anderer Mann, den es ebenso dazu trieb, gegen den Strom zu schwimmen, war der „einsame Adler", Charles Lindbergh. Die meisten von uns kennen ihn als den Piloten der *Spirit of St. Louis*, den ersten Menschen, der allein den Atlantik überflog. Nur wenige wissen, dass er als Forscher am Rockefeller-Institut durch die Erfindung von Blut-Zentrifuge und künstlichem Herz und künstlicher Lunge die Medizinwelt in Erstaunen setzte. Diese Leben rettenden Geräte entstanden aus dem tiefen Bestreben zu tun, was andere nicht taten. Als niemand bereit war, ein Serum gegen Lungenentzündung von Wisconsin nach Quebec zu fliegen, um das Leben eines seiner engsten Freunde zu retten, tat er dies selbst.

Als der Familienrat der Coopers tagte, um mein Problem mit dem Schuleschwänzen zu diskutieren, wurde mir klar gemacht, dass Lesen, Schreiben und Rechnen wichtige Fähigkeiten seien und dass ein Fünfjähriger die Regeln nicht selbst bestimmen darf. Doch dem bedeutungsvollen Blitzen in den Augen meines Großvaters entnahm ich, dass niemand glaubte, ich hätte völlig Unrecht. Darauf deutete auch die Unnachgiebigkeit im Blick meiner Mutter hin, die den Verantwortlichen in der Schule die Anregung geben wollte, Neuankömmlingen etwas freundlichere Lernumstände zu schaffen. Ich kehrte mit dem Vorsatz zurück, das Beste aus meiner Zeit in der Schule zu machen.

Da ich weiterhin Fragen stellte und zeigte, dass ich bereit war, für wichtige Dinge hart zu arbeiten, schien es, als ob viele meiner Lehrer – sogar Frau Robinson – sich besonders bemühten, mich als ein Individuum zu behandeln statt als einen von vielen auf der Klassenliste.

In der fünften und sechsten Klasse diente ich bei der Sicherheitspatrouille. Ich half mit, andere Kinder vor Fremden und Autos zu beschützen, doch ich habe nie jemanden verfolgt, der nach Hause rannte. Wenn möglich, redete ich ihnen gut zu oder lief neben ihnen her. Einen unabhängigen Geist sollte man nie zu sehr einengen, sonst unterscheidet man sich nicht von der Masse.

Einmaligkeit sollte man außerdem nicht als selbstverständlich erachten. Wenn man seine Eigenständigkeit wahren will, reichen gute Vorsätze und Willenskraft allein nicht aus. Man braucht dazu noch etwas Seltenes, aber sehr Praktisches: einen Mechanismus, der sie zur Realität werden lässt.

Eine gute Taktik schlägt hundert gute Pläne

Ein besonderes, von Lernen erfülltes Leben ergibt sich aus der Abfolge kleiner, bestimmter Entscheidungen, die man täglich trifft. Es liegen Welten zwischen der Vorstellung von einem solchen Leben und dem tatsächlichen Tun. Wecken wir jedoch neue Fähigkeiten in uns, kommen auch unsere verborgenen Kräfte zum Tragen. Wenn man durch Taten Erkenntnis gewinnt, besteht keine Lücke zwischen dem, was man weiß, und dem, was man tut.

Doch es gibt etwas, was dem im Weg steht. Ein wichtiger Teil unseres Gehirns, der Mandelkern, sorgt dafür, dass alles in Routine abläuft, nicht Veränderung anstrebt. Er befindet sich im limbischen System, einem Gehirnbereich, der die Art unserer Wahrnehmung und Reaktion auf die Welt bestimmt und uns unbarmherzig dazu antreibt, das Bekannte und die Routine zu bevorzugen. Wir sehnen uns daher nach Kontrolle und Sicherheit, was manchmal lebenswichtig sein kann. Doch diese Instinkte, die sich über Tausende von Jahren entwickelt haben, beteiligen sich auch daran, sich in jedem Aspekt des Lebens auszubreiten und eine dauerhafte Abneigung dagegen zu fördern, irgendetwas in Angriff zu nehmen, das Risiko, Veränderung oder Wachstum bedeuten kann. Ihr Mandelkern „möchte", dass Sie sind, was Sie waren, und dass Sie so bleiben, wie Sie sind.

Wenn Sie sich nicht dazu entschließen, diese Tendenz zu übergehen, sind Sie dazu verurteilt, ständig die Vergangenheit zu wiederholen. Eine der wirksamsten Methoden, diese Begrenzung zu überwinden, besteht in der Schaffung einfacher Mechanismen, die Ihnen dabei helfen, sich von der Masse zu unterscheiden und nach Höherem zu streben. Ein Plan ist eine schöne Absicht oder eine weit entfernte Vision. Er mag inspirieren, doch an sich ist er nichts Besonderes. Doch sobald man eine klare Vorstellung von dem hat, was man erreichen will, setzt ein *Mechanismus* ihn in die Tat um.

Es gibt zum Beispiel ein einfaches Schema, das unsere natürliche Abneigung gegen Fortschritt oder Veränderung überwinden hilft. Dazu muss man nur regelmäßig folgende Fragen stellen:

1. Was ist das Außergewöhnlichste, das Sie diese Woche getan haben?
2. Was ist das Außergewöhnlichste, das Sie nächste Woche tun werden?

Sie können jeden Einzelnen in einer Gruppe fragen oder sich allein – Sie können ein wöchentliches Treffen mit sich selbst anberaumen (zum Beispiel jeden Freitagmorgen vor dem Badezimmerspiegel). Das Wort „außergewöhnlich" kann man definieren, wie man will. Es bedeutet einfach: „Was war für Sie besonders?" oder „Wie unterschieden Sie sich von der Masse?" oder „Was hat sich durch Sie für die Menschen um Sie herum oder für die Welt an sich geändert?" Vielleicht war es diese Woche etwas richtig Großes. Oder vielleicht war es ein nettes Wort oder eine unbeachtete Aufgabe zu Hause, auf die Sie stolz waren. Die Absicht zählt. Nehmen Sie sich einen Moment Zeit, über Ihre Antwort nachzudenken: War dies das Beste, das Sie geben konnten? Hätten Sie vielleicht noch mehr geben können?

Ich habe dieses „Gerüst" für das Wesentliche von meinem Großvater Cooper. Am Sonntagmorgen, wenn ich zu Besuch war oder kleine Arbeiten im Haus erledigte, fragte er mich: „Was hat dich diese Woche am meisten stolz gemacht?"

Er hörte sich meine Antwort an und sprach mit mir darüber. Ab und zu erzählte er mir auch von den Antworten, die er auf die gleiche Frage von kürzlich eingetroffenen Einwanderern erhielt, die er beschäftigte. Was ich dadurch erfuhr, machte mich bescheiden und inspirierte mich zugleich.

„Ich habe diese Woche einen Dollar für das erste Kleid meiner kleinen Tochter gespart", sagte einer. „Mein Bruder hat Kinderlähmung und kann nicht laufen", erzählte ein anderer. „An einem Abend habe ich ihn den Berg hochgetragen, und wir haben in den Sternenhimmel geschaut." Ein Mann sagte: „Meine Frau und ich haben eine Mahlzeit ausgelassen und sie unseren Eltern gebracht, die wenig besitzen. Als sie uns fragten, ob wir gegessen hätten, sagten wir: ‚Ja, natürlich, wir hatten mehr als genug zu essen.'"

Das ist die andere Seite dieses einfachen Mechanismus: Er bietet eine direkte und unerwartete Möglichkeit, die unsichtbaren, aber wichtigen Bemühungen anderer wahrzunehmen und zu schätzen. Die meisten nehmen kaum zur Kenntnis, wie oft innerhalb einer Woche andere Menschen hilfsbereit sind, sich besonders bemühen oder auf andere Weise freundlich sind oder Initiative entwickeln. Tag für Tag sind wir alle zu kleinen, aber außergewöhnlichen Initiativen oder Fürsorge fähig. Wenn wir unser Leben auf so besondere Art leben, werden wir auch feststellen, dass ein positives Verhalten der Hauptantrieb positiver Einstellungen ist – nicht umgekehrt.

Am Ende unseres wöchentlichen Gesprächs sagte mein Großvater dann: „Robert, was kannst du nächste Woche tun, das niemand von dir erwarten würde?" Er brachte mir bei, wofür er ein ganzes Leben gebraucht hatte: Obwohl wir von unserer Zukunft vielleicht in rosigen Farben träumen, müssen wir unser Leben doch in der alltäglichen Praxis leben, in vielen kleinen Schritten.

Wann ich diesen Mechanismus auch angewandt habe, ich erlebte nicht ein Mal, dass jemand die zwei Fragen so beantwortete, dass er oder sie diese Woche nichts Außergewöhnliches getan habe oder nächste Woche nichts Besonderes tun würde. Natürlich möchte niemand fantasie- oder einfallslos erscheinen, aber es steckt doch noch mehr dahinter.

Indem wir diese Fragen stellen, verändern wir auf einfache, aber bedeutende Weise die Art, in der wir uns selbst betrachten. Das geht über gute Vorsätze und Erklärungen hinaus und führt zu einer tieferen Erkenntnis darüber, wann man nach dem Außergewöhnlichen greifen könnte.

Wenn Sie sich in diesem Moment fragen, was Sie letzte Woche Außergewöhnliches getan haben, müssen Sie wahrscheinlich eine Weile nachdenken. Wenn Sie diese zwei Fragen – Was haben Sie diese Woche getan, und was werden Sie nächste Woche tun? – zum festen Bestandteil Ihres Lebens machen, kann das Ihre Einstellung zu allem ändern, was Sie tun. Es schärft die Wahrnehmung für die eigenen Fähigkeiten.

Am Dienstag denken Sie vielleicht: „Ich habe diese Woche ja noch gar nichts Besonderes getan." Das kann zum Beispiel zu der Antwort führen: „Dann lasse ich mir aber besser etwas Außergewöhnliches *einfallen*!" Es steigert die Neugier auf die Möglichkeiten, neue Wege zu gehen. Sie werden bald feststellen, dass Sie aktiver nach Möglichkeiten suchen, der Welt mehr von Ihrem Besten zu geben, statt einfach abzuwarten.

Obwohl Studien darauf hindeuten, dass Menschen, die regelmäßig vorausdenken, häufiger die Chance auf eine Führungsposition und beruflichen Aufstieg erhalten, geht dieser Mechanismus weit tiefer. Er setzt sich über die Nicht-wachsen-oder-verändern-Instinkte unseres Gehirns hinweg und klärt, was uns einmalig macht und von der Menge unterscheidet. Er erinnert daran, dass es an uns selbst liegt, die praktischen und gehbaren Wege zu entdecken, um einen bleibenden Eindruck auf die Welt und bei den Menschen zu machen, die uns am wichtigsten sind.

2 Nutzen Sie Ihren Verstand – mit seinen drei Ebenen

Sie sind intelligenter, als Sie dachten

Die Dinosaurier der Zukunft werden die sein, die weiterhin versuchen, nur aus ihrem Kopf heraus zu leben und zu arbeiten. Ein guter Teil menschlicher Genialität ist jedoch weniger „kopfgesteuert" als durch die neu entdeckten Intelligenz-Zentren gelenkt. Ich nenne sie „Verstand zwei" und „Verstand drei": Bauch und Herz. Die höchste geistige Anstrengung, gepaart mit ausgeprägter Erfindungsgabe, bilden die Zusammenarbeit aller drei Ebenen Ihres Verstandes.

Sprechen wir zum Beispiel über Richard. Als kleiner Junge hatte er eine Lesestörung und war „zahlenblind" – unfähig, selbst einfache Rechenaufgaben zu lösen. Nach eigenen Angaben war er „ein ziemlich hoffnungsloser Fall" für traditionelle Lernmethoden, er verließ die Schule mit 16 Jahren. Doch eine vor kurzem durchgeführte staatliche Umfrage stufte ihn als den intelligentesten Mann Großbritanniens ein.

Er war am Leben und dessen Möglichkeiten interessiert und ließ sich wegen seiner mangelhaften Schulbildung nie von etwas abhalten. Er wandte bei dem, was ihn interessierte, einfach andere Formen geistiger Stärke an. Seine ersten Unternehmungen hatten nichts mit Geld zu tun, waren aber von viel Enthusiasmus gekennzeichnet, und er betont, dass sie Spaß machten, was seiner Ansicht nach für jede Arbeit gelten sollte. Sein Geschäftsimperium hat heute einen geschätzten Jahresumsatz von vier Milliarden US-Dollar und besteht aus vierzig großen Unternehmen, die Richard fast alle von Anfang an aufgebaut hat. Seine Fluggesellschaft gehört zu den gewinnbringendsten der Branche, und sein Ausflug in die Welt der Finanzdienstleistungen hat den gesamten Sektor verändert. Er hat dabei mehr als 25.000 Arbeitsplätze geschaffen.

„Wir sind das größte Privatunternehmen in Großbritannien, und ich kenne noch immer nicht den Unterschied zwischen Brutto und Netto", sagt er. „Ich betrachte ein Kreuzworträtsel, und mir fällt nichts ein." Doch Richard Branson unterscheidet sich von der übrigen Geschäftswelt hauptsächlich, weil er mehr von seinem verborgenen Potenzial erschließt, indem er alle drei Ebenen seines Verstandes nutzt, nicht nur die eine.

Richard Branson ist nicht der Einzige, der seinen glänzenden „Mehrfach-Verstand" anwendet. Nach einer Untersuchung der 400 einflussreichsten Führungspersönlichkeiten des Jahrhunderts, Männer und Frauen, hatten drei von fünf Menschen – dazu gehören Edison, Einstein, Picasso, Henry Ford, Susan B. Anthony, Mark Twain und die Brüder Wright – ernste Probleme mit traditionellen Denkweisen oder dem Lernen in der Schule.

Abgesehen von den berühmten verändern auch „normale" Menschen, die all ihren Verstandesebenen trauen, die Welt. Es sind Leute wie Gretchen Buchenholz, deren mutige Aktion für die verletzlichsten Kinder unserer Gesellschaft die Alltagslogik und beängstigende Macht der Gesetzgebung übertroffen hat. Sie arbeitet dafür, das Leben von Babys zur retten, die mit Aids geboren wurden – und es gelang ihr, den Widerstand des Staates New York zu überwinden, der sich weigerte, die Identität von Kleinkindern mit Aids preiszugeben, da man beschlossen hatte, dass die Privatsphäre einer Mutter wichtiger sei als das Leben ihres Kindes.

Oder die Geschichte der 17-jährigen Amber Coffman, die jede Woche viele Stunden damit verbringt, an Obdachlose Essen auszuteilen. Wer hätte so etwas in den letzten zehn Jahren getan, ab dem Alter von acht Jahren, aus rein rationalen Beweggründen und nicht dank einer weitergehenden Form von Intelligenz aus Bauch oder Herz?

Am Samstagmorgen versammeln sich Amber, ihre Mutter Bobbi und Dutzende freiwilliger Teenager, um anderen zu helfen. Sie könnten ausschlafen, einen Stadtbummel machen oder fernsehen, doch ihr aufrichtiges Engagement für die Obdachlosen führt sie stattdessen seit 1993 auf die Straßen von Baltimore. Sie nennen sich selbst die Glücklichen Helfer der Obdachlosen, und Amber sagt: „Wir haben eine der größten Familien der Welt." Sie plant die Gründung eines Ratgeber-Programms für obdachlose und gefährdete Kinder, mit dem Schwerpunkt Hausaufgaben und Liebe. Jedes Jahr gibt sie an ihrem Geburtstag eine Party, nicht für sich selbst, sondern für die Obdachlosen. Es ist unwahrscheinlich, dass bloß gute Gedanken allein einen so außergewöhnlichen Beitrag eines Einzelnen hervorbringen würden. Welche anderen Dimensionen der Intelligenz mögen hier am Werk sein?

Die Neurowissenschaft hat das konventionelle Denken auf den Kopf gestellt

Die herkömmliche Ansicht darüber, wie „Verstand eins" – der Verstand im Kopf – das menschliche Verhalten beeinflusst, kann in etwa so zusammengefasst werden: Immer wenn man eine direkte Erfahrung macht – etwa in der Interaktion mit einem anderen Menschen oder dem Begegnen einer Herausforderung, eines Problems oder einer Gelegenheit –, wird dies über die fünf Sinne vermittelt und tritt danach ins Nervensystem ein. In diesem traditionellen Modell geht jede Erfahrung direkt in unser Gehirn; man denkt darüber nach und anwortet darauf mit Verhalten. Alles geschieht im Kopf.

Doch die Wirklichkeit verhält sich keineswegs so. Wann immer zu viel Gehirnaktivität für Denken und Erinnern in Anspruch genommen wird, ist tatsächlich nicht genug geistige Energie vorhanden, um den Umfang und die Tiefe dessen zu erfahren, was gerade in diesem Moment neu ist. Als Resultat wird ein Verhalten, das genial und praktisch sein könnte, ungeschickt und unbedeutend.

Es gibt Zeiten, in denen es nicht nur unwesentlich ist, sich beim Erwerb und Ausdruck von Fürsorge oder Fachkenntnis auf den denkenden Verstand zu verlassen, sondern sogar tatsächlich störend.

Täglich erfahren wir mehr über die Geheimnisse menschlicher Intelligenz und lernen, unser innewohnendes Potenzial auszudehnen und zu vertiefen. Wir wissen inzwischen, dass Intelligenz den ganzen Körper umfasst. Wenn es um Genialität oder Einsicht geht, können wir den Körper nicht vom Geist trennen. Ein spontanes Erlebnis geht *nicht* direkt ins Gehirn, damit dort darüber nachgedacht wird. Zuerst trifft es in die neurologischen Netzwerke von Verdauungstrakt und Herz.

Der Verstand im Bauch

Jeder Kontakt mit dem Leben erzeugt ein Gefühl im Bauch: Sie werden das als „Schmetterlinge im Bauch" wahrnehmen oder als einen Knoten innerer Anspannung oder Aufregung. Oder, je nachdem, wie intensiv Sie darauf trainiert wurden, immer nur Ihren Kopf zu gebrauchen, Sie nehmen auch gar nichts wahr.

Doch es ist da. Und stellt viele Fragen, ob Sie es merken oder nicht. Es stellt sie nicht nur, sondern beantwortet sie auch, in einer Art und Weise, die Ihre Aktionen beeinflusst. Wie wichtig ist dieses Treffen oder jene Herausforderung für diesen Menschen? Ist das jetzt eine Chance? Oder eine Drohung? Steht mein Glück oder mein Weiterkommen auf dem Spiel?

Dieser „zweite Verstand" in unseren Eingeweiden, bekannt als das vegetative Nervensystem, arbeitet unabhängig, ist aber dennoch verbunden mit dem Verstand im Gehirn. Wissenschaftler, die das ausgedehnte System aus Nervenzellen und Neurotransmittern untersuchen, entdeckten etwa 100 Millionen Neuronen im Darmtrakt, mehr als im gesamten Rückenmark. Diese komplexe Schaltzentrale befähigt das vegetative Nervensystem, den „zweiten Verstand", selbstständig zu agieren, zu lernen, Erinnerungen zu speichern und unsere Wahrnehmungen und Verhaltensweisen zu beeinflussen.

Ob man seine Reaktionen aus dem Bauch wahrnimmt oder nicht, sie formen alles, was man tut, ebenso wie bei allen anderen Menschen ... immer.

Der Verstand im Herzen

Nachdem jede Erfahrung vom vegetativen Nervensystem verarbeitet wurde, ist das Herz an der Reihe, darüber nachzudenken. In den 1990er Jahren haben Wissenschaftler der zunehmend an Bedeutung gewinnenden Neurokardiologie den wahren Verstand im Herzen entdeckt, der unabhängig vom Kopf agiert. Dieser „Herzverstand" besteht aus einem klar erkennbaren Satz von mehr als 40.000 Nervenzellen, die man Barorezeptoren nennt, einem komplexen Netzwerk von Neurotransmittern, Proteinen und unterstützenden Zellen; er ist so groß wie viele Schlüsselbereiche des Verstandes im Kopf. Er besitzt kraftvolle, hoch entwickelte Rechenfähigkeiten. Ebenso wie der Verstand im Bauch dient seine neurale Schaltzentrale dazu, unabhängig zu agieren, zu lernen, Erinnerungen zu speichern und auf das Leben zu reagieren.

Im Fötus entwickelt sich das menschliche Herz, bevor Nervensystem und denkender Verstand ausgebildet sind. Die elektrische Energie in jedem Herzschlag und die darin enthaltene Information wird in jede Körperzelle transportiert. Das Herz ist ein mit Energie geladener Muskel, und jeder Schlag bringt Milliarden von Zellen dazu, in einem perfekt synchronisierten Rhythmus zu „zünden". Neueste Studien darüber, wie Lernen entsteht und wie Gefühle erzeugt werden, haben gezeigt, dass die Kohärenz der Rhythmen des Herzverstandes die Wirksamkeit des denkenden Verstandes verändern kann, oft sogar dramatisch.

Mit jedem Herzschlag findet eine sofortige Gesamtkörper-Kommunikation statt – eine Welle, die viel schneller durch die Arterien pulst als der tatsächliche Blutfluss. Dies schafft eine andere Sprache interner Kommunikation, da die Muster der Druckwelle mit jedem verzweigten, rhythmischen Muster des Herzens variieren. Jede Ihrer Trillionen von Zellen spürt diese Druckwelle und ist von ihr in vielerlei Hinsicht abhängig.

Eine weitere Route, die das Herz zur Kommunikation benutzt, sind die Botenstoffe im Hormonsystem. Solch ein chemischer Stoff im Herzen ist das Atriopeptid, ein wichtiger Antrieb motivierten Verhaltens.

Wenn wir unsere Werte und Ziele nicht *spüren*, können wir sie nicht *leben*. Es ist das Herz, nicht der Kopf, das uns antreibt, uns selbst zu übertreffen.

Es hat sich auch gezeigt, dass das Herz im Hinblick auf menschlichen Erfindungsgeist und Initiative nicht nur *offen* für neue Möglichkeiten ist, sondern aktiv nach ihnen forscht, immer wieder auf der Suche nach neuem, intuitiven Verständnis dafür, was uns im Leben oder bei der Arbeit am wichtigsten ist. Der Verstand im Herzen sucht unverzüglich nach neuen Möglichkeiten für Wachstum oder Lernen, „misst", was andere fühlen, „misst" den Zusammenhang oder die Übereinstimmung dieses Gefühlszustands und prüft sein eigenes Stadium zusammenhängender Werte und Leidenschaften. So scheint das Herz als weitreichendes Sensorsystem oder persönlich bedeutsames Radar zur Aufdeckung wichtiger oder kreativer Chancen zu funktionieren.

So wie die Eingeweide mehr verarbeiten als die Nahrung, bewegt das Herz viel mehr als Blut. Jeder einzelne Herzschlag spricht in einer intelligenten Sprache mit dem ganzen Körper, einer Sprache, die starken Einfluss darauf hat, wie man die Welt wahrnimmt und wie man darauf reagiert.

Daher ist es nicht verwunderlich, dass Menschen, die nicht das Gefühl haben, dass man sich um sie sorgt oder sie als Persönlichkeit schätzt, nicht mit dem Herzen bei ihrem Leben oder bei ihrer Arbeit sind. Aufgrund einer gründlichen dreijährigen Studie zu den entscheidenden Variablen für den Erfolg als Manager kam das *Center for Creative Leadership* vor kurzem zu dem Ergebnis, dass der einzige für die Statistik bedeutsame Faktor, der die besten Manager von den mittelmäßigen unterschied, die Tatsache war, ob sie sich um ihre Mitarbeiter *kümmerten*. Es ist keineswegs so, dass wir keine Basis von anderen Qualitäten und Kompetenzen benötigen, um in einem bestimmten Bereich gut zu arbeiten. Doch die innere Beteiligung und Fürsorge ist der Klebstoff, der all das zusammenhält und Menschen dazu befähigt zu glänzen.

Der Verstand im Kopf

Die dritte Region für Nervenimpulse ist ein Bereich am Gehirnstamm, die Medulla (oder das Mark). Mehrere Schlüsselreize finden hier statt. Im Innern der Medulla liegt eine lebenswichtige Verbindung zum retikulären aufsteigenden Aktivierungssystem oder RAS. Das RAS stellt die Verbindung mit den Hauptnerven in Rückenmark und Gehirn her. Es sortiert die 100 Millionen Impulse, die das Gehirn jede Sekunde überfluten, weist das Unwichtige ab und lässt das Lebenswichtige hindurch, um den Geist zu alarmieren.

Dieser Teil des Gehirns hat sich über Jahrtausende mit der Tendenz entwickelt, eingehende negative Botschaften zu vergrößern und positive zu verkleinern. Obwohl die Menschen heute in einer technologiegesteuerten Welt galaktischer Reisen und virtueller Wirklichkeiten leben, stehen wir dem alltäglichen Leben immer noch mit den tief verwurzelten Charaktermerkmalen von Jägern und Sammlern der Steinzeit gegenüber.

Vor Äonen von Jahren, unter fast permanent lebensbedrohlichen Gefahren, war es der menschlichen Art zweifellos dienlich, negative Botschaften zu verstärken. In der Welt von heute führt diese tief sitzende Reaktion dazu, die Dinge zu verkomplizieren. Einige gut gemeinte Worte der Kritik – sicherlich nichts Lebensbedrohliches – werden dennoch vom RAS zu einer einfachen Botschaft verstärkt: Gefahr! Gefahr! Man nimmt eine drohende Haltung ein, wird ängstlich und verteidigungsbereit. Im Gegensatz dazu wird ein ehrliches Kompliment gewöhnlich vom RAS auf nicht mehr als ein Flüstern geschrumpft. Deshalb werden wir fast alle am Ende eines typischen Tages, wenn Hunderte von Dingen ziemlich gut liefen und nur eine Sache ein wenig schief gegangen ist, uns gerade mit dieser einen Sache beschäftigen. Das ist der unabdingbare Instinkt des RAS, und wenn man nicht lernt, seinen Einfluss zu leiten und zu managen, kann dies dazu führen, dass es alle Wahrnehmungen dominiert und den Fortschritt lähmt.

Wenn es die Wahl hat, wird das RAS die Dinge stets negativ interpretieren. „Lieber auf Nummer sicher gehen" ist der Wahlspruch, nach dem es vorgeht. Wenn also zum Beispiel ein Manager oder Familienmitglied sich unklar verhält – vage oder gemischte Botschaften aussendet oder einen geheimen Plan zu verfolgen scheint –, leitet das RAS dies fast immer als Bedrohung von Status, Rolle, Ansehen, Integrität oder der Beziehung an die höheren Gehirnzentren weiter. Wenn man kein klares Verständnis davon hat, wo man selbst oder andere in Bezug auf ein Thema oder eine Herausforderung stehen oder was ein Gerücht und was Tatsache ist, ist die natürliche Tendenz im Nervensystem die, das Schlimmste anzunehmen. Das Ergebnis sind Misstrauen, Kritik, Tratsch und Zynismus ... hinter dem Berg halten ... sich nicht weiterzuentwickeln, um zu lernen oder zu wachsen ... Vermeidung von Initiative ... abwarten und zuschauen ... also Reaktionen, die tödlich sind für das menschliche Genie und für Effektivität. Und die Ironie besteht darin, dass das RAS seine Botschaft „Gefahr! Gefahr!" umso lauter ruft, je öfter wir die Ermahnung hören, diese Verhaltensweisen zu ändern.

Überlegen Sie im Gegensatz dazu, was geschieht, wenn wir die Reaktion des RAS berücksichtigen – und uns tatsächlich bemühen, sie aktiv zu managen. Ein Beispiel: Nehmen wir an, Sie ärgern sich über etwas, das Sie frustriert oder aus dem Gleichgewicht bringt. Es ist anzunehmen, dass dabei tief verwurzelte Gewohnheiten oder Muster am Werk sind. Das RAS ist darauf ausgerichtet, Gefühle der unmittelbaren Bedrohung oder des Kontrollverlusts zu verstärken. Es bereitet sofort auf einen Ausbruch vor, oder, falls man es schafft, diese Reaktion zu unterdrücken, man reagiert mit verstärkter Spannung oder Ablehnung.

Stoppen Sie genau hier. Machen Sie sich die Störung oder das Problem und gleichzeitig Ihre Gefühle dazu klar. Was sagt Ihnen das alles? Sollten Sie einfach weitermachen? Wie sehr sind Sie auf eine gewohnheitsmäßige Reaktion vorbereitet?

Nun überlegen Sie, welche Antwort Ihnen jetzt am ehesten weiterhelfen würde. Welche Reaktion würde sich mit Ihren Wertvorstellungen decken? Wenn Sie sich in einer Stunde oder einem Monat selbst betrachten würden, was wäre dann das Beste? Dies ist ein einfaches Beispiel dafür, wie es gelingen kann, besser mit dem umzugehen, was Ihnen in diesem Moment begegnet. Schalten Sie unterschiedliche Ebenen Ihrer Intelligenz ein, nicht nur die eine.

Betrachten wir ein anderes Beispiel: Nehmen wir an, dies ist ein Tag, der Sie besonders herausfordert. Die Arbeit häuft sich, zu viele Dinge sind schief gegangen, und Sie merken, wie Sie Kopfschmerzen bekommen. (Oder ist das vielleicht ein allzu typischer Tag?) Ein Mensch, der Ihnen etwas bedeutet, privat oder beruflich, kommt auf Sie zu. Sie sehen ihn ein wenig ängstlich an und fragen sich: „Oje, was kommt jetzt noch?" Ihr Bauch fragt sich das Gleiche, und – ob Sie es merken oder nicht – die „Schmetterlinge" halten ein Treffen ab. Ihr Herz hat begonnen, den Zellen einen ziemlich beunruhigenden Code zu senden. Punkt, Punkt, Punkt, Strich, Strich, Strich, Punkt, Punkt, Punkt – SOS.

Dann sagt dieser Mensch: „Ich komme nur vorbei, um Ihnen zu sagen, dass Ihre Bemühungen letzte Woche absolut richtig waren. Während alle anderen in Abwehrstellung gingen und stritten, waren Sie der Einzige, der sich für Lee einsetzte, das einzige neue Mitglied der Gruppe, das eine schwierige Frage gestellt hat und eine neue Idee eingebracht hat."

„Ich weiß, dass Sie beide dafür kritisiert wurden", fährt er fort, „aber Sie sind damit gut umgegangen und haben alle anderen zum Nachdenken angeregt. Ich bin erst spät zur Diskussion hinzugekommen, blieb aber hinterher noch, um mit den Leuten zu sprechen. Ich kann Ihnen sagen, dass Sie uns vor einigen Problemen bewahrt haben und Lee, der noch einige andere gute Ideen für uns hat, Ihnen dankbar ist. Die ganze Gruppe hat eine bessere Ausrichtung erhalten und macht diese Woche echte Fortschritte. Sie sind eine wirkliche Bereicherung. Danke."

Stellen Sie sich vor, wie Sie sich fühlen würden. Welchen Einfluss würde solch eine ehrliche, besondere Botschaft haben, trotz des harten Tages, trotz der gewöhnlichen Macht des RAS, die positivsten Kommentare zum Schweigen zu bringen? Auf dem Heimweg werden Sie sich wohl immer noch an einige negative Dinge des Tages erinnern, doch vielleicht vor allem an diese ehrliche, besondere Botschaft. Und Ihr Körper fühlt sich wahrscheinlich viel leichter an.

Vom RAS aus reist der Nervenimpuls im Bruchteil einer Sekunde zum limbischen System, wo wir die Welt wahrnehmen und wo unsere Antwort darauf gebildet wird. Das limbische System ist auch der Sitz der Emotionen im Gehirn. Es bestehen Hinweise darauf, dass das limbische System 80.000-mal schneller funktioniert als der denkende Verstand.

Schließlich erreicht die Kaskade nervlicher Eindrücke Ihres momentanen Erlebnisses den denkenden Bereich des Gehirns. Vorher wurde jedes Erlebnis, jede Erfahrung von Bauch, Herz und anderen Gehirnregionen gefühlt und interpretiert. Mit anderen Worten, es scheint, dass wir *zuletzt* denken, nicht zuallererst.

Wenn man sich zu sehr auf den Verstand im Kopf verlässt, findet ein unnötiger Extrakampf statt. Wenn der Geist etwas tut, ohne von Bauch und Herz ausbalanciert zu werden, ist der Intellekt in erster Linie als ein Akt der Bequemlichkeit beteiligt. Er kann alle möglichen Ideologien, Philosophien, Theorien, Ermahnungen, Prinzipien und Glaubenssätze erzeugen, doch selbst wenn diese beredt und gut gemeint sind, besitzen sie an sich doch kein großes Gewicht. Wir müssen *spüren*, was wichtig ist, um in einer Weise zu *leben* oder Menschen zu *führen*, die zählt.

Es zeigt sich, dass die oft beschworene Aufforderung, „Gefühle aus der Sache herauszuhalten", ein sicherer Weg dazu ist, schlechte Entscheidungen zu treffen. Ja, sicherlich sollten wir so klar und einsichtig wie möglich denken. Doch ohne die aktive Beteiligung der Verstandesebenen von Bauch und Herz werden Sie das Bestmögliche nicht erreichen, wenn Sie versuchen, eine Entscheidung oder Lösung herbeizu*denken*.

Ein anderer Weg, um diese Einsichten über die Bauch-Herz-Gehirn-Intelligenz anzuwenden, besteht darin, den Geist von Zeit zu Zeit „aufzuräumen", damit er die Einsichten aus den anderen Intelligenzquellen nicht übertönen kann. Das hilft auch dabei, das RAS davon abzuhalten, uns mit negativen oder beängstigenden Sorgen oder Reaktionen zu dominieren.

Dinge, die man im Kopf hat, erzeugen ein Hintergrundgeschwätz, das uns davon ablenken kann, unsere ganze Intelligenz auf das im Augenblick Wesentliche zu konzentrieren. Was im Kopf

„herumgeht", konsumiert Energie und Aufmerksamkeit. Wenn man zu viel im Kopf hat, ist das Ergebnis unnötiger Ballast und Anspannung. Vieles von dem bleibt nur deshalb im Kopf, weil wir uns nicht damit beschäftigt oder es geklärt haben oder keine zuverlässige Methode kennen, uns daran zu erinnern oder uns später damit zu befassen.

Hier kommt ein Kalender oder Journal ins Spiel. Nehmen Sie sich zum Testen genau eine Minute Zeit, um ihren Kopf von all dem zu befreien, was gerade an Ihnen nagt: Gedanken, Ideen oder Sorgen. Schreiben Sie alles auf. Neben jede Sorge oder Idee notieren Sie einen Satz, der die beste Lösung oder das beste Ergebnis beschreibt: Was wäre nötig, um damit in der zufriedenstellendsten Art zu verfahren? Fügen Sie eine physische Aufgabe hinzu, die Sie der Lösung einen Schritt näher brächte, und den Zeitpunkt, der geeignet wäre. Welche Verpflichtungen können Sie eingehen? Für die wichtigsten Dinge tragen Sie eine spezielle Aktivität ein. Andere, die kaum mehr als ein Hintergrundgeräusch oder eine Ablenkung sind und im Augenblick wenig oder gar keine Bedeutung haben, streichen Sie oder heften sie ab für eine zukünftige „Sorgen-" oder „Neue-Ideen-Zeit", anstatt sie mit den Prioritäten von heute durcheinander zu bringen. Sind sie erst einmal notiert, verlieren solche Gedanken oft viel von ihrer Macht, an einem zu nagen oder einen abzulenken.

Jedes Mal, wenn man innehält, um den Geist zu ordnen, wächst die Fähigkeit, sich von den Gedanken zu lösen und sich mehr auf seine andere Basis der Intelligenz zu stützen. Bei der nächsten Herausforderung oder Gelegenheit können Sie klarer darauf hören, was Bauch und Herz den Einsichten Ihres Kopfes hinzuzufügen haben, und besser entscheiden, was wann zu tun ist.

Praktisch gesehen hängt das Erreichen der ganzen Kraft unseres Potenzials davon ab, ein energetisierendes, authentisches Maß an Intelligenz zu entwickeln und auf alles Handeln anzuwenden. Damit dies gelingt, muss man die Wahrnehmungen und Eindrücke von Bauch, Herz und Kopf kombinieren.

Beginnen Sie damit, *all* Ihre Quellen der Weisheit und Einsicht zu nutzen. In jedem wichtigen Augenblick fragen Sie sich: Was sagt mein Bauch dazu? Mein Herz? Mein Kopf? Hören Sie genau auf jeden dieser drei Intelligenzströme, bevor Sie entscheiden, wie Sie agieren oder reagieren. Mit etwas Übung wird das Ihre Fähigkeit zu schnellen Entscheidungen keineswegs behindern, sondern eher vertiefen und verbessern. Viele von uns haben gelernt, die Schmetterlinge im Bauch und Gefühle im Herzen zu ignorieren, weil es dadurch leichter ist, mit dem Kopf nach vorn zu preschen und einfach an einer eventuell besseren Wahl vorbeizuwalzen, die die gesamte intuitive Intelligenz berücksichtigt.

Stellen Sie sicher, dass Ihre Worte mit dem übereinstimmen, was Sie fühlen. Aus einigen Metern Entfernung, ja manchmal sogar per Telefon von der anderen Seite der Welt, können andere spüren, was Sie fühlen. Doch nach der herkömmlichen Meinung ist es geschickter, schwierige Lebens- oder Arbeitsphasen herunterzuspielen, indem man gute Miene zum bösen Spiel macht und vorgibt, dass man auf alles eine Antwort hat oder alles in Ordnung ist. Ähnlich gibt es Menschen, die uns glauben machen wollen, dass es auch klug ist, die Höhepunkte herunterzuspielen und vorzuspiegeln, es wäre „alles normal", obwohl sie eigentlich sehr aufgeregt sind. Beides ist falsch.

Wenn man etwas hört, was nicht zu dem zu passen scheint, was man von einem anderen hört, verlässt sich fast jeder instinktiv auf die Gefühle, nicht die Worte. Wenn Sie versuchen, den inneren Aufruhr zu maskieren, indem Sie sagen: „Alles in Ordnung, keine Angst. Ich habe alles gelöst und unter Kontrolle", wird Ihr Gegenüber wahrscheinlich zweifach reagieren. Erstens sind Sie unaufrichtig: Ihr Herz und Ihr Bauch können spüren, dass Sie nicht alles gelöst oder unter Kontrolle haben (Wer tut das schon?). Zweitens könnte man annehmen, dass die Dinge sogar noch schlimmer liegen, als sie tatsächlich sind. Vielleicht ist das RAS der Grund, der alles Negative verstärkt, und man sagt vielleicht zu anderen: „Er erklärt, es sei hier alles in Ordnung, aber das stimmt nicht; wir haben Schwierigkeiten." Gerüchte und Tratsch werden übertrieben und weiterverbreitet. Dann werden vielleicht andere Menschen ihre Hilfe vorenthalten, weil sie denken: „Wenn du so gut bist und einen so guten Plan hast, dann mach weiter und beeindrucke mich damit." Sie sehen zu und warten, ohne Ihnen wirklich zu vertrauen. Sie haben dadurch gleich zwei Mal verloren: Man glaubt Ihnen nicht und bietet Ihnen kaum oder gar keine Hilfe an. Zu sagen: „Alles in Ordnung", wenn sich doch alles in Aufruhr befindet, kann niemanden täuschen. Diese Art von „Happy Talk"-Taktik untergräbt die Zusammenarbeit und bewirkt Stillstand.

Wenn Ihre Worte jedoch damit übereinstimmen, was Sie innerlich fühlen, gibt es oft ein ganz anderes Ergebnis. Ich spreche mich hier nicht für rücksichtslose, taktlose Ehrlichkeit aus. Ein echtes Gefühl von Unsicherheit, Stress oder innerem Aufruhr zum Ausdruck zu bringen ist eine Sache. Grausame oder verletzende Gefühle jedoch lässt man am besten unausgesprochen oder verändert sie auf konstruktive Weise. Und manchmal, wenn man richtig verärgert ist, hat das eher mit Anspannung oder Müdigkeit zu tun als mit anderen Menschen. Wenn Sie *tatsächlich* ärgerlich oder von einem plötzlichen Rückschlag oder Dilemma beunruhigt sind, ist es manchmal das Beste, zuerst einmal mit niemandem zu reden. Gehen Sie hinaus, und gewinnen Sie Ihr inneres Gleichgewicht zurück. *Danach* sprechen Sie mit jemandem.

Wenn man mit einem neuen Problem konfrontiert ist, sagt man vielleicht: „Ich weiß, Sie glauben, dass ich alles schon gelöst habe. Aber in Wahrheit stimmt das nicht. Wenn wir uns dieser jüngsten Herausforderung erfolgreich stellen wollen, benötigen wir dazu all unseren Erfindungsreichtum." Beobachten Sie, was nun geschieht. Statt sich zurückzuziehen, werden viele Menschen nun Eigeninitiative und Engagement zeigen. „Sie können dabei auf meine Hilfe zählen. Es wird nicht leicht werden, aber ich habe Ideen. Wir können das zusammen bewältigen." Das ist einer der ungewöhnlichen, doch einfachen Wege, aus dem Potenzial aller drei Verstandesebenen das Beste zu machen.

3 Niemand muss verlieren, damit Sie gewinnen können

Als ich Kind war, lebte meine Familie in der Seitenstraße eines kleinen Wohnviertels in Ann Arbor, Michigan. An jedem Sommerabend war der Wendeplatz am Ende unseres Blocks dicht von Kindern bevölkert. Eines unser Lieblingsspiele war „Finde die Flagge".

Bis zu 30 Mitspieler kauerten hinter einer Steinmauer oder einem Zaun, während einer von uns unterwegs war, um eine rote Fahne zu verstecken, von der nur ein kleines Eckchen sichtbar blieb. Das Versteck konnte überall sein, an tausend Plätzen innerhalb des Blocks oder auf dem Hügel dahinter. Ziel war es, die Fahne als Erster zu finden.

Das Spiel begann mit einem lauten Ruf. Wir liefen zu unseren Lieblingsplätzen. Wir stellten uns gegenseitig ein Bein. Wir machten viel Lärm. Wir gaben zur Ablenkung falsche Hinweise. Zuerst suchten wir in Höfen und Wegen in der Nähe des Startplatzes, immer auf dem Sprung, um anderen zuvorzukommen. Wir überlegten, wer vielleicht schon näher an der Fahne war als wir selbst und wie wir andere daran hindern konnten, sie zu entdecken.

Es war absolut klar, der beste Weg zum Sieg bestünde darin, alle Energien darauf zu richten, die anderen zu schlagen. Doch einige machten bei dieser Art des Wettbewerbs nicht mit und gewannen doch fast immer. Sie gewannen nicht nur, wir empfanden Respekt für sie.

Scott und Neil, zwei meiner Nachbarn, waren Teenager, als ich die Hälfte der Grundschule hinter mir hatte. Nach dem College ging Scott in die Wirtschaft und wurde Manager. Neil ging zur U.S.-Army, in die 101. Division der Luftwaffe, und fiel 1968 in Vietnam.

Scott und Neil brachten mir bei, wie man die Fahne findet. Sie zeigten mir, dass es selten wichtig ist, wie groß oder schnell man ist (immer wieder konnten beide größere und schnellere Mitspieler übertrumpfen). Oder wie hoch man springen kann. Oder welche Noten man in der Schule hatte, wie viele Freunde man hatte oder wie laut man schreien konnte.

Stattdessen hatte das Entdecken der Fahne damit zu tun, in sich zu gehen und dann ins Spiel einzutreten, die Sinne zu schärfen, um – früher und aus größerer Entfernung – ein Fleckchen Rot von der hervorblitzenden Fahne wahrzunehmen. Indem man den Pulk von Kindern am Startplatz umging, war es möglich, sich von den äußeren Rändern des Wohnviertels allmählich nach innen vorzuarbeiten, statt in planlosen Schlangenlinien von der Straßenmitte aus herumzusuchen. Dadurch hatte man die beste Sicht von Zäunen, Dächern und Hügeln. Man fand so Fußspuren auf Wiesen und Wegen an wenig benutzten Stellen. Auch wenn man rannte, konnte man in mehrere Richtungen sehen und die eigene Wachsamkeit gegen die der anderen setzen, die zankten und schrien.

Scott und Neil überraschten uns mehr als einmal. Sie wandten unerwartete Suchmuster an. Sie blickten sich nach Büschen mit geknickten Zweigen um, nach offen gelassenen Toren, Schuhabdrücken in der Erde von Blumenbeeten und nach anderen Zeichen. Sie sahen von Gartenpfaden nach oben und von Höhen weiter hinunter. Einmal stieg Scott auf das Gitter einer Veranda und von da auf die Dachspitze eines Eckhauses. Er entdeckte die Fahne, die in einem Balkonkasten am Ende des Blocks steckte – ein tolles Versteck. Diese Erkundung dauerte eine ganze Minute. Dann ging er ruhig auf die andere Straßenseite, bevor er hinüberlief, um die Fahne herauszuholen. Wir anderen behinderten uns am Wendeplatz immer noch gegenseitig.

Neil sprang einmal von einem Zaunpfahl auf das Dach eines Carports und stieg dann auf einen dreieckigen, metallenen Stützpfeiler für die Fernsehantenne, die etwa sieben Meter in die Höhe ragte. Während einige von uns mit bleischweren Beinen und von seinem mutigen Aufstieg gebannt herumstanden, entdeckte er auf der anderen Straßenseite im hinteren Teil einer Gullyöffnung am Bordstein ein Stück von der Fahne. Andere waren direkt daran vorbeigerannt und hatten es nicht gesehen.

Und noch etwas unterschied sie. Wenn ein anderer die Fahne entdeckte, waren Scott und Neil immer die ersten Gratulanten. Sie freuten sich über das Spiel. Wenn sie gewannen, brüsteten sie sich nicht damit; stattdessen suchten sie nach neuen Tricks und Ideen und noch mehr Spaß.

Wenn meine beiden älteren Freunde sich unterhielten, klangen sie wie freundlich rivalisierende Abenteurer, die überlegten, wie das Versteck der Fahne zu finden sei und wie man dabei den eigenen Rekord unterbieten könnte. Wenn sie hinfielen oder nicht weiterkamen, lachten sie darüber – und waren dennoch schneller als alle anderen. Für sie war „Finde die Fahne" ein cooles Experiment, kein Ziel. Das zählte. Obwohl mir das damals nicht bewusst war, zeigten sie mir, wie man Besonderes leistet, ohne mit anderen zu konkurrieren.

Befreien Sie sich vom Ballast ständiger Vergleiche

Das Spiel des Lebens bietet uns genügend „Fahnen", denen wir nachjagen können. Viele sind äußere Symbole: eine Beförderung, ein Titel, eine Sondervergütung, ein neuer Arbeitsplatz, ein neues Auto, das Erreichen eines Zieles oder ein außergewöhnlicher Urlaub. Andere repräsentieren vielleicht neue Ebenen inneren Wachstums: Zufriedenheit, Freundschaften, ein Vermächtnis, Vitalität. Ein Leben ohne Ziele – ohne verborgene „Fahnen" – wäre in der Tat langweilig.

Doch wenn „die Fahne" selbst zum Ziel wird und wir glauben, andere abwehren zu müssen, um das Ziel zu erreichen, können sich die Dinge für uns schlecht entwickeln. Wenn wir gerade so viel tun, um andere am Gewinnen zu hindern, statt aus uns selbst heraus Besonderes zu leisten, erreichen wir vielleicht, was wir erstreben, aber im Innern fühlen wir uns leer. In vielen Familien, Gemeinden und Organisationen ist Konkurrenzkampf zur großen Ablenkung und einer Quelle unproduktiver Konflikte geraten. Die intensive Ausrichtung auf den Wettbewerb kann eine der Hauptbarrieren darstellen, sich im Leben oder Beruf auszuzeichnen.

Was wir kennen, ist Wettbewerb ohne echten Gewinn – ein Wettbewerb, in dem jemand verlieren muss, damit ein anderer gewinnen kann. Dies führt tendenziell dazu, dass die meisten Menschen das Beste in sich unterdrücken. Es lässt uns anderen gegenüber vorsichtig und misstrauisch werden, lässt uns Informationen zurückhalten und verfälschen, ermutigt uns, andere zu karikieren, macht Unsicherheit und Wechsel unerträglich und schränkt uns derart ein, dass konstruktive Kreativität praktisch nicht möglich ist.

Wettbewerb verhindert Lernen und Kreativität, weil sich Menschen in Konkurrenzsituationen ausschließlich auf die nächste Aufgabe konzentrieren. Sie schenken der Tätigkeit von Konkurrenten zu viel Aufmerksamkeit, vergleichen sich mit anderen, verlieren aber dabei größere Möglichkeiten aus dem Blick und versuchen den Gefallen derer zu erringen, die den Wettbewerb beurteilen. Selbst das Denken von Konkurrenzgedanken kann mit der besten Leistung in Widerstreit geraten und die Ausschüttung negativer Stresshormone erhöhen. In Studien, die sich mit Athleten befassten, rief zum Beispiel die Nennung von Worten, die Bezug zur Konkurrenz hatten, die Ausschüttung doppelt so vieler Stresshormone, wie zum Beispiel Norepinephrin, hervor. Als Ergebnis dieser Studien empfehlen Forscher Sportlern daher, „wettbewerbsorientiertes Denken während des Trainings hinter sich zu lassen. Die Leistung wird besser, wenn man sich dem Druck entzieht."

Deshalb – um ein Beispiel zu nennen – wandte sich W. Edwards Deming, der sich im Hinblick auf Qualität ganz allgemein große Verdienste erworben hat, vehement gegen relative Leistungserhebungen. Er erkannte, dass vergleichende Einstufungen – in denen viele Menschen „gewinnen" mögen, doch viele andere zu „verlieren" haben – schädliche Konkurrenz nähren, Motivation untergraben und bei denen, die sich besonders hervorgetan haben, Herablassung gegenüber anderen erzeugen. Er behauptete, dass ein solches Einstufungssystem Manager dazu verleiten könnte, Mitarbeiter als schlecht einzustufen, selbst wenn sie qualitativ hochwertige Arbeit leisteten. Deming fand heraus, dass es Menschen „verbittert, zerstört, verletzt, geschlagen, traurig, verzweifelt, niedergeschlagen" machte und „sie sich minderwertig, ja sogar deprimiert fühlten, unfähig, zu verstehen oder etwas gegen eine schlechte Beurteilung zu unternehmen", auch wenn ihre negativen Vergleichswerte nicht stimmten oder auf Eifersucht oder Firmenpolitik basierten.

Jüngste Studien weisen darauf hin, dass bis zur Hälfte der gesamten Arbeitszeit wegen fehlender Vertrauensgrundlage vergeudet oder beeinträchtigt wird. Zum großen Teil wird dieses Misstrauen durch Konkurrenzdenken hervorgerufen oder verstärkt. Erinnern wir uns: Wie unsere bewussten guten Vorsätze auch aussehen mögen, unsere Urinstinkte sind darauf programmiert, das Schlimmste anzunehmen. „Es ist Krieg da draußen", behauptet das Unterbewusstsein. „Verteidige dich. Lächle, spiel mit, sichere dich ab, halte Informationen zurück, setze ein freundliches Gesicht auf, aber rede schlecht über andere."

Diese dunkle Seite des Konkurrenzverhaltens ist so verbreitet, dass wir sie oft nicht einmal wahrnehmen, oder wenn doch, trösten wir uns damit, dass die Dinge eben so sein müssen. Deshalb sind so viele Menschen und Unternehmen in kontraproduktive Vergleiche und dauernde Ablenkungen verstrickt, die Energie entziehen und glänzende Erfolge verhindern.

Wettbewerbsorientierung, die auf „Ich gewinne/du verlierst" beruht, ist oft persönlich schmerzhaft, besonders wenn sie gegen enge Mitarbeiter oder gute Freunde gerichtet ist. Sie ist eine der Hauptgründe dafür, dass es so schwierig ist, uns im Leben gut zu fühlen – selbst wenn wir uns zu den Gewinnern zählen, blicken wir uns vielleicht noch um und fragen: „Ist es das jetzt? Habe ich mich dafür verausgabt? Habe ich auf anderen herumgetrampelt, um das zu erhalten? Habe ich dafür meine Familie vernachlässigt? Warum macht es keinen Spaß, warum ist es so unbefriedigend?"

Es muss aber nicht so sein. Der Grad und der Geist des Wettbewerbs in jeder Gesellschaft oder Gruppe liegen zum großen Teil in unserer Hand und sind nicht das unausweichliche Resultat der menschlichen Natur. Viele Menschen nehmen irrtümlich an, dass es gleichbedeutend sei, andere zu schlagen und etwas zu leisten, Erfolg zu haben. Das stimmt nicht. Andere in einem

Wettbewerb ohne echten Gewinn zu dominieren, ist nur die eine Seite. Unter vielen anderen Aspekten des Erfolgs muss niemand verlieren, damit Sie gewinnen. Nach einer Studie ist es tatsächlich so, dass „Höchstleistung nicht nur keine Konkurrenz *benötigt*; im Gegenteil, sie scheint sogar auf deren Fehlen begründet".

Konkurrieren Sie nicht, zeichnen Sie sich aus

Menschen mit herausragenden Leistungen gelingt in jedem Lebensbereich, bei jeder Anstrengung der Durchbruch, indem sie sich darauf konzentrieren, Besonderes zu leisten, während alle anderen nur gegeneinander konkurrieren. Solche außergewöhnlichen Männer und Frauen heben sich individuell von der Masse ab; aber daneben macht es auch Spaß, mit ihnen zusammen zu sein, weil sie andere ebenso schätzen. Denn keiner muss verlieren, damit sie sich bestätigt fühlen; sie bemühen sich besonders, die charakteristischen Wesenszüge anderer anzuerkennen und solche Qualitäten in den Vordergrund zu stellen.

Zu *konkurrieren* bedeutet zu kämpfen wie alle anderen, sich immer wieder mit anderen zu vergleichen und zu wissen, dass im traditionellen Wettbewerb ohne echten Gewinn jemand anderes verlieren muss, damit man gewinnt. Das Ziel besteht darin, mit „fairen" Mitteln als Erster die Ziellinie zu überschreiten.

Sich auszuzeichnen bedeutet dagegen, über sich hinauszuwachsen, weil es für einen persönlich wichtig ist, für die Sache selbst. Es ist ein Wettlauf gegen sich selbst – als Individuum, Team oder Unternehmen. Sich auszuzeichnen heißt auch, seine größten Stärken und Leidenschaften zu kennen und sie zu forcieren, während man gleichzeitig seine Schwächen ehrlich zugibt und sich mit ihnen auseinander setzt. Sich auszuzeichnen erfordert die Bereitschaft, außergewöhnlich wachsam zu sein, indem man kontinuierlich und voller Ideen seine Möglichkeiten völlig ausschöpft – nicht ab und zu, sondern Stunde um Stunde, regelmäßig bei Stress, Unsicherheit, plötzlichen Veränderungen und hohen Erwartungen, die an einen gerichtet werden.

Hier sind einige Strategien, die Ihnen dabei helfen können, ohne Leerlauf das Beste aus sich und anderen herauszuholen:

Machen Sie sich den Konkurrenzkampf leicht – konzentrieren Sie sich darauf, neue Wege zu entdecken, um sich auszuzeichnen. Immer wenn Sie feststellen, dass Sie sich auf die Mängel eines anderen konzentrieren (oder genauer, auf die Mängel, die er scheinbar hat), oder wenn Sie spüren, dass jemand anderes verlieren muss, damit Sie gewinnen, dann halten Sie inne. Stopp! Erinnern Sie sich daran, wie zerstörerisch solch ein Konkurrenzverhalten sein kann. Denken Sie an etwas Lustiges, wenn Ihnen das hilft, die Dinge zu relativieren. Wechseln Sie die Gangart. Verändern Sie Ihren Blickwinkel. Überraschen Sie sich selbst.

Oft entsteht Konkurrenzverhalten, weil man sich nicht weiterentwickeln oder ändern will. Die Fehler anderer lassen es so aussehen, als wäre man ganz gut oder mache Fortschritte, obwohl man in Wahrheit stillsteht.

Immer wenn Sie feststellen, dass Sie sich mit anderen vergleichen, ändern Sie den Blickwinkel. Wie wäre es, wenn Sie sich mit dem Besten bei sich selbst vergleichen? Wenn Sie vesucht sind, sich mit Gewöhnlichem zufrieden zu geben, fragen Sie: „Ich bemühe mich hier zwar, aber *im Vergleich wozu?* Entwickle ich mich weiter auf der Suche nach etwas Neuem oder anderem? Was könnte passieren, wenn ich mich noch mehr bemühe?"

Ja, es gibt Zeiten, in denen die Goldmedaille nur an den Gewinner geht. Aber nicht im Wettlauf des Lebens, wenn diejenigen gewinnen, die nicht anderen, sondern ihrem alten Ich überlegen sind. Wenn man Besonderes leistet, spart man Zeit und Energie, die man im Vergleich und Kampf gegen andere vergeudet hätte. Verwenden Sie stattdessen diese Zeit und Energie darauf, das Beste von sich selbst zu geben. So maximieren Sie auch die Möglichkeiten anderer, befähigen sie, ihren Erfolg auf Ihrem eigenen aufzubauen. So werden verborgene Energien gefördert und die Zusammenarbeit verbessert.

Grace Hopper und Lance Armstrong: Was geschieht, wenn man sich darauf konzentriert, das Beste zu geben?

Als Grace Hopper sich 1944 für das Thema Computer zu interessieren begann, erinnerte sie sich später, „passten alle Leute, die das Wort Computer schon einmal gehört hatten, in ein kleines Zimmer". Sie fühlte sich angesprochen von den Herausforderungen dieser neuen Entwicklung, und die rein intellektuelle Freude daran beschäftigte ihre Fantasie. 1952 entwickelte sie ein neues Master-Programm, mit dem es möglich war, Arbeitsprogramme aus Unterprogrammen zu kompilieren; diese Erfindung wurde später als Compiler bekannt, ein wesentlicher Teil jedes modernen Computers. 1955 entwickelte sie die Computersprache, die in COBOL umgewandelt wurde, die Sprache, die die Nutzung von Computern in großem Maßstab ermöglichte. Ihr werden so viele Neuerungen zugeschrieben, dass man sie „die Mutter des Computers" nennt.

Als wäre das nicht genug, machte sie auch noch in der Navy Karriere und wurde einer der ersten weiblichen Admirale. Wenn jemand eine neue Idee von ihr mit dem vertrauten Satz „Aber wir haben das immer so gemacht" abschmettern wollte, hielt sie mit ihrem persönlichen Motto dagegen: „Ein Schiff ist im Hafen sicher, aber dafür wurde das Schiff nicht gebaut." Ihr Büro schmückte eine Piratenflagge, und die Uhr an der Wand ging rückwärts. Sie sagte, das solle Menschen daran erinnern, durch Flexibilität im Denken Besonderes zu leisten, anstatt im Kampf gegeneinander oder beim Festhalten an alten Vorstellungen stehen zu bleiben. Wenn sie an der Universität unterrichtete, hielt sie das Endexamen am ersten Vorlesungstag ab, damit die Studenten wüssten, was von ihnen erwartet würde und Spaß daran hätten, darüber hinauszuwachsen. Sie verlangte von ihren Studenten, Konventionen auf den Kopf zu stellen, Fehler zu machen, sich und andere zur Betrachtung unerwarteter Möglichkeiten zu veranlassen und Grenzen immer weiter zu verschieben. Am wichtigsten war ihr dabei, dass es ihnen Freude machte.

Ihre Bereitschaft, in unbekanntes Gebiet vorzudringen und über den Horizont hinauszublicken, war legendär. Bereits 1954 sagte sie voraus, dass die Software bald wichtiger sein würde als der Computer selbst und dass Computer schließlich so groß wie Schuhschachteln sein würden, die man überallhin mitnehmen könnte. Als andere (in ihrem Alter) längst im Ruhestand waren, entwickelte sie noch neue Computer-Anwendungen. Sie war der älteste US-amerikanische Offizier im aktiven Dienst. Sie blieb bis zu ihrem friedlichen Tod mit 85 Jahren eine geschätzte Beraterin der Digital Equipment Corporation. US-Präsident Bush verlieh ihr die National Medal of Technology, die sie als erste Einzelperson erhielt. Grace Hoppers persönliche Leidenschaft für Computer ermöglichte es ihr, in diesem Bereich Herausragendes zu leisten; mit ihrem ansteckenden Engagement, andere zum Besten anzuspornen, schaffte sie es bis in die höchsten Ränge der Navy.

Manche Menschen, wie Lance Armstrong, scheinen zunächst im Wettkampf zu gewinnen, lernen aber erst später, was es bedeutet, tatsächlich das Beste zu geben. Als ganz auf sich gestellter Radrennfahrer machte sich Armstrong ganz gut und gewann auch Meisterschaften, aber die prestigeträchtigste Herausforderung des Radrennsports, die Tour de France, konnte er nie gewinnen. Die Tour de France erfordert keine rein persönliche Initiative, sondern Teamwork, und lange Zeit war Armstrong zu wettkampforientiert, um ein gutes Mannschaftsmitglied zu sein. Als er die Weltmeisterschaften in der Einzelwertung gewann, schrie er, wenn er zum Angriff überging, verspottete andere Fahrer und fuhr mit großem Spektakel über die Ziellinie. Er maß sich ständig mit anderen, war meist aggressiv und bestrebt, die anderen zu übertrumpfen und sie dies auch wissen zu lassen.

Dann erkrankte er lebensbedrohlich an Krebs, und die Ärzte gaben ihm eine Überlebenschance von drei Prozent. Während er mit der Krankheit kämpfte, erkannte er, wie unbefriedigend seine egozentrischen Triumphe gewesen waren, und schwor sich, dass er nicht mehr der gleiche Mensch sein würde, wenn er noch eine zweite Chance bekäme.

Wie durch ein Wunder blieb er am Leben, fährt wieder Rennen und bleibt seinem Versprechen treu, als Mensch und Athlet sein Bestes zu geben. Er ist verheiratet und Vater zweier Kinder. Er sieht die Welt mit neuen Augen. Wenn er gefragt wird: „Wie hat der Krebs Sie verändert?", antwortet er: „Wie hätte er mich nicht verändern können?"

Als er wieder begann, Rennen zu fahren, fand er zunächst keinen Sponsor, bis das US-Postal-Team ihn unter Vertrag nahm. Und dann ereichte er, was er auf sich allein gestellt niemals geschafft hätte. Die Tour de France wird auch Rennen der Wahrheit genannt, weil ihre quälenden Herausforderungen so viel über den Charakter eines Menschen aussagen. Als Mannschaftsmitglied gewann er die Tour im ersten Jahr seiner Rückkehr in den Radrennsport. Und dann gewann er noch mehrere Male.

„Ich möchte mit hundert Jahren sterben", sagt er, „mit der amerikanischen Flagge auf dem Rücken und dem Stern von Texas auf dem Helm, nachdem ich mit 120 Stundenkilometern eine alpine Abfahrt hinuntergesaust bin. Ich möchte eine letzte Ziellinie überfahren, während meine Frau und zehn Kinder Beifall klatschen, und dann möchte ich mich in ein Feld französischer Sonnenblumen legen und würdevoll sterben, der perfekte Gegensatz zu meinem einst erwarteten, quälend frühen Tod."

4 Seien Sie ein Leuchtturm, keine Wetterfahne

Als kleiner Junge erzählte mir mein Großvater Downing von den Leuchttürmen Schottlands. Mit neun oder zehn Jahren verbrachte ich einmal ein Sommerwochenende bei meinen Großeltern. Mein Großvater und ich saßen zusammen im Arbeitszimmer und sprachen über den Tag. Wie immer fragte er mich danach, was ich am liebsten tun würde und was ich vorhätte. Ich erzählte ihm von einem Buch, das ich gerade gelesen hatte: *Entführt* von Robert Louis Stevenson. Ich war froh, dass es einen glücklichen Ausgang hatte. Einige Abschnitte in der Mitte hatten mir nachts den Schlaf geraubt.

Er lächelte und machte das Licht an, weil es dunkel wurde.

„Weißt du etwas über Schottlands Leuchttürme?"

„Nein", antwortete ich.

Er stand auf und ging zum Globus am Fenster. „Das ist Schottland", sagte er und deutete auf die zerfurchte Küstenlinie nördlich von England.

„Es gab in Schottland einmal eine Familie namens Stevenson ..." Er sah meinen Blick und lächelte. „Ja", nickte er „genau die Familie des Autors von deinem Buch. Jahrhundertelang waren die Gewässer dieser Gegend berüchtigt wegen ihrer Gefahr für die Schiffe. Das einzige Licht nachts an der Küste war ein Kohlenfeuer im Osten, das bei Wind oder Sturm gewöhnlich erlosch. Jedes Jahr ertranken Tausende von Menschen."

„Aber 1786 wurde der Northern Lighthouse Trust gegründet, und Robert Stevenson, der Ururgroßvater des Autors, wurde zum Chefmechaniker bestellt. In den folgenden zwei Jahrhunderten kämpften vier Generationen der Familie Stevenson gegen schlechtes Wetter, die raue Küste und den Widerstand der Regierung, um an den entlegensten Küsten und Riffen Schottlands Leuchttürme zu bauen."

Er zeichnete einen Leuchtturm auf seinen Rezeptblock. Als Chirurg hatte er immer einen dieser kleinen Blöcke in der Tasche. Er verwendete sie aber meist nicht zum Verschreiben von Medizin, sondern zum Notieren von Dingen, die das Leben betrafen. „So sieht der Bell-Rock-Leuchtturm aus", sagte er und zeichnete abschließend die Glaskuppel.

„Die Stevensons konstruierten die Leuchttürme so, dass sie den Stürmen der Nordsee widerstanden, und überwachten den Bau vor Ort. Manchmal waren die Bedingungen äußerst schlecht. Sie entwarfen verzahnte Granitblöcke" – er zeichnete es für mich auf –, „die die Grundmauern so mit dem Fels verbanden, dass sie den riesigen Wellen standhielten, die gegen die Pfeiler schlugen. Sie entwarfen selbst die Lampen und Linsen. Sie sollten einen Lichtstrahl über das Wasser senden, der kilometerweit zu sehen war. Nachdem die Leuchttürme in Betrieb gingen, wurden Tausende von Leben auf den Schiffen gerettet, die sonst auf die verborgenen Riffe aufgelaufen wären."

Er sah mich einige Augenblicke eindringlich an. „Menschen sind wie Leuchttürme, Robert."

„Wieso?"

„Es ist leicht, sich wie eine Wetterfahne zu verhalten, immer wieder seine Meinung und Worte zu ändern und zu versuchen, jeden zufrieden zu stellen. Aber wir sind dafür geboren, Leuchttürme zu sein, nicht Wetterfahnen. Stell dir eine senkrechte Achse mitten durch dein Herz vor, von deinen tiefsten Wurzeln bis zu deinen höchsten Ambitionen. Das ist dein Leuchtturm. Er verankert dich in der Welt und bewahrt dich davor, deine Richtung jedes Mal zu ändern, wenn sich das Wetter ändert. In diesem Leuchtturm befinden sich eine Linse und ein Licht. Das Licht steht dafür, wer du bist, wenn niemand hinschaut. Dieses Licht ist da, um zu leuchten, wie dunkel oder stürmisch es draußen auch sein mag. Robert, wenn du dieses Licht in dir findest, wirst du es erkennen. Lass es von niemandem verdunkeln."

„Und noch etwas", fügte er hinzu. „Denk daran, auch bei anderen nach dem Licht zu suchen. Wenn du es nicht gleich sehen kannst, blicke tiefer. Es ist da."

Wer sind wir, wenn niemand hinsieht?

Jeder hat innere Qualitäten, die ihn in der Welt verankern und leuchten lassen. Um so zu leben, müssen wir uns über unsere eigenen Werte klar werden und die der anderen verstehen. Es ist eine Sache, einfach dahinzuleben. Es ist eine andere, sich in Leben – und Arbeit – danach zu richten, wer man tief innen ist.

Menschen hängen ihr Herz nicht an etwas, woran sie nicht glauben. Sie bringen vielleicht ihren Intellekt ein, aber nicht ihr Herz. Wenn unsere persönlichen Werte nicht mit dem Leben harmonieren, das wir führen, oder mit der Richtung, in die wir uns bewegen, halten wir unser Bestes zurück und fühlen uns leer oder gestresst. Wie viele um uns her mögen auch wir bald mit einer Wetterfahne verglichen werden, die immer in die Richtung zeigt, aus der der Wind weht.

Erkennen Sie Ihre persönlichen Werte

Welche sind die fünf Werte, die am besten beschreiben, wer Sie sind und wofür Sie stehen? Wählen Sie ein Wort oder einen Satz, um jeden Wert zu definieren, und schreiben Sie sie auf. Denken Sie darüber nach, wer Sie sind, wenn niemand hinschaut, wie tief Ihre Wurzeln gehen und wie weit Ihre Ambitionen reichen. Welche Worte kommen direkt aus Ihrem Kopf und Herzen? Was sollten andere über Sie denken, wenn sie an Sie denken?

Zunächst neigen Sie vielleicht dazu, die Werte zu nennen, die von Ihrem Umfeld erwartet werden. Oder Werte, die beliebt sind. Doch wenn Sie die Frage nach den Werten stellen, die Sie persönlich charakterisieren, können Sie in ein inneres Gespräch eintreten. Ein Sortierungsprozess beginnt. Ich zweifle daran, dass *produktiv* zu Ihrer Charakterisierung gehört. Oder *pünktlich*. Oder *kontrolliert*. Oder *überlegen*. Ich habe die Überraschung auf den Gesichtern von Menschen aus allen Lebensbereichen gesehen, nachdem sie diese einfache Übung abgeschlossen hatten.

Nehmen Sie sich einen Moment Zeit und lesen Sie die Merkmale laut vor. Spiegeln sie tatsächlich und charakteristisch den Menschen wider, der Sie sind? Falls nicht, suchen Sie nach anderen Worten, die dem Ganzen näher kommen. Schreiben Sie schließlich diese Worte auf eine kleine Karte und tragen Sie die Karte bei sich, um diese Werte immer wieder überprüfen zu können. Gibt es noch andere Beschreibungen, die einen klareren Einblick in Ihren einzigartigen Geist und Ihr tiefstes Engagement vermitteln?

Ich erinnere mich an einen Manager, der in betroffenem Schweigen dasaß, als alle anderen Teilnehmer eines Management-Workshops längst gegangen waren. Als ich ihn ansprach, sagte er: „Ich kann es nicht fassen."

„Sie können was nicht fassen?", fragte ich.

„Ich kann nicht fassen, dass ich diese Werte schon vor langer Zeit verloren habe. Ich habe mich bis zur Spitze dieses Unternehmens hochgearbeitet, und meine Wertvorstellungen heute – die Worte, die sich in meinem Herzen wahr anhören – haben überhaupt nichts damit zu tun, was wir in diesem Unternehmen tun oder mit den offiziellen Wertvorstellungen, die wir unseren Angestellten vermitteln. An der Oberfläche scheint alles in Ordnung zu sein, doch ich passe da nicht hinein. Kein Wunder, dass es für mich so anstrengend war, hier dabei zu sein."

Innerhalb eines Jahres kündigte er, gab Haus und hohes Einkommen auf und zog mit seiner Familie in einen kleinen Ort auf dem Land, kilometerweit entfernt von der nächsten größeren Stadt. Vor kurzem kehrte er aus Osteuropa zurück, wo er humanitäre Hilfe geleistet hatte. Er bereitet gerade ein Wirtschaftsseminar vor, das auf dem basiert, was er gelernt hat, und ist so glücklich wie lange nicht.

Manchmal werde ich gefragt, ob als Charakterisierung die Werte genannt werden sollen, die jetzt oder in Zukunft wichtig sind. Meine Antwort lautet: Das ist unwichtig. Diese einfache Übung ist dazu gedacht, einen direkten und inneren Dialog in Gang zu setzen, der Ihr Herz und Ihren Verstand verbindet: Das äußere Ich redet mit dem inneren Ich. Wenn man Worte wählt, die einen so beschreiben, wie man jetzt ist, sagt wohl eine innere Stimme: „Ja, aber du könntest mehr sein." Wenn man Worte wählt, die ambitioniert sind – also eher dafür stehen, was man sein möchte, als was man heute ist –, sagt wahrscheinlich eine innere Stimme: „Ja, aber du wirst hart arbeiten müssen, um diese Worte leben zu können."

Klare persönliche Wertvorstellungen sind das Tor zu Engagement und Initiative. In einer Studie wurde nach der Verbindung von Wertvorstellungen und der Bereitschaft, außergewöhnliche Arbeit zu leisten, gefragt. Wenn die Werte der Gruppe oder des Unternehmens unklar waren und die Einzelnen sich auch über ihre eigenen Vorstellungen nicht klar waren, lag die durchschnittliche Bereitschaft zu Außergewöhnlichem auf einer Skala von 1 bis 7 bei 4,9. Wenn die Vorstellungen der Gruppe klar waren, aber nicht die persönlichen Wertbegriffe des Einzelnen, lag die Bereitschaft zu außergewöhnlicher Leistung etwas niedriger. Die zweithöchste Bewertung wurde erreicht, wenn bei den Einzelnen über ihre persönlichen Wertvorstellungen Klarheit bestand, aber nicht über die Gruppenwerte. Hier lag der durchschnittliche Wert bei 6,12 von 7. In der Kombination persönlicher Werte und Gruppenvorstellungen – und eine Anpassung an diese Vorstellungen – erreichte die Bereitschaft zu außergewöhnlichem Engagement den allerhöchsten Wert mit 6,26 von 7. Unter diesem entscheidenden Aspekt ist es sogar noch wichtiger, die persönlichen Werte zu kennen als die Gruppenvorstellungen.

Stufen Sie ein, wie Sie nach Ihren Wertvorstellungen leben

Eine Freundin von mir, Nan Summers, die einige Jahre im Management von Disney World arbeitete, ging bei der vorherigen Übung sogar noch einen Schritt weiter. Sie war stark daran interessiert, ihre Wertvorstellungen auch in ihr tägliches Handeln einfließen zu lassen. Sie schrieb ihre fünf wichtigsten Wertvorstellungen in die linke Ecke einer Seite und die Wochentage quer über das Blatt daneben.

Jeden Abend nahm sie sich einige Minuten Zeit, um über den Tag nachzudenken und in einer Skala von 1 bis 10 einzustufen, wie gut sie ihre Werte an diesem Tag *gelebt* hatte. Sie notierte ihre

Reaktionen und Beobachtungen. Dann plante sie für den folgenden Tag, wie sie ihre Bemühungen besser mit ihren Wertvorstellungen in Einklang bringen konnte.

Am Ende der Woche fragte sie dann: „Bin ich mit den Ergebnissen zufrieden? Falls nicht, was kann ich ändern, um voranzukommen?" Dies ist ein einfacher, aber direkter Weg, um einzuschätzen, wie man seine Wertvorstellungen im Leben tatsächlich umsetzt. Es erinnert uns eindringlich an die Brücke, die man immer wieder zwischen Wissen und Handeln schlagen muss.

Seien Sie sich der besonderen Werte jedes Menschen in Beruf und Privatleben bewusst

Nehmen Sie sich vor einem bevorstehenden Treffen einige Minuten Zeit, um die persönlichen Wertvorstellungen von Familienmitgliedern, Freunden oder Kollegen zu erkunden. So wird erneut deutlich, was für Sie am wichtigsten ist, und Sie lernen gleichzeitig mehr über andere. Selbst in Gruppen mit gemeinsamem Auftrag oder Ziel wäre es ungewöhnlich, wenn mehr als ein oder zwei der fünf Werte von der gesamten Gruppe oder dem Team geteilt würden. Dennoch sind es unsere persönlichen Wertvorstellungen, die uns alle als einzigartige Menschen *im Inneren* lebendig halten; man kann sie nicht von außen verordnen.

Was wäre, wenn jemand, den Sie kennen, fünf Werte auswählen würde, zu denen Geld, Macht und Kontrolle gehörten? Ihre erste Reaktion – vorausgesetzt, dies widerspräche dem, was Sie von diesem Menschen angenommen hätten – wäre vielleicht zu sagen: „Wie kannst Du nur so selbstsüchtig sein?" oder: „Ich kann nicht mit dir arbeiten, wenn das deine Beweggründe sind." Urteilen Sie nicht vorschnell. Die Werte anderer mögen sich von Ihren unterscheiden, doch sie sind deutlich und real. Ich habe beobachtet, wie die bloße Nennung persönlicher Wertvorstellungen ein Gespräch in Gang setzt – nicht nur mit anderen, sondern auch mit dem eigenen Inneren.

Ich kenne jemanden, der Geld, Macht und Kontrolle zu seinen fünf persönlichen Werten rechnete. Die anderen in seinem Managementteam waren völlig überrascht, doch innerhalb von einigen Stunden war ein Gespräch im Gang, das das Verhältnis dieser Menschen zueinander für immer änderte.

Der Teamleiter sprach darüber, wie seine ganze Familie bei einem Verkehrsunfall ums Leben gekommen war, als er ein kleiner Junge war. In den darauf folgenden Jahren kümmerte sich das Sozialamt um ihn, und er wuchs bei mehr als zehn verschiedenen Pflegefamilien auf. Er erklärte, der Grund dafür, dass Geld, Macht und Kontrolle zu seinen wichtigsten Werten gehörten, wäre seine Angst, noch nicht genug Ersparnisse oder Absicherung zu besitzen, damit, falls er heute ums Leben käme, seine Kinder nicht dastehen würden wie er damals.

Man hätte in dem Raum eine Stecknadel fallen hören können, als er das erzählte. Keiner der anderen – manche hatten mit ihm mehr als zehn Jahre zusammengearbeitet – hatte je eine Vorstellung davon, was er durchgemacht hatte. Ihr Mitgefühl und Respekt für ihn wuchs. Diese Werte bedeuteten für ihn etwas ganz anderes als für sie. Seine Erfahrungen trieben ihn ständig an, Vorsorge für seine Kinder zu treffen, und zu der Zeit spielte dies die größte Rolle bei seinem beruflichen Engagement.

Eine interessante Variante dieser Übung besteht darin, andere eine Liste erstellen zu lassen, was nach deren Ansicht *Ihre* persönlichen Werte sind.

Sie mögen über das Ergebnis erstaunt sein – etwa, was Ihr Handeln darüber verrät, was Ihnen wirklich wichtig ist. Nehmen Sie das Ergebnis als Ausgangspunkt für die weitere Erkundung und Diskussion darüber, was tatsächlich für jeden von Ihnen das Wichtigste ist. Geben Sie sich in der Folgezeit besondere Mühe, sich gegenseitig entsprechend zu respektieren.

Vor einigen Jahren sah ich eine großartige Karikatur von einem Mann im Businessanzug, der den Weg vor seinem Haus hinunterrannte. Von der Haustür rief seine Frau ihm nach: „Warte! Du hast vergessen, Deine Maske aufzusetzen!"

Demonstrieren Sie immer wieder, was sie hoch schätzen. Zeigen Sie es in dem, was Sie tun und wie Sie andere behandeln. Lüften Sie die Maske. Seien Sie offen und ehrlich, indem Sie andere einladen, besser zu verstehen, was Sie antreibt, im Beruf und im Privatleben. Zeigen Sie anderen, wie Sie sich neuen Herausforderungen stellen, und rufen Sie sich in harten Zeiten Ihre Werte ins Gedächtnis. Geben Sie jedem Ihr Licht zu erkennen, und zeigen Sie auch, dass Sie das der anderen sehen.

5 Trauen Sie sich zu vertrauen

Als Daniel Boorstin, ein geachteter Historiker und Bibliothekar der Congress Library, gebeten wurde zu sagen, was das Interessanteste war, das er jemals in Washington gefunden habe, antwortete er ohne Zögern: eine kleine Dose mit dem Tascheninhalt von Abraham Lincoln von dem Tag, an dem er ermordet wurde; eine zerkratzte Brille, ein sehr kleiner Geldbetrag, ein Taschenmesser und ein zerknitterter, aber sorgfältig gefalteter Zeitungsartikel.

„Ziemlich bedauernswert", beschrieb Boorstin den Inhalt dieses Artikels, der aus dem letzten Jahr des Bürgerkriegs stammte und direkte und persönliche Beobachtungen darüber enthielt, wie Lincoln darum kämpfte, das Beste aus der schwierigen Lage zu machen, in der die Nation war. Er hielt fest, dass er oft allein bis spät in die Nacht im Weißen Haus arbeitete und nach Möglichkeiten suchte, um auf beiden Seiten der kämpfenden Parteien Leben zu retten. Sein Ziel sei es, schrieb der Reporter, dass das Land sich nach Ende des Krieges selbst heilen könne.

Lincoln überstand vier schmerzvolle Kriegsjahre. Bei einer Größe von 1,93 m nahm er von 84 kg auf 57 kg ab. Er arbeitete viele Stunden an strategischen Plänen, besonders nach den Niederlagen von 1861 und 1862, und fand Wege, mit den schwierigen und wichtigtuerischen Menschen um sich herum, wie General George McClellan, zurechtzukommen. Er litt zeitweise unter Depressionen.

Trotz der Belastungen seines Amtes war er für die Bürger da, in einer Weise, wie es heute kaum denkbar wäre. Mütter, deren Söhne vermisst wurden, Ehefrauen, deren Männer im Gefängnis saßen, und Tausende anderer Menschen mit persönlichen Tragödien sandten diesem mitfühlenden Menschen Bittgesuche. In seinen Ansprachen bemühte er sich stets, zugleich anonym und doch persönlich zu sein: Seine einfache Sprache sollte das Gefühl vermitteln, als spräche er mit der Stimme der Menschen selbst, drückte aus, was sie empfanden.

Auch im Privaten war es schwer für ihn. Zwei seiner Söhne waren gefallen, was die emotionale und geistige Zerbrechlichkeit seiner Frau Mary weiter verschärfte, die nach seinem Tod für geisteskrank erklärt wurde.

Die Soldaten der Unionsarmee lernten Lincoln aus eigener Anschauung kennen. Sie wussten zum Beispiel, dass er nach formellen Akten durch ihre Reihen wandern und humorvolle Geschichten erzählen würde, obwohl, wie ein einfacher Soldat es einmal ausdrückte, „jede Linie seines Gesichts seine emotionale und geistige Anspannung verriet". Letztendlich erkannten die Soldaten, dass Lincoln nicht nur ihr Führer war, sondern gemeinsam mit ihnen unter diesem schrecklichen Krieg litt.

Welch eine Ironie, dass ein kleiner „armseliger" Fetzen Papier einem so großen Mann, wie es Lincoln war, Unterstützung und Hilfe bot. In einfacher Sprache erzählte der Reporter von der besonderen Anstrengung, die Lincoln unternahm. Nichts Grandioses – doch so sah er sich selbst, als Durchschnittsmensch, der alles daransetzte, um seine Arbeit gut zu machen.

Wir alle könnten eine solche Notiz in unserer Tasche brauchen – oder in unserem Herzen. Welche ähnlichen kleinen Gesten – eine Bemerkung, ein Artikel, ein einfaches Geschenk, einige besonders freundliche Worte – waren der Funke, der Ihnen die Sicherheit gab, in schwierigen Momenten Ihres Lebens sich selbst zu vertrauen? Wie haben Sie anderen geholfen, sich selbst zu vertrauen?

Vertrauen ist emotionale Stärke, die mit einem Gefühl des Selbstwerts und der Zielstrebigkeit beginnt, die wir an andere weitergeben sollten. Das warme, wohlige Gefühl, das Vertrauen gibt – an sich zu glauben, sich zu vertrauen und das von anderen entgegengebrachte Vertrauen –, ist eines der Dinge, die uns im Leben Großes vollbringen lassen. Es gibt uns innere Freiheit, um zu wachsen, emotional fit zu werden und unsere Fähigkeit zum Brückenbau zwischen verschiedenen Themen, Vorstellungen und Menschen zu üben und zu stärken.

Wir vertrauen anderen, wenn zwei entscheidende Qualitäten in der Beziehung vorhanden sind. Einerseits müssen wir das Gefühl haben, verstanden zu werden, also dass man weiß, wer wir wirklich sind und was uns tatsächlich etwas bedeutet. Andererseits müssen wir die Sorge der anderen um uns spüren, sodass sie unsere echten Bedürfnisse, Interessen und Bedenken bei ihren Entscheidungen berücksichtigen.

So lassen sich diese Qualitäten in Beziehungen integrieren.

Halten Sie fest, was anderen tatsächlich wichtig ist

Lincoln wurde von seinen Soldaten Vertrauen entgegengebracht, weil er die Welt nicht aus dem Blickwinkel seines Präsidentenschreibtischs sah, sondern mit den Augen der Menschen, deren Ängste, Hoffnungen und Menschlichkeit in diesem schrecklichen Bruderkrieg gefangen waren. Ein solches Mitgefühl hilft nicht nur, Vertrauen aufzubauen, es eröffnet ein neues Verständnis und neue Möglichkeiten. Eine Entdeckungsreise, wie Proust sagte, hängt nicht vom Besuch ferner Küsten ab, sondern davon, die Welt mit neuen Augen zu betrachten.

Man kann ein Tagebuch oder kleines Notizbuch führen, um die Welt mit neuen Augen zu sehen. Schreiben Sie die Namen von vier Menschen auf, die Ihnen wichtig sind. Nehmen Sie immer einen Eintrag vor, wenn Ihnen etwas Charakteristisches an einem dieser Menschen auffällt: eine besondere Fähigkeit oder ein Talent oder etwas, das seine Augen zum Leuchten bringt. (FedEx-Gründer Fred Smith sagt, ein derartiger Mechanismus sei von allen Supervisoren eingesetzt worden und habe der Firma entscheidend dabei geholfen, das Potenzial eines jeden zu fördern, der dort arbeitet.) Wenn man sich solche Notizen macht, schärft das die eigene Wahrnehmung. Bald werden Sie Dinge wahrnehmen, die Sie in der Vergangenheit übersehen hätten. Wenn man beispielhafte Qualitäten erkennt, sollte man das demjenigen unbedingt mitteilen.

„Tu so, als hättest du Röntgenaugen", pflegte mein Großvater Cooper zu sagen. „Sieh unter die Oberfläche dessen, was um dich herum geschieht." Suchen Sie stets nach neuen Wegen, die Welt und die Menschen darin mit anderen Augen zu sehen – und schreiben Sie auf, was Sie herausfinden.

Verlangsamen Sie das Tempo und zeigen Sie Interesse

Wir sehnen uns nach Zugang zu den Menschen, die für unsere Zukunft wichtig sind: Freunde, Verwandte und Führungspersönlichkeiten. All diese Beziehungen geben uns ein Gefühl der Zuversicht. Wie viel leichter oder notwendiger mag es heute erscheinen, sich abzuwenden. Viele sind von der Hektik ganz betäubt. Wir denken rational, dass wir nicht alles für alle Menschen sein können. Das ist richtig, aber es gibt Schlüsselmomente, in denen eine bewusste Anstrengung notwendig wird, um anderen zu zeigen, dass wir sie schätzen. Wir sollten uns stärker darüber im Klaren sein, was geschieht, wenn wir uns von einem anderen abwenden, der auf uns zählt.

Vertrauen wird durch kleine Einzelschritte aufgebaut. Jeder menschliche Kontakt öffnet oder schließt eine Tür. Selbst wenn man in Eile ist, kann man trotzdem zeigen, dass man am anderen Interesse hat. Es gibt drei wesentliche Überlegungen, um aus dem Augenblick einer kurzen Begegnung das meiste zu machen:

1. *Atmen Sie ein, ehe Sie sprechen.* Ein einziger Atemzug verlangsamt die Welt ein klein wenig und erhöht Mitgefühl, Geduld und Neugier. Halten Sie für einige Sekunden inne, bevor Sie sprechen. Sehen Sie dem anderen freundlich und direkt in die Augen. Zuerst mag diese Verzögerung wie eine Ewigkeit erscheinen, doch es ist eine Vorbereitung, um dem anderen das wertvolle Geschenk konzentrierter Aufmerksamkeit zu machen, auch wenn sie nur kurz ist.

2. *Machen Sie eindeutige Zeitangaben.* Wenn jemand sagt: „Ich habe nur zwei Minuten", kann sich das nach nichts anhören. Deshalb sollte man keine verneinenden Worte wie „nur" verwenden. Sagen Sie stattdessen: „Ich kann jetzt sofort zwei Minuten aufbringen." Und dann sollte man unbedingt hinzufügen: „... und wenn Sie mehr Zeit brauchen – oder wir mehr Zeit brauchen –, vereinbaren wir einen Termin."

Öfter, als man glaubt wird ein kurzes Treffen genügen, um jemanden zu beruhigen, dass man seine Sorgen versteht. Ihre

Bereitschaft, bei Bedarf mehr Zeit aufzuwenden, zeigt, dass Sie ihn ernst nehmen. Wenn Sie eindeutige Zeitangaben machen und zu geteiltem Einvernehmen bereit sind, fühlen sich Menschen aufgewertet, sind möglicherweise effizienter als sonst und ziehen den besten Nutzen aus der begrenzten Zeit.

3. *Setzen Sie sich möglichst statt zu stehen*. Neurowissenschaftler haben herausgefunden, dass in vielen Bereichen, in denen sich Menschen gehetzt fühlen, das Gehirn darauf programmiert ist, eine *im Stehen* geführte Unterhaltung als weit weniger aufrichtig wahrzunehmen als ein *im Sitzen* geführtes Gespräch. Eine Minute im Stehen kann ein Nichts sein; eine Minute im Sitzen kann den Eindruck von zehn Minuten vermitteln. In diesem Zusammenhang ist es auch wichtig, dass Sie versuchen, nicht auf die Uhr zu sehen. Diese allgemeine Angewohnheit kann nämlich dem Gegenüber ein Gefühl der Wertlosigkeit vermitteln. Hören Sie stattdessen intensiv zu. Versuchen Sie instinktiv zu schätzen, wann die Zeit um ist, und blicken Sie *dann* auf die Uhr.

„Vertraust du genug, damit man dir vertrauen kann?"

Eine kleine Übung kann Ihnen dabei helfen, über Ihr eigenes Maß an Vertrauen nachzudenken. Zeichnen Sie einen Kreis, und schreiben Sie die Namen der Menschen hinein, denen Sie vollkommen vertrauen. Halten Sie nach jedem Namen eine Weile inne und fragen Sie Ihre innere Stimme, ob Sie diesem Menschen absolut vertrauen. Entweder Sie haben Vertrauen oder nicht; auf Gefühlsebene gibt es weder halbes Vertrauen noch sind daran Bedingungen geknüpft. Nun fragen Sie sich, ob Sie mit dieser Basis zufrieden sind. Befinden sich außerhalb des Kreises Menschen, die Sie einbeziehen würden? Was können Sie tun, um mehr Vertrauen für sie aufzubringen? Wie sieht es mit dem Vertrauen aus, das andere in Sie setzen – in wie viele „Vertrauenskreise" anderer gehören Sie selbst hinein? Nochmals: Sind Sie zufrieden? Wenn nicht, was können Sie tun, damit andere Ihnen mehr Vertrauen entgegenbringen?

Vertrauensverhältnisse vertiefen sich und fördern uns auf so vielfältige Weise, dass wir es uns nicht leisten können, einfach zu warten, bis andere ihre Vertrauenswürdigkeit zeigen, wir müssen von uns aus agieren, um Vertrauen zu initiieren und zu stärken. Haben Sie den Mut, anderen mehr Vertrauen zu schenken als notwendig. Tun Sie etwas Unerwartetes: Geben Sie jeden Tag einige Chancen an andere weiter. Ermutigen Sie andere, Verantwortung zu übernehmen und solche Chancen aufzugreifen – einerseits für deren Weiterkommen und andererseits eher indirekt auch für Ihr eigenes. Tun Sie immer wieder das, was nötig ist, und zeigen Sie, was es bedeutet, auf Sie zu zählen.

Vertrauen wächst durch Ihre eigene Initiative und Ihr Vorbild. In *Die Geheimnisse verstehen* fragt Laotse: „Vertraust du genug, damit man dir vertrauen kann?" Das ist die richtige Frage.

6 Schenken Sie Anerkennung

Als ich vor Jahren in Tibet war, stellte mir ein kleines Mädchen eine Frage, die meine Einstellung dazu veränderte, was es bedeutet, die Größe anderer anzuerkennen. Am Fuß eines Berges auf einem alten, ausgetretenen Pfad sah ich eine tibetische Familie mit fünf Kindern auf mich zukommen und nickte ihnen zum Gruß zu. „Pilger", erklärte mein Führer, ein älterer Tibeter.

Nachdem er mit dem Mann gesprochen hatte, erzählte er mir, dass die Familie aus Osttibet einige hundert Kilometer weit gewandert war, um das historische Wegzeichen hoch über uns am Berghang zu besuchen. In Tibet gelten solche Reisen für eine Familie als segensreich.

Doch dann sah ich mit Missfallen, dass sie von den chinesischen Armeeposten am Kontrollpunkt abgewiesen wurden, der am Fuß des Berges an der Zufahrtsstraße errichtet worden war. Seit 1959 halten chinesische Regierung und Armee Tibet illegal besetzt, und nach Aussage von Menschenrechtsorganisationen wird ihnen versuchter Völkermord am tibetischen Volk vorgeworfen.

Als er sich nach mir und dem tibetischen Führer umdrehte, klopfte der Offizier sich auf das Pistolenhalfter und deutete auf die mit Gewehren bewaffneten Wachposten. Ich bot an, die Eintrittsgebühr für die Familie zu bezahlen – die Armee„steuer", die, wie ich aufgrund meiner Erfahrung in anderen Gebieten Tibets annahm, die Soldaten selbst einstecken würden. „Nein", meinte der Offizier. „Neue Vorschrift. Tibetern ist der Zutritt verboten."

Die Familie hatte mich während dieser Diskussion beobachtet. Sie verstanden sicher nicht, was ich sagte. Doch sie hörten sehr genau zu, als wollten sie den Sinn ergründen. Nun blickten sie noch einmal nach oben und wandten sich dann langsam ab. Ich betrachtete ihre Gesichter. Nach wochenlanger, ermüdender Reise waren ihre Hoffnungen wohl zerstört, dennoch sprachen sie offen miteinander. Es gab natürlich ein gewisses Maß an Ärger und

Enttäuschung, aber als sie gemeinsam den Hang hinuntergingen, schienen sie ganz bewusst davon zu lassen. Der Vater drehte sich um und bedeutete mir, mit ihnen zu kommen.

In der Nähe des Flusses am Fuß des Berges breiteten er und seine Frau Decken aus und bereiteten ein mageres Mittagessen, zu dem sie mich einluden. Ich teilte mit ihnen das Essen aus meinem Rucksack. Während wir aßen, stellte ich fest, dass wir uns alle ab und zu nach dem alten Wegzeichen umblickten, das von der Sonne angestrahlt wurde. Ich merkte, dass ich darüber nachdachte, wie oft Menschen in ihrem Leben an einem Ziel ankommen, nur um festzustellen, dass ein Weg nicht weiterführt oder versperrt ist, weil man die falsche Währung hat, den falschen Zeitpunkt wählt oder falsche Erwartungen mitbringt. Wie offen nehmen wir dann unsere bittere Enttäuschung an, überwinden sie und gehen weiter, statt darin verhaftet zu bleiben? Selten. Nach dem Essen dankte ich der Familie und erhob mich zum Gehen.

„Warten Sie", sagte der Vater. „Meine Kinder möchten Ihnen noch einen tibetischen Ausdruck beibringen." Er deutete auf eines der Kinder, ein Mädchen von etwa vier oder fünf Jahren. Die Kleine trat vor, legte ihre Handflächen vor dem Herzen gegeneinander, wobei die Finger nach oben zeigten, und blickte mir fest in die Augen. Freudig sprach sie: „Tashi deley."

Ich nickte und wiederholte Geste und Worte. Sie und die anderen Kinder lächelten. Währenddessen kam mir plötzlich der Gedanke, dass es in so vielen Familien und Unternehmen oder Organisationen kaum jemanden gibt, der ein solches Leuchten im Herzen oder Blick trägt. Wo hatten wir das unterwegs verloren? Und wie können wir es zurückgewinnen?

„In Osttibet", sagte der Vater des Mädchens, „grüßen wir alle Leute so. Es ist seit einigen Jahren von der Armee wieder gestattet." Der Mann legte die Handflächen vor seiner Brust zusammen und sprach mit Frau und Kindern: „Tashi deley." „Es bedeutet", erklärte der Vater mir durch meinen Führer, der die Worte übersetzte, „ich ehre die Größe in dir. Ich ehre den Ort, an dem dein Mut, deine Ehre, Liebe, Hoffnung und Träume wohnen. Tashi deley."

Ich legte meine Handflächen vor dem Herzen gegeneinander und sah ihnen in die Augen – Menschen, die erst vor einer Stunde eine herbe Enttäuschung erlebt hatten und mir völlig fremd gewesen waren.

„*Tashi deley*", antwortete ich. Die Gesichter der Kinder leuchteten.

„Bringen Sie uns jetzt bitte ein Wort in Englisch bei", sagte das Mädchen auf Tibetisch und zeigte dabei auf mich.

Ich dachte einen Augenblick nach. „Wenn wir uns in Amerika begrüßen, sagen wir *hello*." Mein Führer wiederholte die Worte in Tibetisch.

„Hello!", riefen die Kinder mit leuchtenden Augen und versuchten, es richtig zu betonen. „Hello!" „Hello!"

Ich lächelte und nickte, nahm den Rucksack auf und ging die Straße hinunter. Tibet, das Dach der Welt, liegt so hoch, und die Hänge sind so steil, dass die Sonne sehr schnell untergeht. Ich wollte noch ein Tal weiterwandern, ehe es dunkel wurde.

Das kleine Mädchen und einer seiner Brüder rannten mir nach. Es fasste von hinten meine Hand und zog daran. Mein Führer stand neben mir, als ich mich umdrehte.

Dann geschah etwas, was ich nie vergessen werde. Ein kleines Mädchen, das in einem Teil der Welt aufwächst, wo es wenig Hoffnung gibt, gerade für Mädchen, stellte mir eine Frage, die mich veränderte. Es wusste bereits, dass es tief im Innern einige Qualitäten besaß, die ihm niemand nehmen konnte, wie sehr man auch versuchen würde, sein Leben einzuschränken oder es zu verletzen.

Erwartungsvoll fragte die Kleine: „Wenn die Menschen in Amerika ‚Hello' zueinander sagen, ehren sie dann auch die Größe im anderen?"

Die Frage brachte eine Saite in mir zum Schwingen. Ich starrte in ihr ernstes, leuchtendes Gesicht. „Nein", erwiderte ich und fügte hinzu: „Aber ich wollte, es wäre so."

Mit jedem Schritt in den Bergen Tibets erkannte ich, dass so viele unserer Probleme beginnen, weil wir versäumen, gegenseitig unsere Größe anzuerkennen. Ich habe selten etwas dabei gefühlt, wenn ich *hello* zu anderen sagte. Was war der Preis, den ich gezahlt habe, den wir alle zahlen?

Das tibetische Mädchen spürte die Wahrheit. Jeder Mensch besitzt eine eigene Größe. Ohne Ausnahme. Wer sie in anderen sucht und ehrt, wächst bereits, auf geringe, aber entscheidende Weise ist sein Stern bereits im Kommen.

Es ist nicht immer einfach, doch es gibt einiges, was man tun kann, um den verdienten Respekt zu erhalten und anderen diesen Respekt ebenso entgegenzubringen.

Verlangen Sie die Anerkennung, die Sie verdienen

Viele Menschen haben gelernt, mangelnden Respekt zu ertragen und nur wenig oder gar keine Anerkennung für ihre Bemühungen zu erwarten. Einer der Hauptgründe dafür, warum Menschen Beziehungen im Leben oder ein Arbeitsverhältnis beenden, ist darin zu suchen, dass sie „begrenzt oder gar kein Lob oder Anerkennung für ihren Beitrag erhalten".

Nehmen Sie sich einige Momente Zeit, erinnern Sie sich an den höchsten Respekt und die größte Anerkennung, die Sie je bekamen – eine Leistung, die es wert war, Ihnen ein Lob auszusprechen.

Wenn Sie bisher nicht genügend anerkannt wurden oder andere Ihr Tun als selbstverständlich betrachten, verlangen Sie Beachtung – höflich, aber bestimmt.

Sie haben zum Beispiel lange und hart an etwas gearbeitet. Doch das erhaltene „Danke" ist nicht so ausgefallen, wie Sie gehofft hatten. Ein für Sie wichtiger Mensch schien Ihre Mühe oder Ihren Beitrag nicht zu schätzen. Was nun?

Eine Möglichkeit könnte so aussehen: Vereinbaren Sie mit diesem Menschen einen Termin. Betonen Sie dabei vier Dinge:

1. *Zeigen Sie sich für die Mühe des anderen Sie anzuerkennen, erkenntlich.*
2. *Beschreiben Sie die höchste Anerkennung, die Sie jemals empfanden.* „Ich möchte Ihnen erzählen, wie ich mich einmal äußerst respektiert und anerkannt gefühlt habe ..." Gehen Sie

ins Detail. Wann war das? Welches Gefühl hatten Sie dabei? Was bedeutete es? Wie inspirierte es Sie? Andere Menschen können keine Gedanken lesen. Sie brauchen Ihre Hilfestellung, um zu wissen, wann Sie sich anerkannt fühlen, wann Sie Ihre Leistungen respektieren und Sie zu noch mehr Engagement bereit sind.

3. *Passen Sie Ihre Richtung an.* Sagen Sie etwa: „Ich bin sicher, dass Sie hoffen, dass ich auch weiterhin mit vollem Einsatz bei allem mein Bestes geben werde."

4. *Unterstützen Sie neue Verhaltensweisen.* „Damit ich weiter mein Bestes geben kann, wäre ich wirklich dankbar, wenn Sie das nächste Mal, wenn Sie mir für meine Bemühungen danken, es eher in der Art tun, die ich gerade beschrieben habe." Ich habe noch nie einen Chef, Partner oder Freund erlebt, der dies ablehnen würde. Stattdessen wird man auf diese Bitte wahrscheinlich reagieren und Ihre zukünftigen Anstrengungen eher wahrnehmen. Auf eine besondere und wichtige Weise sind Sie in den Augen dieses Menschen sichtbarer geworden.

Bringen Sie anderen gegenüber Ihre Aufmerksamkeit zum Ausdruck

Halten Sie einen Augenblick inne, bevor Sie jemandem danken. Behalten Sie dabei mehrere Dinge im Blick:

- *Seien Sie aufrichtig.* Samuel Johnson sagte einmal: „Wer alle lobt, lobt niemanden." Er hatte in gewisser Weise Recht. Wenn ein Lob allgemein und oberflächlich ist, erfüllt es seinen Zweck letztendlich nicht. Finden Sie stattdessen heraus, worüber sich jemand am meisten freut und welche Arbeit ihm am liebsten ist.
- *Nehmen Sie persönlich Anteil.* Gehen Sie ins Detail. Wenn Sie jemanden schätzen oder anerkennen, dann tun Sie das auf möglichst persönliche und detaillierte Weise. Stellen Sie keine Vermutungen an. Fragen und beobachten Sie. Margaret Mead hat einmal gesagt: „Denke immer daran, dass du absolut einzigartig bist. Wie jeder andere auch."

- *Sprechen Sie jedes einzelne Gruppenmitglied persönlich an*. Wenn Sie mehr als einem Mitarbeiter danken möchten, gehen Sie auf jeden Einzelnen ein. Ein Gruppenlob mag zwar aufrichtig sein, stößt jedoch unbeabsichtigt den Einzelnen zurück. Jedes Mitglied der Gruppe weiß, dass er oder sie etwas Spezielles beigetragen hat. Und Sie haben das weggelassen.

Ehe man einer Gruppe dankt, sollte man zumindest einen besonderen Beitrag kennen, den jedes Mitglied für den Erfolg eines Projekts geleistet hat.

Danken Sie daher dem ganzen Team, zum Beispiel: „Wir hätten das nicht ohne jeden Einzelnen von Ihnen erreicht. Ich war nicht beim gesamten Projekt dabei, aber ich kenne die besonderen Details und Leistungen, die jeder von Ihnen beigetragen hat, um dieses großartige Ergebnis zu erzielen." Dann erwähnen Sie nacheinander etwas Besonderes und Persönliches zum Beitrag jedes Einzelnen. Achten Sie auf die Augen der Menschen. Es ist erstaunlich, welchen Unterschied das machen kann.

Erkennen Sie andere persönlich an

Viel über unseren Wert und unsere Bedeutung für andere lesen wir von den Augen ab. Ein Blick sagt mehr als Worte – spricht die Verstandesebenen in Herz und Bauch, nicht nur den Kopf an. Dafür ist nur ein Moment des freundlichen, eindeutigen Augenkontakts nötig, und man nimmt etwas wahr von dem verborgenen Wesen oder der Größe – erkannt oder unerkannt – des anderen. Das hat nichts mit aktivem Handeln zu tun. Es wird einfach durch die Anwesenheit oder das Erscheinen eines Menschen ausgelöst. Dies ist einer der einfachsten und bedeutendsten Wege, den anderen zu achten.

Nehmen Sie die Scheuklappen ab. Wenn Sie jemandem begegnen, sei es zu Hause, in der Nachbarschaft oder am Arbeitsplatz, zeigen Sie Anerkennung mit einem freundlichen Blick oder einem Kopfnicken.

Hinter jedem Namen steht ein Mensch

Unsere Namen sind keine Etiketten. Sie sind das Deckblatt einer menschlichen Geschichte. Hinter dem Namen verbirgt sich das Leben eines einmaligen Individuums, voller Liebe, Verlust, Lachen, Träume, Sorgen und einem großen Maß verborgener Möglichkeiten. Von dem Augenblick, in dem man ein anderes menschliches Wesen trifft und zum ersten Mal seinen Namen hört, berühren sich beide Geschichten, wie kurz das Zusammentreffen auch sein mag. Wie respektieren wir dieses Menschsein in uns und anderen am besten, selbst für einen Augenblick?

Eine Bitte richtig einschätzen

Wenn Sie jemanden bitten möchten, mit Ihnen ein Problem zu meistern oder zusätzliche Verantwortung zu übernehmen, werden Sie wahrscheinlich zuerst intensiv nachdenken. Sie wägen Talente, Einstellungen und erledigte Aufgaben einer Reihe von Leuten, die Sie fragen könnten, gegeneinander ab und entscheiden sich dann. Sie nehmen Kontakt auf und bitten sie oder ihn, aktiv zu werden, das Problem zu lösen oder die Chance zu nutzen.

Aber solche Bitten werden oft in einer Art Kurzschrift weitergegeben, ohne Erklärung, *warum* man den anderen um Hilfe bittet.

Der Empfänger einer solchen Botschaft hat oft das Gefühl, dies sei ein Fall von „Wenn du dir hier Mühe gibst, bürdet man dir noch mehr Arbeit auf", was unfair wäre. Dieser Eindruck wird gestützt, wenn dieser Mensch sich umsieht und feststellt, dass andere früher nach Hause gehen oder etwas tun, was ihnen Spaß macht; er dagegen muss dableiben und diese Zusatzarbeit erledigen. Außerdem wird die Bitte um zusätzlichen Einsatz – ziemlich wütend – als Unterwerfungsmanöver wahrgenommen. Der Angesprochene denkt: „Wenn ich ablehne, werde ich wahrscheinlich entweder sabotiert oder ignoriert. Also kann ich nicht ablehnen. Du erwartest von mir, dass ich hier alles mache – und ich habe es satt."

Jedes Mal, wenn Sie jemanden um etwas bitten, wählen Sie am besten folgende Vorgehensweise:

- *Erklären Sie: „Ich frage Sie, weil ..."* Machen Sie detaillierte Angaben, warum Sie die Energie, das Talent und die Zeit dieses Menschen fordern. Bei jeder Bitte und jedem Auftrag, ein Problem zu lösen oder eine Chance zu nutzen, erklären Sie: „Deshalb ..." Nehmen Sie sich Zeit, den anderen am Telefon, persönlich oder in einer schriftlichen Mitteilung mit ein, zwei Zusätzen zu informieren, warum Sie sie oder ihn ausgewählt haben, welche Stärken und Erfahrungen gerade sie oder ihn als beste Wahl erscheinen lassen. Seien Sie eindeutig, aufrichtig und ausführlich. Außerdem kann man das in beide Richtungen anwenden. Wenn Sie jemand um etwas bittet oder mit etwas beauftragt, fragen Sie kurz, warum Sie ausgewählt wurden.
  Anmerkung: Wenn dies ein „Tu es einfach"-Auftrag oder eine „Weil ich es so gesagt habe"-Aufforderung ist, dann erkennen Sie das ehrlich an, und geben Sie sich dabei Mühe. „Du warst der Erste, der mir über den Weg gelaufen ist" löst kein schönes Gefühl aus, und viele glauben auch gar nicht, dass es Zufall war, doch manchmal ist es notwendig, etwas einfach zu tun und weiterzugehen.
- *Erkennen Sie an: „Ich weiß, dass du viel zu tun hast ...",* und *zeigen Sie dem anderen, dass Sie sich für seine Hilfe in einer Weise erkenntlich zeigen werden, die für ihn von Wert ist.* „Mir ist bewusst, wie viel du wahrscheinlich gerade zu tun hast. Bitte sag mir, was ich dir abnehmen kann, damit du Zeit hast, dies zu erledigen." Kennen Sie jemanden, der sich nicht von Arbeit überhäuft fühlt? Kaum jemand glaubt, dass er viel Zeit hat, um noch mehr Arbeit zu übernehmen. Daher ist dieser Schritt so wesentlich. Erkennen Sie zeitliche Engpässe bei anderen an, wenn Sie um etwas bitten. Wenn möglich, erleichtern Sie ihre Arbeitslast im Ausgleich dafür, dass sie Ihrer Bitte nachkommen.

Notieren Sie wöchentlich Leistungen, die Anerkennung verdienen

Botschaften, die aus dem Herzen kommen, gehen meist auch zu Herzen. Mein Großvater Downing gab mir in dieser Hinsicht ein Beispiel. Montagmorgens betrat er sein kleines Büro früher als gewöhnlich. Er hatte eine Hand voll Ausschnitte über Menschen bei sich, die in der vorherigen Woche in der Zeitung erwähnt worden waren, und persönliche Erinnerungsnotizen. Für meinen Großvater waren solche Notizen ein wesentlicher Bestandteil, um Fürsorge sichtbar und wirklich werden zu lassen.

Wer hat diese Woche in Ihrem Leben den größten Einfluss auf Sie gehabt? Wer profitiert am meisten von einigen Ihrer ermutigenden Worte? Haben Sie jemals eine besondere Mitteilung oder einen Brief von jemandem aufgehoben? Warum hat er Ihnen so viel bedeutet? Was wurde darin gesagt?

Vor kurzem, nachdem ich ein Seminar in Seattle abgehalten hatte, erhielt ich so einen Brief, der einem viele Jahre etwas bedeuten kann.

Mögen Sie das Glück haben, ab und zu „positive Rückmeldungen" zu erhalten. Und mögen Sie großzügig genug sein, selbst noch mehr davon zu verschicken!

Zweiter Grundpfeiler

Energie

7 Seien Sie schnell, jedoch ohne Hektik

Es geschah an einem Samstag im Hochsommer 1960, ich drohte zu ertrinken. Ich war neun Jahre alt. Mein Großvater Downing und meine Mutter waren mit mir und meinen Geschwistern zum Schwimmen zu einem alten Steinbruch gegangen, der von der städtischen Parkbehörde in ein Schwimmbad umgewandelt worden war.

Am frühen Nachmittag war der See voller Menschen. Ich übte im tiefen Wasser meine Schwimmbewegungen. Hinter mir neckte ein Mann seine Freunde auf dem Sprungbrett. Er sprang hinein, ohne sich vorher umzusehen, und landete auf meinem Nacken und Rücken, sodass ich keine Luft mehr bekam. Sein Gewicht drückte mich tief auf den Grund des trüben Sees. Würgend und ohne Orientierung versuchte ich, mich umzudrehen und mit kräftigen Schlägen an die Oberfläche des braunen Wassers zu gelangen, das von der Bewegung vieler Menschen aufgewühlt war. Ich schaffte es fast nicht. Es gab einen Augenblick, als meine Brust sich in Panik zusammenzog und meine Arme und Beine schwach wurden. Das Gefühl des Wassers in Nase und Lunge war Furcht erregend.

Einige dunkle Momente lang war ich verloren. Bis heute weiß ich nicht, was mich, außer der Vorsehung, gerettet hat, doch ich erinnere mich, dass ich plötzlich hustend und nach Luft schnappend durch die Oberfläche brach. Ich hörte das Pfeifen der Bademeister, die alle dazu aufriefen, aus dem Wasser zu kommen. Man hatte gerade den leblosen Körper eines Jugendlichen am Grund des Sees gefunden.

Minuten später standen wir zitternd am Ufer und beobachteten, wie mein Großvater hinauswatete und von einem der Bademeister den Körper des Jungen in Empfang nahm. Die Menschenmasse am Rand des Wassers teilte sich, als mein Großvater, der älteste Arzt und Chirurg der Stadt, den Jungen in den Sand legte, nach

Lebenszeichen suchte und dann sofort mit Wiederbelebungsversuchen begann.

Wir bahnten uns einen Weg durch die Menge. Ich wollte sehen, wie er den Jungen wieder zum Leben erweckte. Ich war sicher, dass er mich aus dem Augenwinkel heraus sah. Er schien sehr lange zu versuchen, Atmung und Herzschlag wieder in Gang zu bringen. Viele Menschen in der Menge weinten, während sie ihm zusahen. Eine Sirene kam heulend näher.

Doch es war zu spät. Der Junge war tot.

Die Menge zerstreute sich. Viele gingen nach Hause. Kurze Zeit später gaben die Bademeister den See wieder zum Schwimmen frei. Manche Leute gingen wieder ins Wasser, andere liefen umher. Bald darauf kam mein Großvater zu mir ans Ufer. Unfähig, das Bild des toten Jungen aus meinem Gedächtnis zu bannen, wollte ich nicht mehr hineingehen. Großvater legte mir seine Hand auf die Schulter. „Was fühlst du gerade?", fragte er mich.

„Nichts ...", sagte ich und stammelte: „Ich habe Angst", gab ich zu, „Angst hineinzugehen."

„Weil du ertrinken könntest wie dieser Junge?"

„Ja, und ich *bin* auch fast ertrunken." Ich erzählte ihm, was geschehen war.

„Viele Menschen sind jetzt aufgeregt oder ängstlich", meinte mein Großvater.

„Aber ich hätte da draußen *sterben* können", unterbrach ich ihn und deutete auf das Wasser.

„Ja", antwortete er. „Aber ‚da draußen' im Wasser, Robert, ist nicht gefährlicher als ‚da draußen' auf der Straße." Er machte mit dem Arm eine Bewegung zur Autobahn in der Ferne. „Die Wahrheit ist, Menschen können überall sterben. Früher oder später sterben wir alle. Doch viele *leben* nicht einmal richtig."

„Was meinst du damit?"

„Damit meine ich, dass nicht viele Menschen den Mut besitzen, Risiken einzugehen und Dinge zu tun, die sie tun möchten, vor denen sie jedoch Angst haben. Also wehren sie sich dagegen. Man findet immer neue Entschuldigungen und macht es sich noch schwerer. Als du schwimmen gelernt hast, Robert, musstest du

Vertrauen haben, um ins Wasser zu gehen. Es war auch schwierig, als du das erste Mal ins tiefe Wasser gingst. Du musstest dich deinen Ängsten stellen und auf deine Lehrer hören. Du musstest dabeibleiben und lernen. Doch dann begannst du, sehr gut zu werden, es schien leichter zu werden und machte manchmal auch mehr Spaß. Viele Menschen, die viele Dinge wie etwa Schwimmen sehr gut meistern könnten, geben auf. Etwas scheint kompliziert oder schwierig zu sein oder macht ihnen Angst, und sie gehen nicht mehr ins Wasser zurück. Du brauchst dich deiner Angst nicht zu schämen."

Er erzählte mir dann von dem besten Schwimmer, den er je gesehen hatte, einem Olympioniken, den er bei der Demonstration seines Könnens beobachtet hatte. „Obwohl er schneller war als jeder andere Schwimmer, den ich je gesehen habe, ließ er es so leicht aussehen", erzählte mein Großvater. „Im Vergleich zu ihm schlugen die anderen im Wasser wild mit den Armen um sich. Sie waren nicht nur viel langsamer, sie strengten sich viel mehr an."

„Wie hat er das gemacht?", fragte ich.

„Er bewegte sich stromlinienförmig. Dabei gleitest du fast ohne Widerstand durchs Wasser. Doch dabei kann dir niemand helfen, du musst es selbst lernen."

„Ich weiß nicht, ob ich das kann ..."

Er blickte mir fest in die Augen. „Wie kannst du das herausfinden? Deine Schwimmlehrer können es dir zeigen, aber danach liegt es an dir. Du wirst nie lernen, dich stromlinienförmig zu bewegen, wenn du nicht ins Wasser zurückgehst."

Mein Großvater wusste, dass wir alle uns früher oder später unseren Ängsten stellen müssen. Ich bin an diesem Tag ins Wasser zurückgegangen. Jahre später nahm ich an den nationalen Schwimmmeisterschaften teil. Durch all das habe ich gelernt, dass stromlinienförmige oder wirkungsvollere Bewegung sich nicht nur im Wasser gut auszahlt, sondern auch im Leben.

Wenn wir unsere Energie auf hohem Niveau halten und unsere Bemühungen optimieren, haben wir den besten Zugang zu vorhandenen Fähigkeiten und unserem ungenutzten Potenzial. Mit einer Reihe praktischer Kniffe, um die Tendenz unseres Gehirns auszuschalten, auf wachsenden Stress zu reagieren, indem wir das Gleiche erneut tun, nur anstrengender, länger, schneller und lauter. Es ist eine Form der Optimierung nötig, die man mit dem fünften Gang eines Autos vergleichen kann: Man fährt noch immer schnell, doch mit weniger Anstrengung und größeren Möglichkeiten. Hier kommt die *ruhige Energie* zum Tragen.

Wenn weniger mehr ist

Es ist möglich, viele Dinge zu tun und doch mit klarem Geist und positiver, schöpferischer Kraft entspannt, aber kontrolliert zu funktionieren. Wie die Umstände auch sein mögen, es gibt einen Weg, ohne Hektik schnell zu sein. Dieser Unterschied ist wesentlich. Als Junge ließ ich gern Steine über die ruhige Oberfläche eines Sees springen. Das Wasser bewegt sich deswegen nicht weniger oder mehr. Es passt sich der Schnelligkeit und dem Gewicht des Steins an und verteilt die Stärke jeder Berührung auf seiner Oberfläche, und wenn die Wellen sich verlaufen haben, kehrt das Wasser in seinen Ruhezustand zurück. Ähnlich ist das Gefühl, auf Herausforderungen ruhig und voll Energie perfekt zu reagieren.

Denken Sie an eine Zeit, in der Sie ausgezeichnete Arbeit leisteten und Dinge erreichten, die Ihnen sinnvoll erschienen, und Sie weder gestresst noch angespannt waren. Wahrscheinlich schien es leichter, gute Fortschritte zu machen, selbst wenn Sie sich dabei sehr anstrengten. Dieser Zustand höchster Produktivität und entspannter Kontrolle steht im Zentrum dieses Kapitels.

Es gibt zwei grundlegende Energiezustände, *Spannung* und ruhige Energie. Die meisten Menschen sind in gespannter Energie befangen, einem durch Stress getriebenen Zustand, der von hoher Muskelspannung und einem fast angenehmen Gefühl der Produktivität geprägt ist und durch Notfall-Stresshormone wie Adrenalin und Kortisol hervorgerufen wird.

Vielleicht erwachen Sie morgens müde und steif, aber nach einigen Tassen Kaffee und starker Anspannung – bei dem täglichen Kampf, die Kinder rechtzeitig in die Schule zu bringen, dem Stau im Morgenverkehr und den Gedanken an all die Arbeit, die Sie bewältigen müssen – fühlen Sie sich wohl bald energiegeladen. Diese Art der Energie wird von einem fast permanenten Gefühl der Belastung und Angst gespeist, das Sie dazu zwingt, sich selbst von einem Ziel zum anderen zu treiben, ohne jemals anzuhalten, um auszuruhen oder nachzudenken. Winzige Irritationen und kleine Stolpersteine geraten zu großer Frustration und Selbstmitleid. Mittlere bis schwere körperliche Spannung stellt sich ein, die nach einiger Zeit von Ihnen kaum noch wahrgenommen (oder sogar begrüßt) wird.

Doch psychische und physische Energie kostet einiges: In der von Stresshormonen erzeugten Hektik werden Milliarden von Boten-stoffen erschöpft, die die Verbindung halten zwischen unseren Sinnen, dem Herzen und dem Gehirn. Vor Ende eines jeden unerbittlichen Tages sind vielleicht schon alle verbraucht, und wir erübrigen noch gerade so viel Kraft, um vor dem Fernsehgerät abzuschlaffen. Auf lange Sicht stellt man fest, dass man vor der Zeit alt wird, sich kurz vor dem Burn-out und totaler Erschöpfung befindet und ernstliche Gesundheitsprobleme hat.

Die Alternative, *ruhige Energie*, ist von einer niedrigen Muskel-spannung, einer wachen, optimistischeren Geisteshaltung, friedli-chen und angenehmen Körpergefühlen und einem hohen Maß an körperlicher Vitalität und Lebensfreude gekennzeichnet. Es ist wichtig für – und manchmal gleichbedeutend mit – dem absoluten, bahnbrechenden Zustand, der als Flow bezeichnet wird, in dem geistige und körperliche Reserven groß sind und man die optimale Kombination aus gesunder Vitalität und hellwacher schöpferischer Intelligenz besitzt. Mit ruhiger Energie kommt man viel schneller voran, indem man dafür sorgt, dass den ganzen Tag die richtigen Dinge geschehen, weil man sich auf die Dinge konzentrieren kann, die wichtig sind, ohne von den Einzelheiten aufgezehrt zu werden.

Die höchsten Ebenen von Denken, Fühlen und Handeln sind ein natürlicher Ausdruck des „Flow"-Zustands, dem Bereich in uns, der entspannte Wachsamkeit und optimiertes Handeln bestimmt. Mit einem hohen Niveau ruhiger Energie fühlen wir uns eher glücklich und optimistisch. Wir sehen die Dinge realistischer und weniger dramatisch. Maulwurfshügel bleiben Maulwurfshügel. Mit gespannter Energie werden Maulwurfshügel zu Bergen, die Frustrationen nehmen zu und unterdrücken unsere Kreativität und Lebenskraft.

Wenn man die Fähigkeit entwickelt, einen Zustand ruhiger Energie zu erreichen und zu halten, distanziert man sich von Lärm und Ablenkungen, Hektik und Ärger des Lebens. Mit Weitsicht und stärkerer Vitalität sorgt man für einen reibungsloseren Ablauf.

Wenn die Energie nachlässt: Halten Sie inne

Beobachten Sie sich häufiger selbst, um mit weniger Anstrengung mehr zu erreichen. Nehmen Sie sich einige Augenblicke Zeit, um Ihre typischen Energiewellen innerhalb von 24 Stunden aufzuzeichnen.

Benutzen Sie die Tabelle auf der folgenden Seite dazu, jedes leere Feld auszufüllen, das für einen zweistündigen Abschnitt steht. Kreuzen Sie die passende Energiestufe an, über die Sie zu diesem Zeitpunkt verfügen. Einige einfache Hinweise: Wenn Sie zu diesem Zeitpunkt normalerweise wach sind, bedeutet 0 die maximale Anspannung, Ablenkung oder Müdigkeit, 10 steht für maximale Energie, Wachsamkeit und Aufmerksamkeit. In Zeiten, in denen Sie normalerweise schlafen, bedeutet 0 Schlaflosigkeit oder dass man alle paar Minuten aufwacht, um festzustellen, ob man noch arbeitet; bei 10 schläft man wie ein Baby.

Zeichnen Sie nun Ihre natürliche Energiekurve auf:

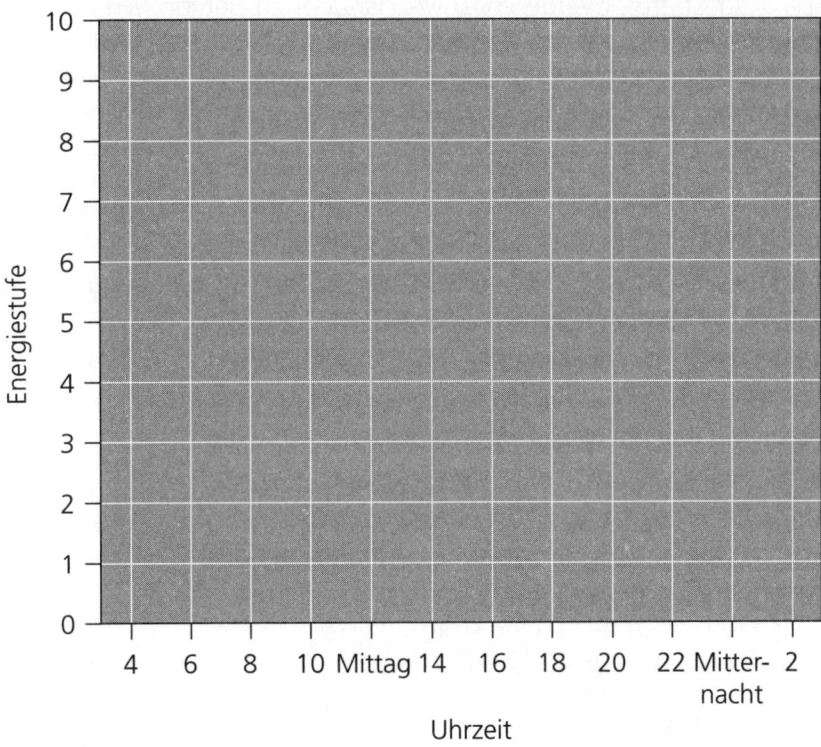

Wenn Sie fertig sind, verbinden Sie die Kreuze, um so Ihr natürliches Energiemuster zu verdeutlichen. Nutzen Sie dieses Muster, um mit jedem persönlichen Nachlassen von Lebenskraft und Zielgerichtetheit zurechtzukommen.

Die menschliche Energie ist stark abhängig von der „biologischen Uhr". Die so genannte *Chronobiologie* beschäftigt sich mit diesem Gebiet, misst und stellt die Zu- und Abnahme von Energie dar. Man nennt sie *Biorhythmus. Dieser Biorhythmus wechselt in bestimmten* Zyklen von Aktivität und Ruhe. Er koordiniert komplexe Muster der Botenstoff-Kommunikation zwischen und innerhalb von Gehirn, Herz, Sinnen und Körper. Diese Botenstoffe helfen uns bei der Regulierung der Energiestufen. Im natürlichen Absinken jedes Biorhythmus hat uns die Natur mit einer Reihe von Revitalisierungssignalen ausgestattet, die uns dazu veranlassen, uns einige Minuten Zeit zu nehmen, um unseren Verstand, Körper und Geist zu regenieren.

Nur wenige hören auf diese Signale, und das macht sich mit zunehmendem Energieverlust und Gesundheitsproblemen bemerkbar, die mit der Zeit zu Dauermüdigkeit und Krankheit führen können. Statt die Gangart zu wechseln oder kürzer zu treten, fahren wir fort und übergehen die Alarmsignale, um die Botenstoffe aufzufüllen und Energie aufzutanken. Der Körper wird von Müdigkeit und Stresshormonen überschwemmt, verursacht durch Ärger, Koffein oder Termindruck, die uns die Illusion eines „erneuten Aufwinds" geben, obwohl wir in Wahrheit nur von gespannter Energie getrieben werden.

Steigern Sie Ihre ruhige Energie, indem Sie den natürlichen Verlust an Vitalität oder Konzentration wahrnehmen. Versuchen Sie, sich bewusst vom Druck zu befreien. Sie können sich immer noch schnell bewegen, doch hören Sie auf, sich geistig voranzuhetzen. Vielleicht gelingt es Ihnen umgehend, nach dem „Umschalten" klarer zu denken.

Ich rate auch dazu, eine eigene Version *strategischer Pausen* zu entwickeln, die nur 15 bis 30 Sekunden dauern, und *wesentlicher Pausen*, die am mittleren Vormittag und Nachmittag zwei bis fünf Minuten in Anspruch nehmen. Obwohl viele Menschen annehmen, dass es unnötig sei, tagsüber innezuhalten oder Pausen einzulegen, belegen wissenschaftliche Studien das Gegenteil. Die Einführung kleiner Pausen *beschleunigt* in der Tat die Arbeit und schafft mehr Energie, führt zu besseren Gesamtergebnissen, aber weniger Stress und Müdigkeit. Außerdem ist die Annahme, dass man durch unaufhörliches Arbeiten „aufholen" könnte, tatsächlich nur eine Illusion. Einer Schätzung nach schiebt jeder Mensch sein ganzes Leben hindurch ein Pensum von mindestens 35 Stunden unerlediger Arbeit vor sich her. Kurzum, wir holen nie auf!

Für die Optimierung von Anstrengungen sind strategische und wesentliche Pausen überaus wichtig. Darüber hinaus sollte man den Tag beginnen, indem man der inneren Kraft die Chance gibt, über die Anspannung hinauszuwachsen. Wie man das erreicht, erkläre ich im Folgenden.

Legen Sie strategische und sinnvolle Pausen ein

Ein Paradox des modernen Lebens: Man möchte vorankommen, sollte aber gleichzeitig wissen, wann – und wie – man sich zurückzieht. Wenn man lernt, strategische Pausen einzulegen, erreicht man auf natürliche Weise eine wesentliche Steigerung der Körperenergie. Diese Energie beeinflusst Gedanken, Gefühle, Aufmerksamkeit und Handeln – und wirkt äußerst belebend. Unterbleibt die nächste Pause jedoch, fällt der Energiespiegel unausweichlich.

Pausen einzulegen steht meist im Gegensatz zu unseren Gewohnheiten in Beruf und Privatleben. Wir stehen immer früher auf. Wir treiben uns – und andere – hart und unermüdlich an, nur um mitzuhalten oder weiterzukommen. Dabei fehlt es uns an einer intelligenten Zeiteinteilung. Statt wie ein Bulldozer zu arbeiten, sollten wir eher wie Tennisprofis vorgehen – Sportler, die gelernt haben, sich zwischen den Schlägen für einige entscheidende Momente tief zu entspannen, auch während eines schwierigen Satzes. Wenn sie mit der Erholung bis nach dem Match oder bis abends warten, ist es zu spät; sie strengen sich zu sehr an, leisten zu wenig und geben nicht ihr Bestes.

Nachlassende Wachsamkeit gehört wohl zu den größten Gefahren des heutigen Alltags. Zum Teil ist dies auf ein weit verbreitetes Schlafdefizit zurückzuführen – wir schlafen bei weitem nicht so gut oder lange, wie wir sollten. Doch auch die Tatsache, dass viele Menschen Tag für Tag pausenlos arbeiten, ist dafür verantwortlich. Wenn man sich länger als 20 oder 30 Minuten auf eine Sache konzentriert, benötigt man zur Problemlösung bis zu 500-mal mehr Zeit; Stimmung und Manieren leiden ebenfalls.

Der Unterschied zwischen kurzen und langen Pausen besteht in deren Häufigkeit und Dauer. Eine strategische Pause von nicht mehr als 30 Sekunden legt man idealerweise über den Tag verteilt jede halbe Stunde ein. Wesentliche Pausen erfordern nur zwei bis drei Minuten, zwei- bis dreimal täglich. Eine revitalisierende Pause besitzt sieben Elemente:

1. *Vertiefen und entspannen Sie Ihre Atmung.* Die Atmung beeinflusst unseren gesamten Energiehaushalt. Eine Unterbrechung der Sauerstoffzufuhr – kurzes, regelmäßiges Atemanhalten oder chronisches Wenig-Atmen – tragen allgemein zu Spannung und Müdigkeit bei. Wenn man stattdessen die Atmung vertieft, steigen Gelassenheit und Lebenskraft.

2. *Ändern Sie Ihre Blickrichtung und suchen Sie das Licht.* Angestrengte Augen sind ein verbreiteter, oft ignorierter Grund für Spannung und Müdigkeit, besonders am späteren Nachmittag. Die winzigen Muskeln im menschlichen Auge verbrauchen mehr Energie als jede andere Muskelfaser des Körpers. Ohne eine kurze Erholung jede halbe Stunde werden sie müde und rufen Kopfschmerzen, Erschöpfung und Verspannungen in Nacken und Schultern hervor.

Gehen Sie einer Tätigkeit nach, die konzentriertes Sehen erfordert, blinzeln Sie einige Male, und sehen Sie entfernte Objekte an, ein Poster an der Wand oder die Landschaft vor dem Fenster. Wenn Sie häufig in die Ferne sehen, fokussieren Sie Ihre Augen auf etwas Nahes.

Diese einfachen Übungen geben den aktivsten Augenmuskeln eine kurze, aber wichtige Ruhepause und führen zu einem Flüssigkeitsaustausch in den Augen, der für die vermehrte Zufuhr von Sauerstoff und Nährstoffen sorgt.

Kurze Aufenthalte in natürlicher Umgebung sind ein ausgezeichnetes Mittel gegen geistige Erschöpfung. Bei Menschen mit Schreibtisch-Tätigkeit verdoppelte sich laut einer Untersuchung die Zufriedenheit derjenigen, die Ausblick in die Natur hatten. Sie waren weniger frustriert und geduldiger, fanden ihre Arbeit interessanter und gingen ihr mit mehr Begeisterung nach; sie berichteten insgesamt von einer höheren Lebensqualität und besserer Gesundheit.

Mehr Licht kann ebenso energiefördernd wirken. Mehr als die Hälfte aller Sinnesrezeptoren des Körpers sind in den Augen gebündelt. Daher brauchen die Augen regelmäßigen Wechsel von Bildern und Helligkeit und fungieren so als „Licht-Sammler" – dabei senden sie Nervenimpulse an die Zirbeldrüse und die Zentren des

Gehirns. Dieser Vorgang kann die biologischen Zyklen von Schlaf und Wachheit erheblich beeinflussen und antidepressiv wirken.

In jeder strategischen oder wesentlichen Pause sollten Sie an ein Fenster treten oder in eine helle Lichtquelle (sogar eine normale Glühbirne) blicken. Dies fördert ein bleibendes Gefühl der Ruhe und einen gleichzeitigen Energieschub.

3. Verändern und lockern Sie Ihre Haltung. Je länger man stillsitzt, desto weniger Energie besitzt man. Stehen Sie auf – und stehen Sie gerade, locker und entspannt. Menschen, die viel Zeit sitzend verbringen, können ihre Aufmerksamkeit und Energie bis zu 30 Prozent steigern, wenn sie etwa jede halbe Stunde aufstehen.

Eine schlechte Haltung – selbst ein leichtes Hängenlassen der Schultern nach vorn – verringert die Lungenkapazität um 30 Prozent. Der Schlüssel für eine ideale Haltung liegt darin, regelmäßig seine Nackenposition zu überprüfen – man sollte das Kinn leicht nach unten geneigt und den Kopf gerade halten. Stellen Sie sich vor, einen großen Sack auf dem Kopf zu tragen. Benutzen Sie Ihre Nackenmuskulatur, um ihn sanft nach oben zu drücken. Lockern Sie Ihre Schultern, damit sie möglichst entspannt und gerade sind. Dadurch erhöht sich sofort die Sauerstoffzufuhr zum Gehirn und den Sinnesorganen.

Körperliche Bewegung ist ein weiterer Schlüssel zu Lebenskraft und Zielstrebigkeit. Wenn man aufsteht und sich bewegt, steigert man Energie und Wachheit. Jedes Mal. Einige Sekunden hier, eine halbe Minute dort. Man erhält einen Energieschub und sieht alles klarer.

Die meisten Körperübungen fördern die Energie, ja sogar einfaches Aufstehen – das können Sie jetzt sofort tun! Stehen erzeugt mehr Energie als Sitzen. Wenn Sie am Schreibtisch arbeiten, sollten Sie besonders darauf achten, oft aufzustehen; man kann zum Beispiel beim Telefonieren stehen. Oder wie wäre es, jede Stunde ein, zwei Minuten auf und ab zu laufen? Oder eine Treppe hinauf- und hinunterzulaufen, auf den Gang oder nach draußen zu gehen, um etwas frische Luft zu schöpfen?

4. Trinken Sie kaltes Wasser. Wassermangel ist der am häufigsten übersehene Grund für Energieverlust. Wasser dient als Medium zur

Übertragung von Nervenimpulsen und anderen biochemischen Abläufen sowie für die Muskelkontraktionen, die den Stoffwechsel anregen und Energie erzeugen.

Selbst eine leichte Austrocknung – die noch keinen Durst hervorruft – kann einen erheblichen Energieverlust bedeuten. Was löst diesen unmerklichen Flüssigkeitsverlust aus? Trockene, gut isolierte Wohnungen und Arbeitsplätze. Stress. Koffein. Alkohol.

Wenn man über den ganzen Tag verteilt alle 20 bis 30 Minuten zusätzlich Wasser trinkt, verbessert man nicht nur den allgemeinen Gesundheitszustand und die körpereigenen Abwehrkräfte, sondern sendet auch ein klares, wiederholtes Signal an den Stoffwechsel, Energie und Aufmerksamkeit auf einem hohen Niveau zu halten. Die Wirkung kann durch eiskaltes Wasser noch gesteigert werden, denn es regt die Energieproduktion im gesamten Körper an und steigert die Wachheit in Gehirn und Sinnesorganen.

5. *Lachen Sie öfter.* Zu große Ernsthaftigkeit kann zu einer Energieblockade führen und bessere Ergebnisse verhindern. Wenn wir uns unaufhörlich vorantreiben, dabei relativ wortkarg bleiben und nur auf Beruf oder Privatleben konzentriert sind, verlieren wir in verschiedener Hinsicht. Zunächst sehen wir den Wald vor lauter Bäumen nicht. Die kleinen Freuden und Wunder des Lebens entgehen uns. Doch jedes Mal, wenn wir herzlich lachen, werden eine Reihe biochemischer Prozesse in Gang gesetzt. Die Energie nimmt zu, die Gehirnaktivität verändert sich auf positive Art und die Hormonproduktion wird ausgeglichen.

In vielen Situationen zahlt sich eine gewisse Leichtigkeit aus – man nimmt die lustigen Dinge wahr, die aus den Paradoxien, Schwierigkeiten und Unsicherheiten des Lebens erwachsen. Manchmal ist die beste Art des Humors die Fähigkeit, über sich selbst zu lachen – man nimmt sich selbst einfach nicht so ernst. Was hat Sie vor kurzem zum Lachen gebracht? Eine Blödelei von Kindern? Ein toller – nicht verletzender – Witz? Oder haben Sie einen Lieblings-Comic gelesen?

6. *Lassen Sie sich inspirieren.* Werfen Sie einen Blick auf Ihre Zukunftspläne. Erinnern Sie sich an einen Mentor oder Lehrer, der Sie geformt oder geführt hat. Erinnern Sie sich an ein Wort der

Unterstützung, das Sie kürzlich erhielten. Oder denken Sie an ein angenehmes Erlebnis, sehen Sie sich kurz ein Foto Ihrer Familie an, für die es am meisten zählt, dass Sie in Form bleiben.

7. *Achten Sie auf Ihre Essgewohnheiten.* Millionen von Menschen haben gelernt, zwischen den Mahlzeiten nichts zu essen, um so ihr Gewicht zu kontrollieren. Das ist jedoch ein Trugschluss. Wenn man zwischen den Mahlzeiten kleine Snacks ohne Fett zu sich nimmt, tankt man tatsächlich Energie und regt den Stoffwechsel an.

Wenn man zwischen den Mahlzeiten nichts isst, sinkt der Blutzucker, und man fühlt sich eher müde. Kleinere, nährstoffreiche Mahlzeiten und Snacks zwischendurch stabilisieren den Blutzuckerspiegel, und Gedächtnis, Lernfähigkeit und Leistung werden optimiert. Wenn man dagegen vier oder fünf Stunden nichts isst, sinkt der Blutzuckerspiegel, die Energie lässt nach. Es erfordert einige Willensanstrengung aufzustehen, geschweige denn, täglich Fitnessübungen zu betreiben. Eine gleichmäßige Verteilung der Nahrungsaufnahme hebt dagegen das Energieniveau, senkt den Cholesterinspiegel, baut Fettpolster ab, regt die Verdauung an und reduziert das Risiko einer Herzerkrankung.

In den letzten Jahren kam man in der Ernährunglehre zu der überraschenden Erkenntnis, dass die Aufnahme kohlenhydratreicher Nahrung teilweise Ungeduld oder Sorgen abbaut. Die besten Zwischenmahlzeiten sollten gut schmecken und aus komplexen Kohlenhydraten, Ballaststoffen und wenig Fett bestehen. Das ist aus zwei Gründen wichtig: Nahrung mit hohem Fettanteil fördert die Gewichtszunahme und entzieht dem Körper Energie. Die Wahl der Nahrung kann auch die Produktion der Botenstoffe des Gehirns, der Neurotransmitter, beeinflussen, was sich auf geistige Fitness, Konzentration, Einstellung, Stimmung und Leistung auswirkt.

Ein paar Bissen proteinreicher Nahrung können bereits bis zu drei Stunden lang für verstärkte Energie, eine größere Aufmerksamkeit für Details und geistige Fitness sorgen. Man kann beispielsweise ein Sandwich mit Huhn oder Pute, fettarmem Käse oder Fisch zu sich nehmen; eine Tasse Bohnen- oder Linsensuppe; einen kleinen fettarmen Joghurt, Hüttenkäse, Frischkäse oder fettarme Milch mit Früchten. Hat man viel zu tun, genügt auch eine Hand voll Mandeln, Rosinen oder Feigen oder ein Vollkorn-Knäckebrot mit etwas Lachs oder fettarmem Käse.

Zur Reduzierung von geistigem Stress und Druck sollte man in erster Linie eine zu starke Anregung durch Koffein (in Kaffee, Schwarztee und Cola) vermeiden und essen, was wenig Fett und Proteine, aber viele Kohlenhydrate enthält. Ein Snack beeinflusst die Produktion von Neurotransmittern und macht eher ruhig, ausgeglichen und entspannt. Ich empfehle fettarme Kekse, Muffins oder anderes Gebäck, das wenig Fett enthält; gekochtes Vollkorngetreide (Reis, Weizen, Haferflocken, Mais, Buchweizen, Gerste etc.) mit Früchten oder unraffiniertem Süßmittel, aber ohne Milch; fettarmen Nudelsalat mit Obst oder Gemüse; Vollkornbrot, gebackene Kartoffeln, Roggen-Knäckebrot mit Ihrer Lieblingsmarmelade.

Probieren Sie es aus. Die Auswahl der richtigen Nahrungsmittel, die zu einer sinnvollen Einteilung von Energie und Konzentrationsfähigkeit beitragen, ist zum großen Teil von einer genauen Beobachtung des eigenen Körpers abhängig, von dessen Reaktionen und Gewohnheiten. Notieren Sie in den nächsten Wochen, wie es 10 bis 15 Minuten vor dem Essen und vor Zwischenmahlzeiten um Ihre Energie und Stimmung bestellt ist. Fühlen Sie sich wach und motiviert? Ruhig und konzentriert? Angespannt und entnervt? Überprüfen Sie dies nochmals eine halbe Stunde nach dem Essen. Erstellen Sie daraufhin eine Liste der Nahrungsmittel, die Ihnen wohl tun, und integrieren Sie diese in Ihren täglichen Speiseplan.

Der richtige Start in den Tag

Viele Menschen haben die Angewohnheit, den Wecker auf einen möglichst späten Zeitpunkt einzustellen, sie schalten wenig Licht an, vermeiden Morgengymnastik und springen eilig aus dem Bett, um den Tag zu beginnen. All dies erzeugt schädlichen Stress. Der Blutdruck steigt sprunghaft an. Man mag sich wach fühlen, doch dies ist ein Überlebenssignal, nicht Zeichen echter Lebensenergie, und wird nicht lange anhalten. Koffein gibt Gehirn und Sinnesorganen einen kurzen chemischen Schub, der weder natürlich noch von Dauer ist. Kommt noch ein wenig Ärger im Berufsverkehr hinzu, sind mehr als genug Stress erzeugende Bedingungen für den sprichwörtlichen Startschuss gegeben, mit dem Millionen Menschen ihren Tag beginnen.

Es geht auch anders.

Sobald man aufsteht, sendet das Gehirn dem Stoffwechsel den Befehl, sich auf momentane und zu erwartende körperliche, emotionale und geistige Anforderungen einzustellen. Forscher können vorhersagen, wie viel Energie man am späten Nachmittag und Abend zur Verfügung haben wird, je nachdem, wie man morgens aufsteht und was man während der ersten Stunde nach dem Aufstehen macht oder nicht macht. In gewisser Weise stimmt sich der Stoffwechsel darauf ein, wie viel und welche Energie benötigt wird.

Beginnen Sie den Tag in vier einfachen Schritten:

1. *Erwachen Sie ohne misstönenden Wecker.* Erheben Sie sich langsam, statt aus dem Bett zu springen. Angenehme Musik in niedriger Lautstärke ist belebender und entspannender als ein herkömmlicher Wecker. Wenn man langsam erwacht, bleibt die kräftigende Wirkung des Schlafes länger erhalten.

Bleiben Sie einige Augenblicke still im Bett liegen. Blinzeln Sie mit den Augen. Atmen Sie mehrmals tief ein und aus. Öffnen und schließen Sie die Hände. Lockern Sie die Schultern, und lassen Sie jede Spannung los, die Sie in Nacken, Kiefer, Rücken oder Armen spüren. Denken Sie daran, dass Sie aufstehen, um für Ihre Familie zu sorgen, noch mehr zu lernen und Bedeutendes zu leisten. Wenn Sie die Decke zurückschlagen, tun Sie es langsam, und geben Sie Ihren Muskeln die Möglichkeit, allmählich aktiv zu werden. Ein solcher Tagesbeginn ist ohne Anspannung.

2. *Tanken Sie Licht.* Gehen Sie an sonnigen Tagen nach draußen, um frische Luft zu schöpfen und Sonne zu tanken? Viele tun dies in den Ferien, sonst jedoch nicht. Das sollte man aber. Das Gehirn reagiert auf viele Signale, doch wenige sind intensiver als das Licht. Der Körper besitzt Hunderte biochemischer und hormoneller Rhythmen, die von Licht und Dunkelheit abhängen. Helles Licht mit

einer Intensität von 7.000 bis 12.000 Lux wirkt stark auf Gehirn und Sinnesorgane, es entspricht in etwa dem Licht bei Tagesanbruch. Wissenschaftler haben herausgefunden, dass eine neurologische Verbindung zwischen der Netzhaut des Auges und den suprachiasmatischen Zellen im Gehirn besteht, die eine wichtige Rolle bei der Erzeugung von Aufmerksamkeit und Energie spielen. In den meisten Fällen gilt: Je heller es ist, umso höher sind Konzentrationsfähigkeit und Gesamtenergie.

Machen Sie die Probe, wenn Sie morgen aufstehen: Schalten Sie nacheinander drei- bis viermal so viele Lampen an wie gewöhnlich. Lassen Sie in den ersten 15 Minuten nach dem Wachwerden alle angeschaltet. Oder, noch besser, treten Sie mindestens eine Minute vor die Tür, um Ihre Augen mit Tageslicht zu verwöhnen. Spüren Sie die Energieveränderung. Bei vielen Menschen löst mehr Licht eine bessere Stimmung aus, und der Stoffwechsel geht vom Schlafzustand in kraftvolle Ruhe über.

3. *Nehmen Sie sich mindestens fünf Minuten Zeit für entspannte körperliche Betätigung.* Selbst einige Minuten einfacher Übungen wirken energiefördernd und stressreduzierend.

Wärmen Sie sich vor oder nach dem Frühstück etwas auf und bewegen Sie sich. Gehen Sie spazieren, steigen Sie langsam eine Treppe hinauf und hinunter, treten Sie in gemäßigtem Tempo ein paar Runden auf dem Ergometer oder draußen auf dem Fahrrad oder machen Sie Gymnastik. Nur ein, zwei Minuten leichte Bewegung senden bereits ein Signal ans Gehirn, Stress abzubauen und geistige und körperliche Energie zu steigern.

4. *Genießen Sie das Frühstück,* es ist vielleicht wichtiger als jede andere Mahlzeit. Mit einem fettarmen, ballaststoffreichen Frühstück – einer Schüssel Haferflocken mit fettarmer Milch und etwas Obst oder einem Stück Vollkornbrot mit fettarmem Frischkäse und Lachs oder Marmelade – füllt man den Energietank auf. Sobald die Nahrung den Magen erreicht, löst sie in Gehirn und Sinnesorganen eine Reaktion aus, bewegt Botenstoffe, die für geistige und emotionale Kraft wesentlich sind.

Ein Frühstück mit Kohlenhydraten, Proteinen und Ballaststoffen stimuliert das sympathische Nervensystem und setzt im Gehirn

Hormone und Neurotransmitter frei, die für einen Tag voller Aktivitäten besonders gebraucht werden. In der Tat sorgt das richtige fettarme Frühstück den ganzen Tag über für ein gut eingestelltes Energieniveau.

8 Leidenschaftliches Engagement schlägt Routine

Nichts bringt unsere verborgenen Qualitäten besser zum Vorschein als Leidenschaft. Leidenschaftliche Vogelbeobachter ertragen körperliche Anstrengungen, die weit über das hinausgehen, was sie glaubten verkraften zu können, nur um einen seltenen Vogel zu sehen; leidenschaftliche Köche entdecken neue Geschmacksknospen und verschlingen neue Informationen; leidenschaftliche Sportfans stellen fest, dass sie plötzlich Statistiken verstehen und sich einprägen können; leidenschaftliche Liebhaber sind von ungeahnten Gefühlen und unerwarteten Energiereserven überwältigt.

Leidenschaften sind tief gehend, weil sie aus unserem Innern stammen. In den USA wird heute so viel Aufhebens davon gemacht, hart zu arbeiten – sich ständig wiederholend oder anpassend, um weiterzukommen –, dass viele den Kontakt zu echter Begeisterung verloren haben, die das Beste in einem Menschen hervorbringt. Wachen Sie am Montagmorgen auf und denken: „Wieder eine Woche voller Stress und Anstrengung" – oder: „Eine neue Chance, mehr Dinge zu tun, die mir Freude machen?"

Überlegen Sie, wie viel von Ihrem Potenzial Sie verschenken, weil Sie sich Sorgen über die dunkle Seite der Leidenschaft machen und deshalb Ihrem besseren Ich nicht vertrauen. Nelson Mandela, der in seinem Leben viel Hässliches, aber auch viel Schönes gesehen hat, forderte in seiner bewegenden Antrittsrede als Präsident von Südafrika alle Menschen dazu auf, ungenutzte Möglichkeiten mutig ins Auge zu fassen. „Wir fürchten uns nicht so sehr vor unserer Unzulänglichkeit", sagte er. „Wir fürchten uns vor allem davor, unermessliche Kräfte zu entwickeln. Wir erschrecken vor unserem Licht, nicht vor unserer Dunkelheit."

Nennen Sie einen Menschen der Geschichte, von dem Sie glauben, er habe voller Leidenschaft und im Einklang mit seinen Idealen gelebt. Das könnte Martin Luther King Jr., Jeanne d'Arc,

Pablo Picasso, Mutter Teresa, Jesus von Nazareth oder Nelson Mandela sein oder Ihr Lieblings-Maler, -Lehrer, -Dichter, -Mentor, -Aktivist oder -Jazzmusiker.

Diese Menschen kamen meist aus einfachen Verhältnissen. Doch sie hatten Zugang zu Fähigkeiten und Inspiration, die den übrigen Menschen oft verschlossen bleiben. Es ist sicher richtig, dass die meisten dieser Persönlichkeiten mehr gelitten haben als andere und immer wieder daran zweifelten, ob es klug sei, ihrer Passion zu folgen. Dennoch werden Sie mir zustimmen, dass nur wenige von ihnen mit anderen getauscht hätten. Hegel bemerkte dazu: „Wir können davon ausgehen, dass absolut nichts Großes auf der Welt ohne Leidenschaft zustande gebracht wurde."

Auch wenn Sie selbst keine hegelsche Größe anstreben, sondern nur verstärkt Ihre brach liegenden Fähigkeiten nutzen wollen, gehört dazu Leidenschaft. Sie treibt Herz und Seele voran. Sie hält Ihre Begeisterung für die Dinge wach, die Ihnen am wichtigsten sind und zu Ihrem Glück beitragen. Der Alltag besteht aus viel harter Arbeit, und manches davon bringt wenig Anregung oder Freude. Ohne die richtige Einstellung dazu wird die Arbeit über kurz oder lang uns weder begeistern noch Freude machen. Und dies führt direkt zu Teilnahmslosigkeit und Resignation.

An Kindern fasziniert uns die Begeisterung, mit der sie vieles angehen. Kaum jemand würde laufen lernen, wenn er nicht den Antrieb besäße, diese komplizierte, beunruhigende und oft schmerzhaft erlernte Fertigkeit mit leidenschaftlichem Ehrgeiz zu meistern. Doch wie viele Menschen sind als Erwachsene schnell zum Aufgeben bereit, wenn sie mit einer ähnlichen Herausforderung konfrontiert sind? Ab und zu zerschlagen sich Hoffnungen, und man verliert unter dem täglichen Druck in Schule, Beruf und Ehe den Bezug zum inneren Enthusiasmus, also der eigenen Realität.

Wann beginnt man, Leidenschaft zugunsten von Bequemlichkeit oder Routine aufzugeben? Etwa wenn man lernt, dass selbst die aufrichtigsten Tränen – ein leidenschaftlicher Ausdruck für Verlust, Enttäuschung, Schmerz oder auch sprachlose Freude – etwas „für Babys" sind? Doch Tränen drücken oft ein Gefühl aus, das tiefer geht als Worte – daher weinen Menschen oft in wichtigen Augenblicken ihres Lebens Tränen der Trauer, aber auch der Freude.

Natürlich muss man manchen Dingen gegenüber gleichgültig bleiben. Doch die persönliche Begeisterung für ein Ziel oder einen Traum kann weit bringen. Ich möchte von Albert Lexie aus Pittsburgh erzählen, der geistig behindert ist und seit vierzig Jahren vom Schuhputzen lebt.

Seit 1981 putzt er zweimal in der Woche am Kinderkrankenhaus von Pittsburgh Schuhe – und spendet der Krankenhausstiftung für kostenlose Behandlung sein gesamtes Trinkgeld. Bisher hat er mehr als 40.000 US-Dollar gespendet. Er ist zur Seele dieser Einrichtung geworden. Mit der Zeit haben sein offenes Herz, seine freundliche Miene, die harte Arbeit und dauerhafte Bereitschaft, Schuhe zu putzen, um „seinen" Kindern zu helfen, das Leben tausender Menschen berührt. Sein persönlicher Beitrag hat vielen Kindern Heilung gebracht.

Ein anderes Beispiel für einen Menschen, der nicht aufgab, der nicht berühmt ist und viel Trauriges erlebt hat, ist Steve Perkins. Steve hat seinen Abschluss in Harvard gemacht, doch im Gegensatz zu seinen Studienkollegen nutzte er ihn nicht als Eintrittskarte in die Welt des Reichtums. Er engagierte sich immer leidenschaftlich für soziale Gerechtigkeit. Zwanzig Jahre lang arbeitete er für eine gemeinnützige, auf Gemeindeebene operierende Organisation für wirtschaftliche Entwicklung in Chicago. Sein bester Freund war Chicagos führender Bürgerrechtleranwalt Albert Raby. An der Seite seines Freundes setzte Steve Perkins sich unermüdlich für die Wahlkampagne ein, die zur denkwürdigen Wahl Harold Washingtons zum ersten afroamerikanischen Bürgermeister von Chicago führte.

Als Washington plötzlich starb, war Perkins tief schockiert. Und er war noch betroffener, als sein Freund Raby plötzlich starb, auf den Tag genau ein Jahr nach Washington. Kurze Zeit später verlor Perkins seinen Sohn bei einem tragischen Unfall.

Hätten Sie oder ich aufgegeben? Nach jedem dieser schrecklichen Vorfälle stürzte sich Perkins erneut in die Arbeit. Als bei der Organisation, der er so lange gedient hatte, die Stelle des Geschäftsführers frei wurde, bewarb er sich. Er dachte, er erfülle die Anforderungen und habe die Stelle verdient.

Der Vorstand sah die Dinge anders. Er beschloss, die Stelle einem Außenstehenden zu geben. Steve Perkins fühlte sich verletzt und ausgeschlossen und erwog kurzzeitig sogar die Kündigung, um mit der verbleibenden Zeit seines Berufslebens etwas Sinnvolles anzufangen.

Es gab ein Projekt, dem er bisher nicht viel Aufmerksamkeit widmen konnte: Er wollte religiöse Organisationen miteinander bekannt machen und sie darin unterstützen, die „Gesamtökologie" ihrer Gemeinden zu verstehen und zu gestalten – das Verhältnis untereinander, Umwelt und Umweltbedingungen, Transportnetzwerke, Arbeitsmöglichkeiten. Er wollte Menschen helfen, ihre Gemeinden mithilfe der unterschiedlichen Glaubenstraditionen umfassend zu sehen, um sie anschließend zu verbessern.

Er bat um die Erlaubnis, sich stärker auf diese Arbeit zu konzentrieren, für die er in vieler Hinsicht Begeisterung und Engagement empfand. Nachdem die Erlaubnis erteilt wurde, war er mit ganzem Herzen bei der Sache. Diese außergewöhnliche Arbeit erkennt den menschlichen Intellekt und Geist an. Sie bringt jeden Tag verborgene Fähigkeiten hervor, mit der Zeit hat sie ganze Gemeinden verändert, und das jüngste Projekt steht kurz vor seiner Vollendung: eine Akademie für Umweltgerechtigkeit im Süden von Chicago, die nach seinem Freund Al Raby benannt ist.

Heute kann Steve Perkins sagen: „Es war gut, dass ich mich als Geschäftführer beworben habe. Aber noch besser, dass ich den Posten nicht bekommen habe. Stattdessen habe ich für Projekte gearbeitet, die besser zu mir passen." Was Steve Perkins durch ein positives Erlebnis erkannte, viele Menschen jedoch durch traurige Beobachtung und Erfahrung lernen müssen, belegen jüngste Studien: Eine Diskrepanz zwischen Neigungen und Beruf ist schädlicher als ein Missverhältnis zwischen beruflichen Anforderungen und momentanen Fähigkeiten.

Diese Feststellung bestätigt eine ältere Untersuchung, die mich stets beeindruckte. 1960 interviewte ein Forscher 1.500 Wirtschaftsstudenten und unterteilte sie in zwei Kategorien: Die einen –

1.245 Studenten – studierten wegen des finanziellen Anreizes, die anderen – 255 Studenten – wollten ihren Abschluss dazu nutzen, etwas zu tun, das ihnen am Herzen lag. Zwanzig Jahre später überprüfte der Forscher die damaligen Absolventen und fand heraus, dass 101 Millionäre unter ihnen waren – *alle außer einem* Millionär gehörten zu den 255 Absolventen, die einen Beruf ausübten, der ihnen Spaß machte!

Nun mögen Sie denken, dass Ihre Begeisterung für die isländische Dichtung des Barock, Ihre Schmetterlingssammlung, Golf oder soziale Gerechtigkeit Sie dauerhaft dazu verurteilt, zwischen dem zu unterscheiden, was Ihnen Spaß macht und womit Sie Ihr Geld verdienen, doch das muss nicht so sein. Vladimir Nabokov, einer der größten Schriftsteller des 20. Jahrhunderts, interessierte sich mehr für das Sammeln von Schmetterlingen als für das Schreiben. Seine erste Lehrtätigkeit an einem College befasste sich tatsächlich mit Schmetterlingskunde. In den vergangenen 40 Jahren wurden mehr als 400.000 US-Amerikaner befragt. Das Ergebnis belegt, dass die Beschäftigung mit persönlichen Vorlieben – auch wenn nur wenig Zeit dafür bleibt – das Beste im Menschen fördert und dazu ermutigt, neue Fähigkeiten zu entwickeln. Und man fühlt sich jünger, ein Leben lang!

Kleiner Zeitaufwand mit großer Wirkung

Art Tatum wurde 1909 in Toledo, Ohio, als Afroamerikaner geboren, von Geburt an halb blind. Als Teenager wurde er von anderen Jugendlichen verprügelt und erblindete völlig. Musik liebte er über alles, er wollte unbedingt Klavierspielen lernen.

Doch er hatte zwei Probleme. Er konnte nicht sehen und seine Familie hatte nicht genug Geld für einen privaten Klavierlehrer. Also lernte Art das Klavierspielen auf die einzige Weise, die ihm offen stand – in den Honkytonk-Bars der frühen 1920er Jahre von Toledo.

Auch wenn er von Hausaufgaben und Nebenjobs müde war, versuchte er etwas Zeit für sein Hobby aufzubringen. Er ließ sich dann zu einem nahe gelegenen Honkytonk in der Indiana Street führen. Wenn das elektrische Klavier spielte, legte Art seine Finger sanft auf die Tasten, sodass er den Bewegungen folgen konnte. Das war nicht so einfach – doch er liebte es. Es gab so viele Tasten, manchmal schien es unmöglich, allen mit den Fingern zu folgen. Doch sein Ehrgeiz spornte ihn an, es weiter zu versuchen. Bis spät in die Nacht, Lied für Lied, trieb sein Herz die Finger an. Und er lernte Klavierspielen.

Weil er aber keinen Klavierlehrer hatte, wusste Art Tatum nicht, dass die Hersteller elektrischer Klaviere des späten 19. und frühen 20. Jahrhunderts die Musik für *zwei* Klavierspieler konzipierten, nicht für einen.

Ohne dies zu wissen, versuchte er das Unmögliche. Er war deshalb der erste Klavierspieler, der *vier*händige Klavierstücke mit zwei Händen spielen konnte. Selbst die bekanntesten Pianisten hatten großen Respekt vor seinen Fähigkeiten. Als Art Tatum einmal zusammen mit Fats Waller – auch er eine Jazzlegende – ein Konzert gab, sagte Waller zum Publikum: „Ich bin nur ein Klavierspieler. Doch heute Abend spielt Gott für uns."

Von da an bis zu seinem Tod 1956 veränderte Tatum die gesamte Jazzszene und beeinflusste die Musikwelt. Wenn Sie etwas von seinem Genie spüren wollen, hören Sie sich „Tiger Rag" an – in einer Aufnahme von 1934 – aus den Jazz Archives Masterpieces.

Art Tatum ließ sich nicht abhalten von dem, was er über alles liebte. Er wuchs hinein, so gut er konnte. Selbst wenn er nicht berühmt geworden wäre, hätte ihm die reine Freude, die er beim Klavierspielen empfand – und an andere weitergab – genügt.

Was ist für Sie die wichtigste „Nebensache"?

Finden Sie es heraus. Was lieben Sie so sehr, dass Sie es ohne Bezahlung tun würden? Was macht Ihnen so viel Spaß, dass Sie sich danach sehnen, sich häufiger damit beschäftigen zu können? Wie sahen Ihre Kindheitsträume aus? Was gibt Ihnen den größten „Kick" – selbst wenn Sie nicht gut darin sind? Was gefällt Ihnen an sich selbst am besten? Wenn Sie tagträumen, wohin führt Sie Ihr Herz? Was zaubert ein Lächeln auf Ihr Gesicht, verleiht Ihrem Schritt Kraft, Ihrer Stimme Volumen, lässt Ihre Augen leuchten oder verursacht eine Gänsehaut?

Notieren Sie fünf Dinge, die Sie am meisten interessieren. Wenn man genauer nachforscht, findet man gewöhnlich schnell heraus, was einem wirklich etwas bedeutet. Indem man sich auf seine Vorlieben konzentriert, kann man sie ins Zentrum von Beruf und Privatleben rücken, statt sie am Rand aus den Augen zu verlieren. Kennen Sie eigentlich die spannendsten Interessen der Ihnen nahe stehenden Menschen?

Bringen Sie Schwung in die tägliche Routine

Kleine Veränderungen im Tagesablauf bieten die Chance, das zu tun, was einem Freude bereitet. Ein Spaziergang am frühen Morgen; ein Kind unterweisen; Gartenarbeit; Schreiben; Musik machen; eine Beziehung vertiefen; eine Romanze neu entfachen; künstlerisch tätig sein; Sport treiben. Das sind neue Möglichkeiten, denen zu folgen sich lohnt – wenn Sie dennoch flexibel bleiben und Spaß daran haben.

Erkennen Sie, wenn etwas anstrengend oder langweilig wird und zur Routine verkommt, denn dies schmälert nicht nur das Vergnügen, sondern kann sogar Spannung und Missmut auslösen. Beispiel Gartenarbeit: In kleinen, erfreulichen Dosen schenkt sie vielen Menschen Lebensfreude. Doch es kann der Punkt kommen, an dem der Garten zu groß wird oder man der alljährlich gleichen Pflanzen überdrüssig wird, sodass man mehr Mühe als Freude an der Pflege hat. Sie stellen fest, dass der Gedanke an den Garten Sie mit Anspannung und Frustration erfüllt statt mit Freude. Zeit, etwas zu ändern.

Was man gern macht, sollte man auch so häufig wie möglich tun. Am glücklichsten sind Menschen, die ihr Leben mit vielen kleinen Freuden erfüllen, statt auf die ganz großen zu warten. Forschungen haben ergeben, dass ein einziger positiver Moment – einige Augenblicke voller Anregung, Fürsorge, Enthusiasmus und Freude – günstige Veränderungen des Herzrhythmus, der Gehirnströme, des Immunsystems und im Hormonspiegel hervorrufen können.

Deshalb sollten Sie so oft wie möglich tun, was Sie erfreut oder zum Lachen bringt. Dies ist ein einfaches Gegenmittel gegen Stress und ein Appell an Ihre Fähigkeiten.

Führen Sie Tagebuch

Wenn wir uns auf etwas konzentrieren, wird es stärker. Ein Tagebuch ist klein und überall unterzubringen. John F. Kennedy besaß ein Tagebuch. Er notierte darin Gedanken, neue Ideen, Zitate aus Büchern oder was er auf Reisen erlebte und alles, was ihm irgendwie lustig, interessant, bedeutsam oder prägnant erschien.

Notizen halten alles im Blick. Laut einer Untersuchung sind handschriftliche Aufzeichnungen dem Herzen näher als getippte. Zur Entdeckung oder Erforschung von Dingen, die man wirklich genießt – ob man sie beherrscht oder nicht –, kann ein kleines Notizbuch im Alltag sehr nützlich sein. Wenn man die Augen nicht ständig offen hält, wiederholt man nur die alten Gewohnheiten.

Nach der Ermordung seines Bruders führte Robert Kennedy das Tagebuch seines Bruders fort und griff für viele seiner Reden auf dessen Einträge zurück. Leonardo da Vinci benutzte ebenfalls ein Tagebuch, in dem er seine Skizzen, Ideen und Fragen festhielt. Einstein, Gandhi und Edison trugen Notizbücher bei sich. Richard Branson, der Gründer der Virgin-Gruppe, hat mehr als 100 Bücher mit Beobachtungen, Aussichten und Träumen gefüllt.

Ein Notizbuch beinhaltet laufende Aufzeichnungen Ihrer eigenen Eindrücke und anregender Ideen. Fühlen Sie sich inspiriert? Erforschen Sie, warum. Wann leuchteten heute die Augen eines Menschen auf? Was überraschte Sie? Was berührte oder bewegte Sie? Wäre es nicht herrlich, wenn ...? Fühlen Sie. Reagieren Sie.

Überlegen Sie. So konzentriert man sich gezielter auf ein besonderes Interesse und findet neue Wege, um mehr Dinge in den Alltag zu intergrieren, die man liebt.

9 Entdecken Sie Ihr Talent und starten Sie durch

Als kleiner Junge wurde er von seinen Freunden Sparky genannt, nach einem Comicpferd namens Sparkplug. Die Schule schien ihm ein unmögliches Unterfangen. In der achten Klasse versagte er in allen Fächern. In der Highschool fiel er in Physik durch, mit der niedrigsten Punktzahl der Schulgeschichte. Er versagte auch in Latein, Algebra und Englisch. In Sport war er schlecht. Niemand schien sich etwas aus ihm zu machen. Er war sogar überrascht, wenn jemand ihn grüßte.

Seine Lehrer, Klassenkameraden und er selbst wussten, dass er nach gewöhnlichen Maßstäben ein Versager war. Er fand sich mit seiner absoluten Mittelmäßigkeit ab. Doch allen Zweiflern zum Trotz glaubte er in seinem tiefsten Innern, dass er eine natürliche Begabung, ein Talent zum Zeichnen besaß. Er war stolz auf seine Skizzen, auch wenn sonst niemand viel davon hielt. Im letzten Highschooljahr bot er für das Jahrbuch eine Reihe von Comics an. Sie wurden abgelehnt.

Nach der Highschool belegte er einen Fernkurs in Kunst – seine einzige Ausbildung. Dann bewarb er sich als Comiczeichner bei den Walt-Disney-Studios. Man forderte ihn auf, Zeichnungen einzusenden, und er arbeitete viele Stunden daran. Die Antwort der Studios: eine formelle Absage.

Doch Sparky glaubte an sein einmaliges, wertvolles Talent. Er reagierte auf die Absage von Disney mit der Erfindung einer autobiografischen Comicgeschichte über einen Jungen, der immer schlecht abschneidet, dessen Drachen nicht fliegt und der dennoch bald weltweit bekannt werden sollte: Charlie Brown. Sparky war Charles M. Schultz. Sein „Peanuts"-Comic startete 1948 und sollte einer der beliebtesten Comics der Geschichte werden. Ende 1999 wurde das Erscheinen eingestellt, zu einem Zeitpunkt, als er in 2.600 Zeitungen und 21 Sprachen erschien. Charles M. Schultz verdiente damit ungefähr 55 Millionen US-Dollar. Auf dem Walk of

Fame in Hollywood erhielt er seinen eigenen Stern. Und er zeichnete eigenhändig jedes einzelne Bild.

Die Peanuts-Figuren waren schätzungsweise 350 Millionen Lesern in 75 Ländern ein fester Begriff. Jede Figur hatte starke, außergewöhnliche persönliche Züge und die Bereitschaft, selbstständig zu denken und zu handeln, selbst wenn sie sich in den Fallstricken des Lebens verfing. So wie Charles M. Schultz, der sein verborgenes Talent in seine größte Stärke verwandelte.

Jeder Mensch besitzt ein einzigartiges Talent

Wertvolles menschliches Potenzial wird übersehen oder geht verloren, weil man nicht erkennt, was Charles M. Schultz spürte: Er war auf besondere Weise talentiert. Obwohl kein anderer seine Begabung wahrzunehmen schien, nahm er seinen Mut zusammen, trat gegen alle Widrigkeiten für seine charakteristische Begabung ein und erreichte damit schließlich die ganze Welt.

Wie Schultz ist jeder Mensch mit natürlichen und bleibenden persönlichen Anlagen ausgestattet und besitzt zugleich einen starken inneren Antrieb, sie auf der Suche nach etwas Bedeutendem anzuwenden. In den meisten Fällen lassen sich solche Begabungen schon in jungen Jahren erkennen.

Mein Großvater Cooper gab mir als ehemaliger Lehrer dazu eine Anregung. Man stelle sich vor, in einer Vorschule zu sitzen und die Kinder während einer Pause zu beobachten, in der sie sich mit freier Arbeit beschäftigen dürfen. Wenn man genau hinschaut, sieht man, dass jedes Kind etwas Besonderes erkennen lässt, das es instinktiv beherrscht und das ihm Spaß macht.

Hier ist mehr zu entdecken als spielende Kinder. Interessen und Talente zeigen sich in den vielfältigsten Aktionen. Jede freie und spontane Aktivität kann bereits einen – wenn auch kleinen – Einblick in die zukünftige Entwicklung eines Kindes gewähren. Die Muster inneren Antriebs und Talents treten hervor. Individuelle Merkmale werden deutlich, zeigen, wie sich ein Kind auf völlig natürliche Art verhält, lernt, denkt, mit anderen umgeht, sich entscheidet und motiviert wird.

Keines dieser Kinder kann alles werden, was es will. Das ist ein verbreiteter Mythos, der bereits widerlegt wurde. Doch wir alle können unsere eigenen einzigartigen Talente entdecken und einsetzen und mit der Zeit mehr von unserem einmaligen Besten geben.

Eine umfassende, systematische und weltweite Befragung von über zwei Millionen Menschen durch das Gallup-Institut über einen Zeitraum von fast vierzig Jahren hat ergeben, dass wir nicht in allem erfolgreich sind, was wir gern tun, doch jeder Mensch kann zumindest in einigen Bereichen außerordentlich gut sein. Dies liegt an unseren individuellen Begabungen. Jeder Mensch sollte unablässig versuchen, sie bei sich zu entdecken, sie zu entwickeln und dann so umfassend wie möglich umzusetzen.

In mancher Hinsicht sind Talente und Leidenschaften das Gleiche, oft aber auch nicht. Wir konzentrieren uns leider so stark darauf, unsere Schwächen zu kaschieren – was man mit Unkrautjäten vergleichen könnte –, dass wir es nicht schaffen, einen großartigen Garten anzulegen oder, nach meiner Vorstellung, „die Rakete zu zünden, die in unserem eigenen Hinterhof wartet", also unserer ureigenen Begabung zu folgen und sie zu aktivieren.

Als Beispiel erwähne ich hier die Geschichte von Homer „Sonny" Hickam Jr. aus Coalwood, West Virginia, einer kleinen Arbeiterstadt, in der sich seit Generationen alles um Kohlebergbau und Football drehte. „Sonny", der introvertierte zweite Sohn des Grubendirektors, tat sich mit einer Gruppe von Außenseitern zusammen, deren Zukunft unsicher beziehungsweise schlecht aussah. Sie besaßen kein Talent für Football und wollten auch nicht Minenarbeiter werden.

Nachdem sie 1957 den sowjetischen Satelliten Sputnik über den Himmel der Appalachen ziehen sahen, beschlossen Sonny und seine jugendlichen Freunde, ihr Leben selbst in die Hand zu nehmen. Mit ihrer mathematischen Neugier, der Liebe zum Modellbau und ihrem Traum, Weltraumraketen zu bauen, veränderten sie ihr eigenes Leben und die Einstellung der gesamten Stadt. Mithilfe der Menschen von Coalwood – oft auch behindert durch sie – tüftelten die Jungen daran, wie man aus Minenschrott Raketen baut, die kilometerweit in den Himmel schossen. Ihre außergewöhnliche Begabung und harte Arbeit brachten charakteristische Stärken hervor, die nicht nur die Menschen ihrer Umgebung, sondern letztendlich die gesamte spätere Weltraumindustrie beeinflussten.

Hickam wurde ein ausgezeichneter Ingenieur bei der NASA und hat Einzigartiges zur Weltraumforschung beigesteuert.

Begabungen und geniale Einfälle schlummern in jedem Menschen. Obwohl außergewöhnliche Interessen uns vielleicht nicht gerade ins All führen oder den Erwartungen anderer Menschen entsprechen, sollte uns das keineswegs zurückhalten. Die größte Entwicklungschance jedes Menschen liegt in seinen besten Talenten und Stärken. Wenn wir die Chance haben, auf einem Gebiet aus eigener Anstrengung zu glänzen, auch nur vorübergehend, sollten wir sie ergreifen: Es gibt im Leben jedes Menschen eine Zeit, in der er seine Chance ergreifen und die Gelegenheit nutzen sollte, etwas aus seiner Begabung zu machen.

Wie erledigen Sie gewöhnlich eine Aufgabe?

Denken Sie an vergangene Tätigkeiten und Anstrengungen in Ihrem Leben. Was schien Ihnen zu liegen? Worin haben Sie sich am stärksten hervorgetan?

Behavioristen wissen seit langem, dass jeder Mensch eine breite, besondere Palette verborgener Potenziale besitzt – latente Begabungen, die sich zu herausragenden Fähigkeiten entwickeln lassen und in Beruf und Privatleben auf vielfältige Weise einsetzbar sind. Allmählich werden bestimmte Aspekte eines natürlichen Potenzials oder Talents zu einer *Stärke* – die von Marcus Buckingham und Donald Clifton in ihrem Buch *Now, Discover Your Strength* als „zusammenhängende, fast perfekte Leistung bei einer Tätigkeit" definiert wird.

Bis zu seinem Tod im Februar 2000 widmete Charles M. Schultz über 40 Jahre seines Lebens dem Zeichnen seiner Comics, den

„Peanuts". Unter großen Einschränkungen leistete er Herausragendes: in formaler Hinsicht (jeder Comic bestand aus vier Bildern, außer sonntags), thematisch (nur Kinder, keine Erwachsenen), geografisch (die Kinder bleiben in ihrer Wohngegend) und visuell (die Köpfe sind rund; ein wildes Gekritzel über das halbe Gesicht bedeutet Beschämung; drei Ringe um den Kopf und einigen Sterne zeigen, dass ein Kind hingefallen ist oder sich am Kopf gestoßen hat). Es gelang ihm meisterhaft, durch witzige Beschränkungen ein weites Feld von Emotionen darzustellen. Wollte man aus allen 18.250 Peanuts-Comics ein Buch erstellen, hätte es 5.000 Seiten. Auf seine ganz persönliche Weise war er tatsächlich ein begabter Künstler.

Sokrates´ Aufforderung „Erkenne dich selbst" reicht zu den Anfängen westlicher intellektueller Tradition zurück, und es ist nach wie vor richtig, dass man durch Selbstbeobachtung auf einfache und praktische Art die eigenen tieferen und besonderen Anlagen erforschen kann.

Man sollte sich unbedingt als Individuum wahrnehmen und beobachten, wie man Dinge löst und wozu man sich am ehesten hingezogen fühlt.

Probieren Sie irgendetwas aus, und stellen Sie fest, ob es Ihnen Freude macht und ob Sie sich dabei denken „Wann ist es endlich vorbei?" oder „Wann habe ich erneut Gelegenheit dazu?" Beobachten Sie, wie bereitwillig Sie etwas lernen und ob Sie davon so in Anspruch genommen sind, dass Sie dabei die Zeit vergessen. Diese geschärfte Wahrnehmung des eigenen Selbst ist lebenswichtig. Die gleichen Kräfte können auch dazu dienen, einmalige Eigenschaften anderer zu verstehen.

Wenn Sie Ihre ureigenen perönlichen Anlagen einsetzen, entsteht ein Gefühl der Verantwortung für die eigene Leistung. Und noch etwas wir deutlich: Im Gegensatz zu Leidenschaften setzt man eine Stärke oder Begabung *nicht* immer gern ein, obwohl man gut oder sogar großartig ist.

Untersuchungen haben gezeigt, dass Menschen ihre Effizienz und Produktivität verdoppeln, ja sogar verdreifachen können, wenn sie sich ihrer Talente bewusst sind, sie entwickeln und ihr Möglichstes tun, um all ihre Stärken voll einzusetzen, dagegen relativ wenig Zeit auf ihre Schwächen verwenden.

Man findet dafür überall Beispiele. Ein außergewöhnlicher Schreiner besitzt den Blick für das richtige Design, ein gutes Augenmaß, das Bestreben, genau die richtigen Materialien zu gebrauchen, und den Antrieb, jeder Kante akribisch den richtigen Schliff und jedem Winkel die genaue Passform zu geben. Er besitzt die Fähigkeit, für jede Aufgabe das richtige Werkzeug zu wählen, und die Geduld, sie hervorragend und genial zu nutzen, um ein Ergebnis zu erzielen, das sich sehen lassen kann. Ohne ein Quäntchen Leidenschaft können Wissen oder Können allein dies nicht bewirken. Vielmehr gehört dazu eine Menge handwerklicher Begabung. Ein ausgezeichneter Ingenieur plant gern jeden Schritt eines Produktionsablaufs und verfolgt ihn, vom Entwurf bis zur Ausführung, er überlegt genau, probiert Variationen aus und sucht nach genialen Lösungen. Dies geht weit über das analytische Denken hinaus und erfordert viele spezielle Talente. Ein herausragender Kunstlehrer arbeitet mit fast perfekter Konzentration auf das im Mittelpunkt stehende Objekt seines künstlerischen Schaffens. Ein herausragender Buchhalter folgt seinem einmaligen Antrieb, genau zu arbeiten und einen Geschäftsplan erfolgreich einzuhalten.

Es gibt Anzeichen dafür, dass man sich dieser persönlichen inneren Eigenschaften in den unterschiedlichen Situationen bewusst ist. Unsere Erfahrung mag uns bereits gezeigt haben, dass wir nicht jeden zufrieden stellen, auch wenn wir uns sehr bemühen, in bestimmten Bereichen Glänzendes zu leisten.

Wo sehen Sie Ihre Chance, sich von der Masse abzuheben?

Die meisten Menschen verwenden viel zu wenig Zeit auf die Identifizierung ihrer inneren Potenziale und deren Weiterentwicklung zu charakteristischen aktiven Qualitäten für den täglichen Gebrauch. Starten Sie doch einfach mit dem *StrengthFinder Profile* von Gallup (zu finden unter www.strengthfinder.com). Oder versuchen Sie es mit verbesserter Selbstwahrnehmung. Die folgende Liste mag Ihnen dabei helfen, sich der Handlungs- oder Verhaltensweisen bewusst zu werden, in denen Sie Hervorragendes leisten könnten:

- *Wie gehen Sie gewöhnlich an eine Aufgabe heran oder wie versuchen Sie, ein Ziel zu erreichen?*
  In welchem Bereich geben Sie Ihr Bestes?
  - *Details:* Beschreibungen, Daten, Zahlen oder Abmessungen
  - *Struktur:* Design, Modelle, physische Elemente oder Materialien
  - *Sinneswahrnehmungen:* Bilder, Geräusche, Farben, Texturen, Beleuchtung, Form oder Bewegung
  - *Zwischenmenschlicher Bereich:* Menschen und Interaktionen
  - *Ideen:* Philosophie, Prinzipien, Theorien oder angewandte Konzepte
  - *Ablauf:* Strategien, Mechanismen, Techniken oder Prozeduren, um ein Ziel zu erreichen
- *Auf welche Art lernen Sie am besten?*
  - Vorstellung oder begriffliches Denken
  - Auswendiglernen von Fakten
  - Entscheidung über die Gewichtung
  - Verstehen, wie es mit dem bereits Bekannten verknüpft ist
  - Alles lesen, was zu dem Thema verfügbar ist
  - Notizen oder Zeichnungen anfertigen
  - Beobachtung
  - Experimentieren
  - Andere fragen
  - Diskutieren
- *Wie nehmen Sie Einfluss auf andere?*
  - Den Gefühlen und Vorlieben anderer sehr genau zuhören
  - Verhandeln
  - Mit den Herausforderungen anderer sympathisieren
  - Fakten und Daten analysieren, um eine Entscheidung zu treffen
  - Hinweise geben und Alternativen abwägen
  - Mit anderen reden und die Fakten durchsprechen

- Als Testfall oder persönliches Beispiel dienen
- Freude vermitteln oder mit Motivation überreden
- Die Vorteile einer Handlung abschätzen
- Andere ermuntern, mehr zu lernen oder einen anderen Ansatz auszuprobieren
- Anderen Ratschläge geben
- Andere an eine verlässliche Wissensquelle verweisen
- Möglichkeiten oder Probleme notieren oder als Zeichnung darstellen
- Eine Aufstellung logischer Gründe für Aktivität oder Inaktivität

Wenn Sie nach dieser Liste vorgehen, entwickelt sich daraus ein charakteristisches Muster persönlicher Eigenheiten. Was können Sie tun, um diese stärker in Ihren Alltag zu integrieren und immer häufiger Ihre besten Fähigkeiten zum Tragen zu bringen? Sprechen Sie mit anderen darüber. Versuchen Sie, Talente und Stärken bei sich und anderen besser zu verstehen – und dann das Beste daraus zu machen.

Konzentrieren Sie sich auf Ihre Stärken und managen Sie Ihre Schwächen

Wie bereits in früheren Kapiteln angesprochen, zwingt uns die Entwicklungsgeschichte des menschlichen Gehirns dazu, viel Zeit und Aufmerksamkeit auf unser Unvermögen zu verwenden und relativ wenig auf unsere Stärken.

Es ist leicht, in erster Linie auf die Schwächen fixiert zu bleiben, statt das Richtige zu erkennen und zu fördern. Doch unsere Fehler und Unzulänglichkeiten zeigen nur wenig von unseren tiefsten und wahrhaftigsten Eigenschaften, die wir im Alltag kultivieren und pflegen müssen, statt diese Gaben brachliegen zu lassen, während wir viel Zeit damit verbringen, unsere Fehler zu korrigieren.

Dies gewinnt an zusätzlicher Bedeutung, wenn man bedenkt, dass das retikuläre aufsteigende Aktivierungssystem dazu dient, negative Botschaften – einschließlich wahrgenommener Schwächen – zu verstärken und positive abzuschwächen. Kritik und Unvermögen werden in den höheren Gehirnbereichen gewöhnlich verstärkt, stehen in keinem Verhältnis zur tatsächlichen Dimension. Daher sollte man vorsichtig damit umgehen und einen Großteil von Energie und Aufmerksamkeit auf positive Aktivitäten und Ziele richten, die uns Lebenskraft und Zufriedenheit schenken.

Eine genauere Selbstbeobachtung vermehrt Ihre Chancen auf größeren Erfolg (zu eigenen Bedingungen). Hier einige praktische Zielsetzungen, die Ihnen weiterhelfen können:

Entdecken Sie neue Wege, um Ihre besonderen Fähigkeiten anzuwenden

Wie können Sie die Diskrepanz zwischen der alltäglichen Tätigkeit und Ihren persönlichen Begabungen überwinden? Viele Menschen sind so in Geschäftigkeit gefangen, dass sie erst im Rückblick erkennen, wie oft sie festgefahren sind oder auf der Stelle treten statt ihr Bestes zu geben und es schneller zu schaffen. Der Einsatz lohnt sich, wenn man in einer Stunde etwas erreichen und damit Zeit oder Geld sparen kann, um sich dann mit dem zu beschäftigen, was mehr Spaß macht – wie seinen Leidenschaften nachzugehen.

Erkennen Sie den Unterschied zwischen Wichtigem und Unwichtigem

Manche Dinge können mühsam sein. Es fällt Ihnen zum Beispiel vielleicht schwer, sich an Namen zu erinnern oder künstlerisch zu denken. Sollten Sie Zeit darauf verschwenden, jeden einzelnen Fehler zu korrigieren? Sie könnten einen Weg suchen, um sich Namen zu merken. Sie könnten einen Kunstkurs besuchen. Doch es ändert sich wahrscheinlich nicht viel. Der beste Umgang mit den eigenen Schwachstellen besteht darin, sie zu akzeptieren und dann zu ignorieren. Sie sind für den Gesamtzusammenhang einfach unwesentlich.

Schenken Sie Ihren Verletzlichkeiten keinerlei Beachtung

Verletzlichkeiten gehören zu den besonderen Unzulänglichkeiten, die die Effizienz im Beruf oder den Erfolg im Leben stören. Die erste logische Frage in Bezug auf etwas, das wir nicht meistern können, lautet: Benötigen wir dazu mehr Wissen oder Know-how? Jeder hat bereits erlebt, wie der Erwerb von Einsichten oder Fertigkeiten dabei hilft, gewisse Situationen zu meistern. Sagen wir beispielsweise, dass Sie Ihren Zeitplan nicht einhalten können, weil Sie bei der Anwendung eines schwierigen Softwareprogramms zur Verzweiflung getrieben werden. Sie machen also einen Kurs oder lassen sich von jemandem erklären, wie das Programm reibungslos läuft, und schon behindert Sie dieser „wunde Punkt" nicht länger bei der Arbeit.

Die Entwicklung eines persönlichen „Hilfssystems" aus Bewusstsein, Wissen und Erfahrung kann in vielen Situationen Unannehmlichkeiten vermeiden helfen.

Wenn es Ihnen schwer fällt, sich an Namen zu erinnern, nutzen Sie Karteikarten, die Sie regelmäßig durchlesen. Wenn Sie Probleme mit der Rechtschreibung haben, verwenden Sie ein Rechtschreibprogramm, ehe Sie einen Brief versenden. Das rät der gesunde Menschenverstand.

Wissenschaftler empfehlen zudem die Wahl eines Partners, der etwas kann, womit man selbst Probleme hat. Wenn Sie eher ein etwas unpraktischer Visionär sind, sollten Sie sich zu Beginn eines Projekts der Hilfe eines Menschen versichern, der außerordentlich praktisch veranlagt ist. Nur wenige herausragende Persönlichkeiten zeichnen sich als Allroundgenies aus. Doch ihre beruflichen Partnerschaften sind umfassend organisiert. Der Schlüssel liegt darin, die Schwächen des einen mit dem Können des anderen zu kompensieren und umgekehrt und in der Zusammenarbeit entsprechend anzuwenden.

Wenn Sie sich damit aufhalten, die eigenen Fehler oder die eines anderen zu bemängeln, statt sich auf positive Eigenschaften zu konzentrieren, kann es besser sein, den Kampf aufzugeben und eine alternative Rolle zu suchen. Behavioristen weisen seit langem darauf hin, dass es langfristig weder gesund noch produktiv ist, länger und härter an etwas zu arbeiten, wozu wir keine große Begabung besitzen. Jeder Mensch besitzt Stärken. Man sollte so lange suchen, bis man das Passende findet. Aber das ist noch nicht alles ...

Überprüfen Sie stündlich, wie Sie Ihre Begabung optimal umsetzen

Sobald Sie sich über Ihre Talente im Klaren sind, entwickeln Sie Mittel und Wege, diese Fähigkeiten stärker in den Tagesablauf einzubinden. Fragen Sie sich beispielsweise zu jeder vollen Stunde (oder während einer wesentlichen Pause): „Wie kann ich mehr Höchstleistungen erbringen?" Halten Sie inne, bevor Sie eine neue Aufgabe übernehmen, und stellen Sie sicher, dass Sie dabei eine Ihrer Stärken einsetzen können.

Sie könnten auch fragen: „Ist dies das Beste, was ich geben kann? Gehe ich an die Grenze meiner Fähigkeiten? Leiste ich das Höchstmögliche? Kann ich einige der anstehenden Aufgaben umgehen, minimieren oder delegieren, für die ich nicht begabt oder ausgebildet bin? Erkenne und stärke ich das Beste in anderen oder sehe ich nur ihre Fehler und Schwächen? Kann ich von anderen die Dinge übernehmen, die ich beherrsche, und sie im Gegenzug bitten, mich von Aufgaben zu entlasten, die mir schwer fallen oder die ich nicht gern wahrnehme?"

Stellt man solche Fragen nicht, hetzt man weiter voran, doch ohne viel Enthusiasmus oder Genugtuung. Die Arbeit geht leicht von der Hand, wenn man das erledigt, was man am besten kann.

Entwickeln Sie Ihre besten persönlichen Anlagen weiter und setzen Sie sie ein

Es gibt einen Cartoon, den ich sehr liebe. Er zeigt eine Katze, die zu einer anderen sagt: „Ich hätte vielleicht mehr mit meinem Leben anfangen können, wenn ich nicht so fixiert darauf gewesen wäre, das Sofa zu zerfetzen!" Nur weil man bestimmte Fähigkeiten besitzt, bedeutet dies noch nicht, dass man keine verborgenen Talente hat, die auf Entdeckung warten. Wir können nicht alles sein, was wir möchten, doch wir können unsere natürlichen und verborgenen Stärken und Begabungen weiterentwickeln. Man sollte sich wöchentlich einige Minuten Zeit nehmen und darüber nachdenken, welche neuen Dinge man in Angriff genommen oder wie man versucht hat, mit alten Mustern auf neue Weise umzugehen. Stufen Sie dann jede Tätigkeit im Hinblick auf folgende Fragen von 0 (schlecht) bis 10 (gut) ein:

1. Passte es zu meinen besonderen persönlichen Wertvorstellungen?
2. Wie natürlich oder leicht fiel mir das Lernen?
3. Wie geschickt war ich dabei?
4. Wie viel Spaß machte es?
5. Wie sehr fühlte ich mich dabei geschätzt oder wertvoll?
6. War ich so sehr versunken, dass ich die Zeit vergaß?
7. Wie viel Anerkennung oder Belohnung werde ich dafür ernten?
8. Möchte ich mehr Zeit oder Energie darauf verwenden?

Wenn eine neue Aktivität viele Punkte erhält, stellen Sie sich eine weitere Frage: Habe ich Zugang zu dem Wissen und den notwendigen praktischen Fähigkeiten, um dieses Potenzial in eine neue persönliche Eigenschaft zu verwandeln, die ich in Leben oder Beruf anwenden kann? Hat man eine Arbeit gefunden, die einem sehr angenehm ist, zögert man gewöhnlich, ehe man etwas, vor allem etwas Neues, ausprobiert, weil man darin vielleicht nicht so erfolgreich ist. Wenn man es jedoch nicht versucht, wird man es auch nie wissen. Man „zerreißt weiterhin Sofas" wie die Katze. Um das Beste im Leben zu erreichen, muss man bereit sein, sich über die momentanen Fähigkeiten hinaus zu entwickeln, zu forschen, auszuprobieren und zu reflektieren. Das macht auch sehr viel Spaß.

10 Lassen Sie Ihr Leben sprechen

Vor langer Zeit arbeitete ein Sprachtherapeut unermüdlich an der Erfindung einer Vorrichtung, die taube Menschen „hören" ließ, indem sie Schallwellen sichtbar machte. Leider erfüllte die Maschine ihren Zweck nicht, war jedoch auch nicht ganz nutzlos – aus ihr wurde ganz unabsichtlich das Telefon. Alexander Graham Bell hätte wohl niemals so viel Energie für diese revolutionäre Erfindung aufgewendet, wenn er nicht die tiefe Verantwortung gespürt hätte, das Leben tauber Menschen zu erleichtern.

In Bells Leben spielten zwei Frauen eine bedeutende Rolle: seine Mutter und seine Frau. Seine Mutter war Lehrerin. Sie lenkte Alexanders Aufmerksamkeit auf die Akustik und die Sprachforschung. Während seiner jugendlichen Streifzüge stand sie ihm stets ermunternd zur Seite. Sie wusste, dass man im Leben vieles selbst herausfinden musste.

Alexander Bell und sein Bruder erfanden eine sprechende Maschine. Sie hatte eine Lunge und Stimmbänder. Ihr erstes Wort war „Mama". In Boston lernte Bell seine spätere Frau Mabel kennen, die kurz vorher von ihrer Ausbildung in Deutschland zurückgekehrt war. Sie war schön, klug und freundlich. Er war genial, ausdauernd und arm.

Alexander Graham Bells Hauptbegabung lag in Sprache und Sprachtherapie. Er wurde von einem Versprechen angetrieben, das er sich selbst gegeben hatte, er wollte den beiden wichtigsten Menschen in seinem Leben helfen, seiner Mutter und seiner Frau – denn beide waren taub. Sein Engagement bereicherte sein Leben und führte zu Erfindungen wie dem Telefon, von dem Millionen anderer profitierten. Seine Anstrengungen sind ein Beispiel für Verantwortlichkeit.

Ein altes Quäker-Sprichwort sagt: „Lass dein Leben sprechen." Das geschieht, wenn man immer wieder seine Versprechen hält. Um dies zu erreichen, darf man vier wichtige Punkte nicht aus den Augen verlieren:

1. Glauben Sie daran, etwas ändern zu können.
2. Versprechen Sie etwas ...
3. ... und halten Sie Ihr Versprechen.
4. Fühlen Sie sich für ein Versprechen und seine Auswirkungen verantwortlich, selbst wenn Sie das Ergebnis nicht kontrollieren können.

Dieser zeitlose Ratschlag folgt dem gesunden Menschenverstand, wird aber im täglichen Leben selten praktiziert.

Glauben Sie daran, etwas ändern zu können

Je stärker wir glauben, dass wir etwas positiv verändern können, desto mehr fühlen wir uns dazu verpflichtet, unser Möglichstes zu tun. Wenn man zum Beispiel in einem Wahljahr glaubt, dass die eigene Stimme nicht zählt, geht man wahrscheinlich nicht zur Wahl und glaubt, man handle richtig. Wir übernehmen für die Dinge, die wir glauben, nicht beeinflussen zu können, wenig oder gar keine Verantwortung und neigen dazu, unsere mangelnde Beteiligung zu bagatellisieren.

Alexander Graham Bell glaubte daran, etwas zu erfinden, was tauben Menschen das Hören ermöglichte. Er fühlte sich verpflichtet, diesen Plan in die Praxis umzusetzen. Kritik und Hindernisse konnten ihn davon kaum abhalten, denn er war überzeugt, er *könne* etwas ändern, und nahm die Verantwortung dafür an.

Versprechen Sie etwas ...

Wenn man sich für etwas engagiert, sollte man das ohne Wenn und Aber tun. Obwohl man die Ergebnisse eines Versprechens nicht immer garantieren kann, sollte man jedes Versprechen in der klaren Absicht eingehen, es auch zu erfüllen. Wenn man ein Versprechen deutlich ausspricht, fühlt man sich stärker verantwortlich.

... und halten Sie Ihr Versprechen

Das Vertrauen und die Loyalität anderer erlangt man nur, wenn man Versprechen immer wieder einhält. Indem man Wort hält, manifestieren sich Vorstellungen und Hoffnungen.

Schon der kleinste Schritt, um Worten Taten folgen zu lassen, führt in die richtige Richtung. Beschreiben Sie kurz, was Sie gerade in Angriff nehmen oder weiterverfolgen, und beginnen Sie mit den Worten: „Wie versprochen ..." Machen Sie sich keine Gedanken darüber, wenn dies anfangs niemand zur Kenntnis nimmt. Tun Sie alles in erster Linie im Hinblick auf Ihr eigenes Ehrgefühl. Mit der Zeit werden Sie dafür respektiert, wie Sie Ihre Zusagen erfüllen, nicht dafür, was Sie versprechen. Lassen Sie die unbeirrbare Absicht erkennen, alles Nötige zu tun, um langfristig die besten Ergebnisse zu erzielen, auch wenn das sehr schwierig ist.

Fühlen Sie sich für ein Versprechen und seine Auswirkungen verantwortlich, selbst wenn Sie das Ergebnis nicht kontrollieren können

Niemand kann garantieren, dass die Zukunft unseren Vorstellungen entspricht. Wir haben nur die Gegenwart, mit allen ihren Möglichkeiten.

Wenn man sich verpflichtet, ein Versprechen einzuhalten, spricht dies für sich – als Vorbild. Zuverlässigkeit ist selten von einem besonderen Ergebnis abhängig – das außerhalb unserer Kontrolle liegt –, sondern von dem Maß unserer Anstrengung und der Bindung an ein Versprechen. Es ist beispielsweise wichtig, was man in der Schule gelernt oder nicht gelernt hat, unabhängig von den Noten. Blicken Sie in den Spiegel, nicht aus dem Fenster, um die Verantwortung für schlechte Resultate zu übernehmen. Es ist selten gerechtfertigt oder sinnvoll, anderen, den äußeren Umständen oder einem Unglück die Schuld zu geben.

Wenn etwas nicht funktioniert, sollte man es sich eingestehen – das sollte jedoch nicht zu häufig passieren, wenn man seine Glaubwürdigkeit behalten möchte. Es gibt Zeiten, in denen die Umstände Sie davon abhalten, die Ergebnisse zu erzielen, auf die Sie oder andere gehofft hatten. Wenn Sie dies absehen können, sollten Sie besser früher als später darauf hinweisen. Lassen Sie sich helfen. Und seien Sie bereit, anderen zu helfen. Machen Sie keine Ausflüchte; stellen Sie deutlich fest, wo Sie stehen.

Selten ist ein enttäuschendes Ergebnis eingeplant, und es ist auch nicht „alles meine Schuld" oder „alles deine Schuld". Jeder Beteiligte ist mitverantwortlich. In diesem Fall zählen Ehrlichkeit und die Bereitschaft zu lernen, nicht Schuldzuweisung oder Leugnen. Man darf nicht vergessen, dass das Beste nicht immer gleich ist. Das Leben ist lebendig und veränderlich. Wenn man im Hinblick auf ein Versprechen sein Bestes gibt, fühlt man sich nicht so stark gedrängt, dauernd ein Urteil über sich selbst zu fällen. Bei Fehlern oder Rückschlägen verteidigt man sich seltener, fühlt sich nicht so niedergeschlagen oder wird von sinnlosen Schuldgefühlen geplagt.

Ab und zu verfehlt jeder Mensch das Ziel, das er sich gesetzt hat. Man verdient jedoch Respekt, wenn man bereit ist, Wort zu halten, sein Bestes zu geben und über die Ergebnisse offen zu reden.

Stets das Beste anstreben – für sich und andere

Sie sind allein für sich verantwortlich – für Ihre Einmaligkeit, lebenslang.

Dennoch haben alle Menschen die natürliche Gabe, nicht nur sich selbst zu kennen, sondern auch anderen zur Selbsterkenntnis zu verhelfen. Wenn wir die Verantwortung dafür tragen, das Beste zu wollen und uns treu zu bleiben, können wir auch andere, die uns gut kennen – und denen wir etwas bedeuten –, um Hilfe bitten, um verantwortlich zu handeln.

Dies gilt auch umgekehrt und funktioniert nach dem Prinzip „Ich bin der Hüter meines Bruders". Es zwingt uns dazu, unseren

Freunden gegenüber stets zu sagen und zu tun, was wir für das Beste halten und was im Einklang mit ihrer Verpflichtung steht, unabhängig davon, was sie von uns denken. Mit anderen Worten, in vielen Lebenslagen geht es eher darum, eine konstruktive Veränderung herbeizuführen als sich beliebt zu machen.

In seinem Essay „Selbstvertrauen" schreibt Ralph W. Emerson: „Ich habe mir kürzlich Gedanken darüber gemacht, warum ich keine Gefolgschaft habe. Viele, die weniger als ich geschrieben haben, haben die unterschiedlichsten Anhänger. Schließlich beschloss ich, der Grund liege darin, dass die anderen versuchen, Menschen auf sich aufmerksam zu machen, während ich versuche, sie auf sich selbst aufmerksam zu machen."

Ein tieferes Verständnis für dieses Prinzip findet sich auch in den Schriften des Nobelpreisträgers Albert Schweitzer. Auf die wiederholte Frage „Bin ich meines Bruders Hüter?" antwortete er: „Wie sollte es anders sein? Ich kann meiner Verantwortung nicht entgehen." Er betonte, dass alle Menschen Brüder seien und seine Aufgabe darin bestünde, sie zu respektieren, denen in Not zu helfen, mit allen medizinischen und sonstigen Mitteln, die ihm zur Verfügung stünden, etwas über sie zu lernen und sie aufzufordern, in verantwortlicher Weise ihr Bestes zu geben, was es auch sei.

Selbst in seinen späteren Jahren beendete Schweitzer den langen Arbeitstag im Krankenhaus damit, am Schreibtisch zu sitzen, über seine Erfahrungen nachzudenken und Bittbriefe zu schreiben. Während er schrieb, berührte sein Gesicht fast das Papier. Bei Einbruch der Nacht liefen Ameisen über das Papier. Er tat selbst dem kleinsten Lebewesen nichts zuleide, getragen von dem Gefühl der Verantwortung. Im Kleinen wie im Großen fühlte er sich verantwortlich für sich selbst und andere.

Verantwortlichkeit kommt von innen; sie kann nicht von außen „auferlegt" werden. Sie ist Gewissen – und mehr. Sie hilft dabei, keine Ausflüchte zu machen, sondern Probleme und Chancen frühzeitig zu erkennen und darauf zu reagieren, engagiert und einfallsreich.

11 Räumen Sie kleine Ärgernisse aus

Als Bill Arnold President des Centennial Medical Center wurde, kündigte er eine Politik der offenen Türen an. Niemand kam. Alle hielten es für einen weiteren bedeutungslosen Slogan.

Dann ließ er seine Bürotür entfernen und in der Eingangshalle aufhängen als Zeichen einer neuen Ära. Er konzentrierte sich zunächst auf, wie er sie nannte, „goldene Ärgernisse". Er hatte erkannt, dass fast alle Menschen täglich von chronischer Frustration und kleinen, aber ungelösten Irritationen geplagt werden. Dieser tief sitzende Groll ist der Hauptgrund dafür, dass in Familien und Unternehmen kaum jemand von sich aus die Initiative ergreift, auch wenn dies von Kollegen und Managern oft ignoriert wird.

Einer der Ersten, der sich durch Arnolds offene Tür wagte, war ein Maschinenschlosser, der sich bereits mehrfach darüber beschwert hatte, dass einige der technisch hochwertigen Werkzeuge, mit denen er arbeitete, nicht sorgfältig gewartet würden und schwer zu finden seien, wenn er sie brauchte. Er fühlte sich missverstanden und nahm an, dass seine Vorgesetzten dachten, er wolle die Werkzeuge aus Eigennutz nur für seinen persönlichen Gebrauch behalten. Er gab schließlich die Nörgelei auf, hörte aber nicht auf, sich zu ärgern. Bill Arnold hörte ihm zu und handelte. Mit der Zeit kümmerte er sich um Hunderte solcher anderen „Kleinigkeiten", die Höchstleistungen der Mitarbeiter behinderten. Das Resultat: In der Folgezeit ging die Fluktuation der Angestellten im Centennial um die Hälfte zurück, während die Einnahmen um 33 Prozent stiegen.

Dies wirft ein Licht auf eine einfache Wahrheit. Es sind meistens nicht große Schwierigkeiten oder Pech, die unsere Fähigkeiten untergraben oder unsere Produktivität und Initiative im Keim ersticken, sondern unbeachtete Kleinigkeiten, die unsere schlechtesten Eigenschaften begünstigen und unsere Beziehungen zerstören: der offen gelassene Toilettendeckel; auf dem Boden liegende

Kleidung; die nicht zugeschraubte Zahncremetube; Unpünktlichkeit beim Abendessen; schmutzige Teller im Spülbecken; Vergesslichkeit und Gedankenlosigkeit anderen gegenüber.

Diese und andere „Kleinigkeiten" gewinnen oft solche Bedeutung, dass sie mit der Zeit in überwältigende Ablehnung münden. Solche kleinen Irritationen besitzen die Macht, unseren Blick zu trüben, unsere Hoffnung sinken zu lassen, einen Keil zwischen unsere engsten Beziehungen zu treiben und unsere Einstellung zu vergiften.

Auf die richtige Gewichtung kommt es an

Viele Trivialitäten des Lebens sind wirklich unerheblich; man verschwendet nur Zeit, wenn man sich darüber Sorgen macht. Doch einige zählen tatsächlich. Hier muss man unterscheiden lernen. Denn ein angenehmes und gesundes Leben ist viel eher von der Häufigkeit glücklicher Gefühle abhängig als von deren Stärke. Viele kleine Glücksmomente sind entscheidender als auf das große Glück zu warten, auf einen Lotteriegewinn, eine Beförderung, eine Gehaltserhöhung oder besondere Ferien oder ein luxuriöses Auto.

Der Psychologe Abraham Maslow stellte eine Hierarchie der menschlichen Bedürfnisse auf und entwickelte einen Pfad, den er Selbstverwirklichung nannte. Doch er wies ebenfalls darauf hin, dass es auch eine Hierarchie des Grolls gibt, die uns stark beeinflusst. Persönliche Irritationen sollten daher ausgesprochen werden, statt sie zu ignorieren oder als unbedeutend abzuwerten. Energie und Aufmerksamkeit, die sich in kleinen Frustrationen verfangen, sind verschwendet.

Maslow rät, nicht darauf zu achten, ob sich jemand beschwert oder nicht, sondern stattdessen zu hören, *worüber* er sich beschwert.

Die bekannten Kleinigkeiten wie „Warum hast du nicht angerufen und gesagt, dass es spät wird?"; „Niemand hat gefragt, wie mein Tag war."; „Wer hat die Kleider neben die Tür geworfen?"; „Keiner hat bemerkt, dass ich sauber gemacht habe."; „Wer war denn vorhin so laut, als ich versucht habe zu telefonieren?"; „Wer hat das Licht brennen lassen?" oder „Warum hat denn niemand bemerkt, dass der Hund hinaus muss?" sind Hinweise darauf, dass man sich davon ablenken lässt, sein Bestes zu geben. Doch auch wenn wir uns dazu zwingen würden, nicht über solche Ärgernisse zu sprechen, bedeutet dies nicht, dass sie kein Problem mehr darstellen oder, falls man sich nicht weiter mit ihnen beschäftigt, sie nicht mehr Raum einnehmen können.

Finden Sie ärgerliche und erfreuliche Kleinigkeiten heraus

Wenn man die entscheidenden kleinen Details des Alltags wahrnimmt und sich damit auseinander setzt, kann dies Energie und Konzentration freisetzen, um eigene Fähigkeiten zu entdecken oder zu entwickeln und unsere Zeit sinnvoll zu nutzen, auch in Zusammenarbeit mit anderen. Tragen Sie in eine Liste alles ein, was Sie „auf die Palme bringt" oder maßlos aufregt und was Sie erfreut und zum Lachen bringt.

„Kleinigkeiten", die mich ärgern   *„Kleinigkeiten", die mich freuen*

1. _____   1. _____

2. _____   2. _____

3. _____   3. _____

4. _____   4. _____

Nun richten Sie Ihre Aufmerksamkeit darauf, den Irritationen mehr aus dem Weg zu gehen und gleichzeitig die kleinen Freuden in ihren Tag einzuplanen. Sprechen Sie mit Ihrer Familie, mit Freunden und Kollegen darüber.

In eine andere Liste nehmen Sie das auf, was die Menschen ärgert, die für Ihr Wohlergehen und Ihre Zukunft wichtig sind. Und dann vermeiden Sie dies ganz einfach.

Lassen Sie sich ab und zu inspirieren

Vor einigen Jahren ging ich in der Abenddämmerung über die gewölbte eiserne Fußgängerbrücke, die den Liffey-River in Dublin überquert. Es wehte eine steife Brise, und viele waren unterwegs nach Hause oder ins Pub, alle waren in Eile. Aber mitten auf der Brücke lehnte ein alter Mann am Geländer und starrte auf das Wasser, scheinbar ohne die Menge wahrzunehmen, die an ihm vorbeihastete. Als ich näher kam, ging ich langsamer. Aus dem Augenwinkel musste er meinen neugierigen Blick bemerkt haben. Er bedeutete mir, mich neben ihn zu stellen.

„Wie ist der Ausblick?", fragte ich.

„Gut", antwortete er, während er in die Ferne blickte. „Ich hole mir etwas Inspiration."

„Was meinen Sie damit?"

Er antwortete mit einer Gegenfrage: „Was ist mit Ihnen, haben Sie sich heute ab und zu ein wenig inspirieren lassen?" Er lächelte und meinte noch: „Wissen Sie, es ist besser, nicht darauf zu warten und zu hoffen, dass man alles auf einmal erhält."

Er hatte Recht. Wir brauchen jeden Tag immer wieder kleine Augenblicke reiner Inspiration. Solche Augenblicke verändern unseren Blickwinkel und halten uns dazu an, das Leben zu genießen und mehr von unserem Besten zu geben. Will man die Barrieren zu verborgenen Begabungen überwinden, lohnt es sich letztendlich, auch auf gewisse Kleinigkeiten zu achten.

12 Bewusster leben

„Sobald ich mit meiner Arbeit fertig bin, entspanne ich mich", sagen wir. Dann bin ich für dich da; dann mache ich es bei dir gut; dann zeige ich dir, wie sehr ich dich liebe. Ein anderer Zeitpunkt, ein anderer Ort, eine andere Umgebung, eine bessere Situation, eine günstigere Chance. Sobald ...

Vor einigen Jahren verlor ich einige Verwandte bei einem Flugzeugabsturz. Als die Suchmannschaften die fünf Leichen im Wrack entdeckten, hielten die Eltern ihre drei Kinder noch immer umklammert. Die Passagiere, die den Absturz zunächst überlebt hatten, hatten sicher sehr schnell erkannt, dass Rauch und Flammen ihnen kaum Überlebenschancen ließen. Eingeschlossen hielten die Eltern die Kleinen bis zum Ende fest. Für sie gab es kein „Sobald ..." mehr.

In der muffigen Werkstatt meines Großvaters neben der Einfahrt stand eine Schleifmaschine. Eines Tages schärften wir eine Sense, um Gras zu mähen. Ich wollte mit ihm sprechen, doch über das Getöse hinweg konnte man sich kaum verständigen. Als er schließlich erkannte, wie frustriert ich darüber war, zog er den Stecker.

„Das ist eine gute Lektion", sagte er und deutete auf die Maschine. „Wenn dich etwas quält, solltest du wissen, wann du den Stecker herausziehen musst."

Was vermisst Ihre Familie in den letzten Jahren am meisten an Ihnen? Welcher Wesenszug von Ihnen kommt abends nicht mehr mit nach Hause? Wahrscheinlich ist es ein kleiner, aber sehr wesentlicher, Ihr Sinn für Humor oder Ihr spielerischer Umgang mit allem, was Ihnen lieb war, bevor Sie so beschäftigt waren. Gerade das vermissen die Menschen, die Sie lieben, am meisten an Ihnen. Selbst als Sie kein Geld besaßen, machte es viel mehr Spaß, mit Ihnen zusammen zu sein. Es ist an der Zeit, sich etwas von dieser Lebenslust zurückzuholen.

Geben Sie Ihrem Alltag mehr Schwung

Emerson bemerkte treffend: „Wir bereiten uns stets auf das Leben vor, leben jedoch niemals wirklich." Wir arbeiten zu viel und leben zu wenig. Hier folgen sieben praktische Tipps, um außerhalb des Berufs noch mehr Freude zu haben:

1. Stimmen Sie Ihre Terminkalender ab.
2. Rufen Sie bei wichtigen Anlässen zu Hause an.
3. Kommen Sie zuerst in Gedanken und mit dem Herzen zu Hause an.
4. Verändern Sie die Art, wie Sie zur Tür hereinkommen.
5. Essen Sie eine Kleinigkeit vor dem Abendessen.
6. Stehen Sie auf und bewegen Sie sich nach dem Abendessen.
7. Denken Sie an etwas Heiteres.

Stimmen Sie Ihre Terminkalender ab

Stimmt man innerhalb der Familie die Termine miteinander ab, vereinfacht man das Leben aller. Wenn jedes Familienmitglied Zugang zu einem gemeinsamen Kalender hat – bei uns hängt er an der Kühlschranktür –, lassen sich Pläne einfacher gestalten, bestehende Termine der anderen und gemeinsame Unternehmungen leichter berücksichtigen. Notieren Sie Verabredungen, Gemeinde- oder Schulaktivitäten, besondere Veranstaltungen usw. Wenn Sie neue Pläne machen, berücksichtigen Sie dabei diesen Kalender, um sicherzustellen, dass Sie nicht unbeabsichtigt mit den Prioritäten und bestehenden Verpflichtungen der übrigen Familie in Konflikt geraten.

Wenn man die Zeit für die Familie einschränkt oder seine Lieben immer wieder bittet, ihre kleinen Unternehmungen oder eigene Ambitionen zu verschieben, weil Berufliches vorgeht, bedeutet das, eigene und Familieninteressen zu vernachlässigen zugunsten der Arbeit. Man sollte aber die Ziele der Familie regelmäßig überprüfen. Was zählt für den Einzelnen und die Gemeinschaft? Berücksichtigen Sie diese Ziele bei Ihrer Wochenplanung. Wird dabei jemand vernachlässigt? Sie können auch direkt fragen: „Tue ich etwas – absichtlich oder unbeabsichtigt –, das deinen Plänen zuwiderläuft?" Dadurch wächst man stärker zusammen in einer Welt, die die Menschen immer weiter auseinander zu bringen versucht.

Rufen Sie bei wichtigen Anlässen zu Hause an

In vielen Familien sieht man sich nicht sehr oft. Wenn man viel Zeit außer Haus verbringt, haben die übrigen Familienmitglieder vielleicht das Gefühl, dass man sich nicht genug darum kümmert, womit sie in ihrem Alltag konfrontiert sind. Dies kann auf einem Missverständnis beruhen, hervorgerufen durch den Mangel an regelmäßigen, ernsthaften Gesprächen. Mit regelmäßigem Kontakt kann man einem solchen Missverständnis leicht vorbeugen.

Kommen Sie zuerst in Gedanken und mit dem Herzen zu Hause an

Am frühen Abend, wenn die Energie abnimmt, steigt die Anfälligkeit für Spannung und Müdigkeit besonders stark an. Dann geschehen auch häufiger Fehler, und „aus einer Mücke wird ein Elefant". Auch für Familien ist das oft eine gefährliche Zeit, denn nachweislich brechen mehr als die Hälfte bösartiger Streitereien in den ersten 15 Minuten nach Beginn des familiären Feierabends aus oder eskalieren.

Wenn Sie nicht zu Hause arbeiten, richten Sie am Ende jedes Arbeitstags eine kurze Überbrückungszeit oder Entspannungsperiode ein. Diese letzten Minuten kann man nutzen, um ausgewählte Anrufe zu beantworten, den Arbeitsplatz aufzuräumen, die Planung für den kommenden Tag zu überdenken oder neue Projekte zu organisieren. Versuchen Sie, sich möglichst vieler Gedanken zu entledigen, die die Arbeit betreffen. Notieren Sie am Tagesende alle Sorgen, Ideen und Dinge, die den nächsten Tag oder die Zukunft betreffen. Das Niederschreiben hilft Ihnen, sich von einer zu starken Ausrichtung auf die Arbeit zu lösen. Sie können sich später damit befassen, statt dauernd daran zu denken. Diese Übergangsphase ist eine gute Gelegenheit, sich zu entspannen und einen Gang herunterzuschalten, vorauszuschauen und Kopf und Herz in Schwung zu bringen. Einige Vorschläge:

- *Etwas mehr Licht.* Während Sie die Arbeit abschließen, schalten Sie mehr Licht ein. Ob draußen oder drinnen, Licht bietet eine bewährte und intensive Möglichkeit, Energieniveau und Stimmung zu heben.
- *Entspannen Sie sich.* In wenigen Augenblicken können Sie Muskeln und Gelenke strecken und damit für einen freien Kopf sorgen. Leichte Körperübungen – Nackenkreisen, Schulterheben und Kreisen der Handgelenke – regen die Blutzirkulation an, fördern die Entspannung und vertreiben die Gedanken an berufliche Probleme.
- *Werfen Sie einen Blick auf die Umgebung.* Nehmen Sie sich nach Beendigung Ihrer Arbeit und vor der Ankunft zu Hause (auch wenn Sie zu Hause arbeiten, müssen Sie einen Übergang finden, „zu Hause" zu sein) außerdem einige Augenblicke Zeit, etwas Schönes anzusehen: eine Blume, eine Grünpflanze, eine Baumreihe oder die Wolkenformation am Himmel. Selbst das kurze Verweilen in der Natur hilft gegen Müdigkeit, fördert eine positive Stimmung und gibt neue Energie.

Verändern Sie die Art, wie Sie zur Tür hereinkommen

Welcher Arbeit Sie auch nachgehen, der berufliche Rhythmus unterscheidet sich wahrscheinlich sehr stark vom heimischen Rhythmus und ist weitaus strenger. Doch viele Menschen hetzen nach Hause und lösen sich nicht von der Arbeitsroutine. Stattdessen beeilt man sich bei der Zubereitung des Abendessens, blättert in der Zeitung, isst hastig und fällt danach vor dem Fernsehgerät aufs Sofa oder stürzt sich in eine weitere Runde geplanter Aktivitäten – Einkäufe, elterliche Pflichten, Erledigung von Papierkram, Vorbereitung von Berichten oder Zahlung von Rechnungen. Hier fehlt eine kurze „Auszeit", um Stress und Druck abzuschütteln und den Abend mit einem extra Energieschub zu beginnen.

Doch es gibt Alternativen.

Nach einer liebevollen Begrüßung der Familie nehmen Sie sich einige Minuten Zeit, um „abzuschalten". Ziehen Sie sich um, und gönnen Sie sich eine relativ ruhige Pause, die Ihnen hilft, den Tag hinter sich zu lassen und Ihr Leben im richtigen Licht zu sehen: Duschen Sie, oder nehmen Sie ein Bad, machen Sie etwas Entspannungsgymnastik, gönnen Sie sich in Ruhe etwas zu trinken und einen Lieblingssnack. Manche Familien sollten vielleicht genau für diese Zeit einen Babysitter engagieren. Es gibt viele Möglichkeiten, die Arbeit völlig hinter sich zu lassen – gehen Sie mit Ihrem Partner spazieren, arbeiten Sie ein wenig im Garten, massieren Sie sich gegenseitig kurz den Rücken, hören Sie angenehme Musik oder trinken Sie in Ruhe eine Tasse Tee.

Ein kleiner Snack vor dem Abendessen

Das halten Sie sicher für überraschend: Zur Anregung des Stoffwechsels sollte man vor der eigentlichen Mahlzeit etwas essen. Niedrige Blutzuckerwerte und Spannungen, die durch Hunger entstehen, rauben Energie und führen leicht zu abendlichem Streit.

Trinken Sie heißen Tee, Saft oder ein gesundes Kaltgetränk, und essen Sie einen kleinen Appetizer wie frische Gemüsestückchen mit fettarmem Frischkäse, Bohnendip und ein oder zwei Scheiben Knäckebrot. Geeignet sind auch fettarme Vollkornkekse mit einem halben Glas kalter Milch oder kaltem Joghurt.

Bewegung nach dem Abendessen

Einige Minuten leichter körperlicher Anstrengung nach dem Abendessen regen den Stoffwechsel an, der gerade „abschaltet". Die Energie anregende und Fett verbrennende Wärmeproduktion kann durch einen Spaziergang nach dem Essen um bis zu 50 Prozent beschleunigt werden.

Überprüfen Sie die Wirkung an sich selbst. Stehen Sie heute nach dem Essen auf und machen Sie einen kurzen Spaziergang. Schlafforscher der Mayo-Klinik behaupten, dass leichte Körperübungen am Abend den Schlaf messbar vertiefen. Peter Hauri, der dortige Leiter des Programms gegen Schlafstörungen, erklärt: „Wenn man die Körpertemperatur fünf oder sechs Stunden vor dem Schlafengehen durch Körperübungen erhöht, sinkt die Temperatur am stärksten, wenn man zu Bett geht ... man schläft tiefer und wacht seltener auf."

Denken Sie an etwas Heiteres

Ich erinnere mich, wie gern ich in der Grundschule lachte und meine Lehrerin mich deswegen wütend ansah und streng erklärte: „Das ist wirklich sehr lustig, Robert, doch du kannst dich nicht durchs Leben scherzen." Wäre sie noch am Leben, würde ich sie anrufen und sagen: „Doch, in manchen entscheidenden Bereichen erreicht man mit Humor am meisten!"

Tag für Tag schenkt Humor uns Energie. Er reißt uns aus der Routine. Er setzt Dinge in die richtige Perspektive. Er bringt uns näher zusammen. Er hilft, schwierige Zeiten zu überstehen. Ich erinnere mich an einen der Hausmeister in meiner Highschool, der unbeschwert alles, was er tat, mit Humor sah. Drei Jahre nahm ich vor Schulbeginn an Turnübungen und Aufgabenvorbereitung teil, und jedes Mal brachte er mich zum Lachen. Als ich ihn einmal fragte, wie er stets so heiter sein konnte, sagte er: „Die meisten Dinge sind lustig, wenn man sie von der anderen Straßenseite aus betrachtet."

Er hatte Recht. Gebunden an kleine und größere Pflichten verliert man sich schnell in dringenden Problemen, die Perspektive gerät aus dem Blick und der Humor bleibt auf der Strecke. Doch wenn man innehält, um im Geist auf die andere Straßenseite zu wechseln und sich selbst von dort aus zu betrachten, kann man manches belächeln und findet zurück zu Heiterkeit und Lachen.

Erzählen Sie beim Abendessen oder auf dem Spaziergang danach einiges von dem, was Sie heute zum Lachen gebracht hat. Ermuntern Sie auch Ihre Familienmitglieder, die lustigste Geschichte zu erzählen, die sie heute erlebt haben. Wenn Sie allein leben, greifen Sie zum Telefon und sprechen mit einem Freund oder vor dem Haus mit einem Nachbarn. In einer Studie mit 50 Ehepaaren fanden Psychologen heraus, dass der Humor zu 70 Prozent die Beziehung zwischen den Paaren bestimmte, die das Leben genossen, und denen, die weniger heiter durchs Leben gingen.

Einige Minuten Unbeschwertheit am Abend können sich wirklich auszahlen. Statt sich abzuhetzen und Wesentliches aus dem Blick zu verlieren, sollte man einen Gang herunterschalten, genauer hinsehen, die geistige Erschöpfung abschütteln und dadurch Lebensqualität zurückgewinnen.

Dritter Grundpfeiler

Weitblick

13 Träume verwirklichen

Fotos aus dem All von 1960 ließen zum ersten Mal die riesigen Ausdehnungen antiker Stätten im Nahen Osten erkennen und die Straßen, die von versunkenen Städten und Tempelanlagen wegführten. Keines dieser Bauwerke war vom Boden aus zu entdecken: Archäologen hatten das Terrain durchstreift und jahrelang nach Hinweisen gesucht, ohne dort jemals auf Spuren zu stoßen.

Im Leben ist das recht ähnlich. Wenn wir uns zu stark auf unsere unmittelbare Lage und alles, was damit zusammenhängt, konzentrieren, verstellt dies unseren Blick immer mehr.

Wir orientieren uns an der Größe und Klarheit unseres Ausgangspunkts. Daher benötigen wir hoch gesteckte Ziele, die unseren Blick auf Möglichkeiten richten, die jenseits unserer täglichen Gewohnheiten existieren. Als ich klein war, erklärte mir mein Großvater Cooper die Macht großer Träume und erzählte dazu die Geschichte von Padraic Pearse.

Padraic Henry Pearse wurde in Irland geboren und war nach dem Patrick Henry der amerikanischen Revolution benannt. Zu Beginn des 20. Jahrhunderts war er Direktor von St. Edna, einer kleinen Privatschule auf dem Land südlich von Dublin. Heute würde man St. Edna eine den Charakter bildende Schule nennen. Pearse ermutigte seine jungen Schüler, zu *leben*, was sie lernten. In jedem Fach wurde den Schülern Gelegenheit gegeben, das anzuwenden, was sie in der Alltagswelt der umliegenden Bauernhöfe und der Wohnviertel Dublins lernten.

Pearse lag viel am Erbe Irlands, und er befürchtete die Auslöschung seiner Sprache, Kultur und Geschichte durch die britische Dominanz. Er schrieb und sprach darüber voller Leidenschaft. Sein größter Traum war es, dass Irland eines Tages seine Freiheit zurückerlangen würde.

Pearse war von Natur aus keinesfalls militant. Nur wenige hätten sich ihn als Revolutionär vorstellen können. Er war zu sanft. Seine Schüler wussten, dass er keiner Fliege etwas zuleide tun konnte. Doch sein Gewissen trieb ihn dazu, als einer der Anführer am

Osteraufstand der Irischen Rebellion von 1916 teilzunehmen. Er hatte sein Leben damit verbracht, seinen Schülern zu helfen, sich auf ihre Träume zu konzentrieren. Nun war die Zeit für ihn gekommen, seine eigenen hoch gesteckten Ziele zu verfolgen, die mit seinen Worten „im Herzen erträumt waren und nur vom Herzen aufrechterhalten werden konnten".

Für die Dauer eines Jahres führte er den Osteraufstand an. Nach heftigen Kämpfen in den Straßen von Dublin und Umgebung setzte sich die britische Armee gegen die Revolutionäre durch. Die Anführer der Revolte wurden eingesperrt. Am 3. Mai 1916 wurden Pearse und einige der besten Köpfe seiner Generation auf dem Stoneyard Square des Kilmainham-Gefängnisses hingerichtet. Die Kommandeure der britischen Armee glaubten, damit ihre Stimmen zum Schweigen gebracht zu haben. Doch das war nicht der Fall.

Die armen Iren, von denen die meisten nicht mutig genug gewesen waren, den Osteraufstand zu unterstützen, verehrten nun den Direktor von St. Edna, den Lehrer und Dichter, der versucht hatte, seine größten Träume zu leben. Überall auf dem Land fragten die Menschen ihre Kinder: „Für welchen Traum bist du bereit, dein Leben zu opfern?"

Mein Großvater nahm die Worte Pearses eher wörtlich, als er mich fragte: „Welche deiner Träume sind so groß, dass du sie nur im Herzen – nicht im Kopf – bewahren kannst?" Fast alle Kinder kennen den Unterschied zwischen den Träumen im Kopf und ihren Herzenswünschen. Das gilt auch für uns alle, wenn wir nur lange genug innehalten, um es wahrzunehmen.

Große Träume treiben die Menschen an. Denken Sie an die Vorfahren, die ihre Heimat verließen, ohne Geld, verachtet, gequält oder wegen ihres Glaubens oder ihrer Ideen verfolgt. Manche mussten den Mut aufbringen, auf dem Weg in ein neues Land ein unbekanntes Meer zu überqueren. Sie mussten neu beginnen. Sie hörten andere sagen: „Das schaffst du niemals." Doch sie ließen sich nicht abhalten. Und viele, die nach Amerika kamen, ertrugen unvorstellbar harte Zeiten.

Was viele von ihnen trotz Dunkelheit und Ungewissheit am Leben hielt und weitermachen ließ, waren ihre Träume – weniger von Reichtümern als von Freiheit für sich und ihre Familien. Auf einzigartige Weise und unter den schwierigsten Umständen hielten sie an ihren großen Zielen fest und entdeckten so einen Hauptantrieb menschlicher Leistungsfähigkeit.

Große Träume lassen uns an den Möglichkeiten des Lebens festhalten, sodass wir nicht im Treibsand alter Gewohnheiten und fortbestehender Ängste und Frustrationen versinken. Solche großen Ziele sind für den Beruf ebenso wichtig wie für das Leben.

Doch man muss ein Hindernis überwinden. „Sei nicht so idealistisch", ermahnen wir uns gegenseitig in unserem Bestreben, kein Risiko einzugehen. „Man sollte nicht zu viel riskieren. Außerdem wird man nur enttäuscht. Und was ist, wenn du versagst? Beschränke deine Träume auf ein vernünftiges Maß. Mache sie so klein, dass sie mit ziemlicher Sicherheit in Erfüllung gehen. Sei damit zufrieden. Das genügt."

Wenn wir dieses Prinzip akzeptieren, verlieren wir die großen Ziele aus dem Blick. Wir machen es uns bequem, fallen nicht auf, haben immer etwas zu tun, passen uns an, kommen zurecht und gehen auf Nummer sicher. Doch das ist falsch.

Und was geschieht, wenn man an einem hoch gesteckten Ziel oder großen Traum scheitert? Selbst dann stehen die Chancen für eine positive Wirkung günstig, bei uns selbst, unserer Familie oder Gemeinde. Auf den ersten Blick scheiterte Padraic Pearse. Die Rebellion wurde 1916 niedergeschlagen, doch bald erhielt der Geist der Freiheit neuen Auftrieb.

Obwohl ein Erlass der britischen Regierung Nordirland vom Rest des Landes trennte und als festen Bestandteil dem Vereinigten Königreich angliederte, erklärte das übrige Irland 1921 seine Unabhängigkeit. Diese Freiheit wurde in einem Waffenstillstand mit England gesichert. Trotz jahrelanger Spannungen und Blutvergießens zwischen Protestanten und Katholiken, Nord und Süd gab es auch Zeiten relativer Ruhe. Doch Kämpfe es gibt auch heute noch. Pearse träumte ebenso sehr von der Freiheit wie davon, den Exodus der Iren zu beenden. Wenigstens ein Teil des Traumes hat sich erfüllt: Das erste Mal seit über 100 Jahren sind mehr Menschen nach Irland eingewandert als ausgewandert.

Große Träume, die Herzenswünsche sind

Mein Großvater Cooper erklärte mir einmal: „Kleine Träume können das Blut nicht in Wallung bringen." Er hatte Recht. Menschen erreichen nur etwas, wenn sie ihr Leben auf ein aufregendes Ziel ausrichten. Ein großartiges Ziel ist der Impuls für Zielstrebigkeit und Bestimmung. Selbst wenn große Träume sich nicht erfüllen – und so ist es meist –, verändern sie uns fast immer zum Guten. Sie lenken unser tägliches Handeln und helfen uns, zu lernen, zu wachsen und zu dienen.

Denken Sie an den Traum von Mutter Teresa: Sie wollte alles tun – allein, falls nötig –, um das Schicksal der Ärmsten der Armen in Indien zu verbessern. Zur Verwirklichung dieses Traumes arbeitete sie unermüdlich, um diesen vergessenen Menschen Nahrung, Hoffnung, Gesundheit und die Chance auf Arbeit oder Ausbildung zu verschaffen. Für Martin Luther King Jr. war das großartige Ziel die Freiheit und Gleichheit aller Rassen in allen Staaten der USA. Dieser Traum mobilisierte seine Energien und Anstrengungen in langen Jahren harten Kampfes.

Ein großer Traum einer Nachbarin besteht darin, allen Bewohnern eines Pflegeheims die Schönheit der Natur näher zu bringen. Sie zieht Blumen und versorgt damit jedes Zimmer. So verschönern die Blüten die Tage von Menschen, die sonst ein sehr abgeschlossenes Leben führen.

Den größeren Zusammenhang sehen

Hin und wieder sollte man den Kopf freimachen und alles zu Papier bringen, um etwas Abstand zu gewinnen. Das setzt neue Energien frei, um sich auf wichtige Ziele zu konzentrieren, und hilft, Unnötiges und Ablenkendes zu erkennen und auszuschalten. Wenn man viel unwichtigen Ballast mit sich schleppt, verliert man den Sinn für den größeren Zusammenhang.

Versuchen Sie es: Schreiben Sie all Ihre Gedanken, Ideen oder Sorgen nieder, die Sie gerade beschäftigen. Die unterschiedlichsten Dinge mögen da um Aufmerksamkeit kämpfen: der Abgabeschluss für ein Projekt, ein Stapel unbeantworteter Briefe oder E-Mails, die Noten oder Zukunft Ihres Kindes, ein anstehendes Dankschreiben, Rechnungen, Erledigungen in Apotheke oder Wäscherei, Ergänzungen zur Einkaufsliste, ein unangenehmer Chef oder Kunde, Sorgen wegen Ihrer Arbeit, Mittel oder Aufstiegsmöglichkeiten, eine unaufgeräumte Garage oder ein Schrank, Ihr letzter Kontoauszug, ein längst fälliger Ölwechsel beim Auto, ein neuer Mitarbeiter, den Sie suchen oder anlernen müssen, Geld, Ihr schmerzender Rücken, Ihr nächster Zahnarzttermin und Sonstiges … die Liste kann lang sein. All Ihre unerledigten Verpflichtungen, Sorgen und Nöte sollten Sie sorgfältig notieren, um nicht länger davon abgelenkt zu werden.

Lassen Sie neben jedem Eintrag etwas Platz für eine genauere Klärung: Wie bedeutend ist diese Sache wirklich, wie und wann können Sie sie erledigen? Manches lässt sich delegieren oder kann liegen bleiben. Anderes gehört in den Terminkalender oder auf die Erledigungsliste, nicht in Ihren Kopf. Anderes kann warten. Wenn man diese Dinge aufschreibt, behält man den Blick für das Wesentliche.

Beides zählt – träumen und handeln

Der Abstand zwischen dem, was vorstellbar und was möglich ist, war noch nie so gering wie heute. Doch nur großartige Ziele lassen uns unsere täglichen Grenzen überschreiten, um mehr zu erreichen, als wir jemals für möglich hielten.

Beginnen Sie mit dem Extrem. Unterteilen Sie eine Seite in zwei Hälften. Über den linken Abschnitt schreiben Sie: *Mein größter, kühnster Wunsch ist* … Ihre Antwort mag äußerst ungewöhnlich oder weit hergeholt sein: die seltenste Orchidee zu züchten; ein Flugzeug zu fliegen; einen Berg zu besteigen; ein Leben zu retten; den Hunger zu beenden; eine bedrohte Art zu schützen; in einem wichtigen Baseballstadion einen Homerun zu erzielen; die Umwelt vor Zerstörung zu schützen; eine Krankheit zu heilen; in der Carnegie Hall aufzutreten; sich um ein vernachlässigtes Kind zu kümmern; Tiere zu retten oder sich für immer zu verlieben.

Den rechten Abschnitt überschreiben Sie mit: *Ich kann das nicht, weil* ... Notieren Sie nun die Gründe, die Sie daran hindern, diesen größten, kühnsten Wunsch zu verwirklichen. Was hindert Sie daran? Und warum? Zu oft ordnen wir uns Vernunftgründen und Gewohnheiten unter und lassen uns davon abhalten, unseren tiefsten Ambitionen zu folgen. Wenn wir uns so verhalten, werden wir mit Sicherheit eines Tages aufwachen und es bereuen.

Es gibt so viele kühne Wünsche, wie es Menschen gibt, die bereit sind, sie zu entdecken und sich dafür zu engagieren. Wenn Sie sich über Ihre großen Träume klar werden möchten, ergänzen Sie die folgenden Erklärungen:

- Wenn ich mir vorstelle, zwei großartige Dinge für meine Familie zu tun, so wären das ...
- Wenn ich mir vorstelle, zwei großartige Dinge für meine Wohngegend oder Gemeinde zu tun, so wären das ...
- Meine Fähigkeiten und Leidenschaften könnten die Welt verändern, wenn ...

Richten Sie Ihr Handeln an Ihren großen Träumen aus

Einst lebte ein kleiner Junge in Weil am Rhein, der in der Abenddämmerung mit der Menge nach draußen lief und sich einen Platz am Rand eines weiten Feldes suchte. Die Menschen verstummten, während der Himmel sich allmählich in ein sternenbedecktes Firmament verwandelte. Ein kosmischer Feuerschweif zog seine Bahn über den Himmel, und der Große Komet von 1577 inspirierte den kleinen Johannes Kepler. Seine Mutter hatte keine Ahnung, dass er das herkömmliche Denken völlig durcheinander bringen und das moderne Zeitalter einläuten würde.

Er war ein introvertierter Einzelgänger, ein kränkelndes, spindeldürres Kind mit chronischen Pickeln, Schorf, Ausschlägen und Wunden. Er wuchs in einer Großfamilie auf, die laut Arthur Koestler „überwiegend aus Degenerierten und Psychopathen bestand", und

hatte eine „Kindheit in der Hölle". Doch er besaß einen unbezähm-
baren Willen und einen großen Traum – die Raumfahrt –, gestützt
von einer begeisterten Vorstellungskraft und dem unablässigen
Antrieb, auf eigene und unabhängige Weise das Wesen des Kosmos
zu verstehen. Keplers Gesetze der Planetenbewegung bewahrten
das System des Kopernikus vor der Vergessenheit und ebneten den
Weg für das Gesetz der Schwerkraft, das die Grundlage für Newtons
modernes Universum bildete.

„Lasst uns Fahrzeuge und Segel bauen, angepasst an die
himmlische Luft", schrieb Kepler an Galilei. „In der Zwischenzeit
mögen wir für die mutigen Himmelsreisenden Karten der Himmels-
körper vorbereiten." Keplers Arbeit verdanken wir das Teleskop und
die optische Wissenschaft. Kepler erstellte Sternen- und Planeten-
karten, obwohl er von der Ignoranz und Kleingeistigkeit seiner Zeit
verfemt und fast lebenslang zu schlimmster Armut und Heimatlo-
sigkeit verdammt war. Seine *Harmonie der Welt* schrieb Kepler in
dem Glauben, dass die Welt schön war, obwohl sie ihn so schlecht
behandelte. „Kepler war einer der wenigen, der einfach nicht
anders konnte, als für seine Überzeugungen offen einzustehen",
schrieb Albert Einstein in seiner Bewunderung für diesen Mann, der
sich aus den engen geistigen Fesseln befreite, in die er geboren war.

Hören Sie nicht auf zu fragen: „Warum nicht?"

Denken Sie an die Menschen, die Ihnen nahe stehen. Was halten
Sie für unmöglich? Wie begegnen Sie ihren Zweifeln? Ralph Mosca
ist ein Herzchirurg, der eine neuartige, Leben rettende Maßnahme
zur Wiederherstellung des Aortenbogens von Frühgeborenen und
Säuglingen mit geringem Geburtsgewicht entwickelt hat. Jahrelang
war das sein großer Traum. Während andere seine Arbeit mit
Zweifeln begleiteten, leisteten Mosca und seine Kollegen am
Congenital Heart Center der Universität von Michigan in Ann Arbor
Bahnbrechendes. Er wollte unbedingt alles für die Verwirklichung
seines Traumes tun. Es gab so viele winzige Kinder, die eine

Überlebenschance hätten, falls sich eine entsprechende Methode entwickeln ließe. Das ist für die Verwirklichung eines hoch gesteckten Zieles ein immenser Ansporn.

Viele große Träume sind wesentlich leichter zu verwirklichen als komplizierte Entwicklungen in der Herzchirurgie, und sie basieren häufig auf eigener Erfahrung. Mit erst acht Jahren beschloss Anna Kokmeyer, dass sie den Babys in der Holden-Intensivstation für Neugeborene am University of Michigan Medical Center helfen wollte. Ihr eigenes Leben gehörte zu den spannenden Erfolgsgeschichten dieser Station. Vor acht Jahren war sie mit einem Gewicht von 595 Gramm zur Welt gekommen. Die Ärzte gaben ihr eine Überlebenschance von 20 Prozent.

Sie ist ein aufgewecktes und gesundes Kind und geht nun in die dritte Klasse. Zusammen mit ihrer Mutter sah sie sich ein Album mit Fotos und Geschichten von den viereinhalb Monaten an, die sie auf der Neugeborenenstation verbrachte, gekuschelt an ihren braunen Teddybär, ein halbes Dutzend Kabel und die beiden Schläuche für Nahrung und Sauerstoff, die sie am Leben hielten. Sie schläft noch heute mit diesem Bär. Sie beschloss, dass sie etwas gutmachen wollte. Es ist für sie eine einfache Aufgabe: „Ich mag Babys", sagt sie, „und ich möchte denen helfen, die das Leben mit Handicap beginnen."

Sie setzte sich zum Ziel, jedes der 37 Bettchen auf der Neugeborenenstation mit einem Kuscheltier auszustatten – und das gelang ihr auch.

Auch dies ist ein schönes Beispiel für ein großartiges Ziel. Anna war außerordentlich geduldig und kreativ, um es zu erreichen. Ein großer Traum weckt verborgene Fähigkeiten und gibt Ansporn. Wir alle haben im Lauf des Lebens eine Reihe großer Träume, nicht nur einen einzigen. Manche verlieren mit der Zeit ihren Einfluss, andere wachsen.

Fragen Sie andere Menschen nach ihren besten Projekten und Anstrengungen. Stellen Sie sich vor, Sie sitzen im Flugzeug oder Pendlerzug und jemand fragt Sie: „Was ist *Ihre* Geschichte?" oder „Was ist momentan das Spannendste in Ihrem Leben?" Oder wie Tom Peters es ausdrückt: „Ich möchte nicht, dass nachher auf meinem Grabstein steht: ‚Er hätte in seinem Leben einige große Träume verwirklicht, wenn die anderen ihn gelassen hätten.'"

Halten Sie in Ihrem Tagebuch oder Terminkalender einige Seiten frei, auf denen Sie Ihre großen Ziele festhalten – Ihre eigenen und die nahe stehender Menschen. Mögliche Überschriften: *Meine großen Träume sind … So setze ich sie in die Tat um: … Dies sind die großen Träume meiner Lieben: … So unterstütze ich diese Träume statt sie zu kritisieren: …*

„Bauen Sie Luftschlösser …"

Wenn ich meinen Großvater Downing besuchte, saßen wir oft in seinem Arbeitszimmer und redeten. Unser Thema war gewöhnlich das Leben. Er war stets sehr an meinen Erfahrungen interessiert und daran, worauf ich mich in den folgenden Wochen und Monaten freute.

Eine seiner Lieblingsfragen lautete: „Ist – oder war – es das wert, um ein Stück deines Lebens zu opfern?" Er forderte mich auf, den Wert von Zeit und Energie klar abzuwägen. Er ermunterte mich, auf das zu achten, was mir wirklich wichtig war, und mein Verhalten entsprechend anzupassen.

Solche Fragen dienen als innerer Kompass, um unsere verborgenen Fähigkeiten zum Vorschein zu bringen. Wenn man sein Leben immer wieder an seinen Träumen ausrichtet, kann man diese neu entdeckten Fähigkeiten wesentlich besser nutzen. Thoreau drückte das sehr treffend aus: „Man baut Luftschlösser nicht umsonst", sagte er, „es ist richtig, das zu tun. Doch dann sollte man ihnen auch Fundamente geben."

14 Den Blick nach vorn richten

Immer wenn nachts der Himmel klar war, sah mein Großvater Downing hinauf und suchte nach Sirius, einem der hellsten und am weitesten entfernten Sterne, den man von der Erde aus sehen kann.

„Was ist so besonders an Sirius?", fragte ich ihn.

„Er lässt mich weiter in die Ferne sehen als jeder andere", antwortete er. Er war immer sehr beeindruckt von den Geschichten früher Astronomen wie Kepler und Galilei gewesen, Männern, die sich durch unerschütterlichen Willen, mathematisches Verständnis und Fantasie ausgezeichnet hatten und die es wagten, von Reisen zu den Sternen zu träumen.

Ich erinnere mich an die Sommerabende, als ich noch klein war und mit meinem Großvater Cooper draußen stand und staunend den Himmel beobachtete, während es dunkel wurde. Er glaubte, dass das Licht der Sterne die Bäume wachsen ließ, oder er behauptete das zumindest, denn er liebte Bäume.

Schon als ich noch ein kleiner Junge war, half ich ihm beim Pflanzen. Wir gingen in die Wiesen und Wälder, die gleich hinter seinem Haus begannen. Für ihn war das nicht ganz einfach, weil er nur mit einem Stock gehen konnte, aber das hielt ihn nie davon ab. Wir suchten eine passende Stelle aus, und dann grub ich ein Loch für einen jungen Baum.

Er liebte es, ausgerechnet solche Bäume zu pflanzen, die besonders lange zum Wachsen benötigten, z. B. Walnussbäume. Jedes Mal, wenn wir mit einem Setzling fertig waren, sahen wir ihn noch ein paar Minuten still an, bis er sagte: „Robert, wer wird diesen Baum anschauen, wenn er in 100 Jahren groß und knorrig geworden ist und voller Walnüsse hängt? Wie wird die Welt dann wohl sein?"

Obwohl wir nicht einmal sagen können, wie die Welt in ein paar Jahren aussieht, geschweige denn in einem ganzen Jahrhundert, kann eine solche Frage unsere Sicht auf die Welt verändern oder sogar den Wunsch wecken, sie mitzugestalten.

Viele Menschen wünschen sich, in die Zukunft sehen zu können. Aber in die Zukunft zu sehen bedeutet, tief in uns selbst hineinzuschauen, unsere Geschichte zu betrachten, unsere Entscheidungen zu überdenken, zu erkennen, ob wir unser Leben gelebt oder vertan haben, und wie wir uns verändern müssen, um der Zukunft begegnen zu können. Wenn wir uns vom Alltagsstress überwältigen lassen, werden wir vor lauter Nach-unten-Sehen irgendwann mehr über unsere Schuhe wissen als über die Sterne – also die ungeahnten Möglichkeiten, die das Leben bietet –, zu denen wir während einer kleinen Entspannungspause aufsehen könnten, um uns neu zu orientieren.

Meine Großväter brachten mir bei, den Blick nach vorn zu richten – nicht nur auf den Terminplaner für die nächsten Wochen, sondern auf die nächsten Jahre – und dies jeden Tag zu tun, um das eigene Potenzial zu erkennen und nutzen zu können.

Den Horizont erweitern

Eines der ständigen Probleme, die der Realisierung unserer Möglichkeiten im Weg stehen, ist unsere begrenzte Sichtweise auf die Zeit.

Wenn wir uns von der schnelllebigen Gegenwart aufzehren lassen, gibt es kaum noch Möglichkeiten, zurückzuschauen oder Visionen zuzulassen. Oder aber wir lassen uns von positiven und negativen Erinnerungen blockieren und werden unfähig, an das Heute und Morgen zu denken. Vielleicht geben wir uns auch ganz dem Wunschdenken an eine ferne Zukunft hin.

Keine dieser Verhaltensweisen ermöglicht es uns, das Leben richtig auszuleben. Stattdessen müssen wir lernen, im Hier und Jetzt zu leben, aber die Gegenwart im Licht der Vergangenheit und der zukünftigen Möglichkeiten zu betrachten. Am besten setzt man sich den Horizont so, dass man sich zwar auf die Gegenwart konzentriert, aber auch seine Lehren aus der Vergangenheit zieht und gleichzeitig weit vorausschaut – und sich Ziele setzt, die erst in fünf Jahren oder noch später zu erreichen sind.

Wer sich danach richtet, besitzt die besten Führungsqualitäten, kommt besser mit Druck zurecht, verdient mehr und führt bessere und intensivere Beziehungen. Im Gegensatz dazu sind die Menschen, die nur ein paar Monate weit oder überhaupt nicht planen, meistens besonders kleinlich, obrigkeitshörig und unflexibel.

Zeitplan

Lehren der Vergangenheit	Taten der Gegenwart	Möglichkeiten der Zukunft
Erinnerung	**Heutige Realität und momentanes Potenzial**	**Ziele**

- *Die Lehren der Vergangenheit: Erinnerung.* Erinnerungen und die eigene Geschichte sind entscheidende Faktoren für die Entfaltung des Potenzials. Deshalb sollte man jeden Tag ein paar Minuten über sich selbst nachdenken und darüber, welchen Einfluss unsere vergangenen Erlebnisse auf unsere heutige Persönlichkeit haben. Die Erinnerung an Familientraditionen, Geschenke und Nöte der Vergangenheit und an die Herausforderungen und Probleme, denen Sie sich stellen mussten, hilft Ihnen, Ihre Sicht auf die Dinge zu schärfen und zu vertiefen. Wer es besonders schwer im Leben gehabt hat oder Eltern beziehungsweise Großeltern hat, die es besonders schwer hatten, kann sein Potenzial oft überdurchschnittlich gut nutzen. Denken Sie an Ihre Eltern oder Großeltern, Lehrer und Mentoren. Denken Sie an die Opfer, die sie bringen mussten, um Ihnen mehr Freiheit und ein besseres Leben zu ermöglichen. Besinnen Sie sich auf die familiären Rituale, Geburten und Begräbnisse, an denen Sie teilgenommen haben oder von denen Sie wissen. Welche Gefühle beherrschen Sie, wenn Sie sich daran erinnern? Was haben Sie sich damals vorgenommen, in der Zukunft besser zu machen oder zu lassen?

- *Die Möglichkeiten der Zukunft: Ziele.* Wenn wir das Wort „Zukunft" ausgesprochen haben, gehört es schon der Vergangenheit an. Das ist ein einfaches Beispiel dafür, warum es so wichtig ist, so weit vorauszuschauen wie möglich: Die nahe Zukunft ist praktisch schon die Gegenwart. Weitsicht – auf etwa die nächsten fünf bis zehn Jahre – ist unabdingbar, um seine Energie und Taten in die richtigen Bahnen zu lenken. Aber es geht nicht nur darum, möglichst weit vorauszusehen, sondern auch darum, *wie* man dies tut. Stellen Sie sich eine Frage: „Was will ich in ferner Zukunft erreichen?" Kreativität ist etwas anderes als das Reagieren auf eine momentane Situation, wie sie sich auch immer darstellt. Wer etwas schaffen will, braucht zuerst eine Vision. Wissen Sie genau, was Sie wollen? Ist Ihr Traum groß oder nur eine kleine, ganz bestimmte Änderung der jetzigen Situation? Nur Sie selbst können die Antwort darauf geben.

  Mein Großvater war viele Jahre lang Rektor in einer Schule. Als ich ihn einmal zu Anfang eines Schuljahres besuchte, brachte er mir etwas über das Lernen bei. Wir sprachen über meine Unterrichtsfächer, und er sagte: „Komm schon, gib dir eine 1." Wie soll das gehen, fragte ich. „Stell dir vor, das Schuljahr ist zu Ende", entgegnete er, „und du hast dich besonders angestrengt, um mehr zu lernen als unbedingt nötig. Was wäre dafür nötig?" Das ermutigte mich dazu, mich intensiver um die Fächer zu kümmern, die mich interessierten, und dabei Dinge zu lernen, die ich sonst übersehen hätte. Außerdem bekam ich so mehr Gelegenheit, mit ihm darüber zu reden. Auch das ist ein Ergebnis langfristiger Planung.

- *Die Taten der Gegenwart*: Darauf müssen Sie täglich den Großteil Ihrer Energie und Zeit verwenden:
  - *Die Realität des Augenblicks.* Hier befinden Sie sich in diesem Moment: Was funktioniert, was funktioniert nicht und warum nicht?
  - *Das heutige Potenzial.* Das müssen Sie jetzt und hier selbst ehrlich einschätzen und dann überlegen, was Sie damit in der

Zukunft erreichen können. Halten Sie sich Vergangenheit und die nächsten fünf Jahre vor Augen und fragen Sie sich, welche Schritte Sie unternehmen können – und seien sie auch noch so klein –, um eine Bewegung in diese Richtung einzuleiten. So befreien Sie sich von alten Gewohnheiten und automatischen Reaktionen auf den täglichen Stress.

Überlegen Sie sich, zu welchen Gelegenheiten Sie über den eigenen Horizont nachdenken können:

- *Morgen: Orientierungsphase.* Für mich ist der Morgen die beste Zeit, um ein paar Minuten darauf zu verwenden, Gegenwart, Vergangenheit und Zukunft richtig einzuordnen. Dafür steht man einfach fünf Minuten früher auf, setzt sich still in eine Ecke, trinkt vielleicht einen Schluck und überdenkt den beginnenden Tag. Reflektieren Sie wichtige Erfahrungen der Vergangenheit. Was haben Sie daraus gelernt? Benutzen Sie diese Erfahrungen heute? Als Nächstes denken Sie mindestens fünf Jahre voraus. Was wollen Sie bis dahin schaffen? Wie möchten Sie leben und arbeiten? Überlegen Sie sich, was Sie heute tun müssen und welche langfristigen Auswirkungen dies hat. Gibt es in Ihrem Tagesplan etwas, das auch langfristig Konsequenzen für Ihre Familie oder Ihre Arbeit hat? Wenn nicht, was können Sie jetzt sofort ändern, damit Sie nicht zum Opfer der Umstände werden? Zum Schluss nehmen Sie sich ein paar Momente dafür Zeit, sich vorzustellen, wo Sie in fünf bis zehn Jahren sein wollen und in welcher Welt Sie dann leben. Was können Sie heute tun, um einen Beitrag zu dieser Welt zu leisten und in ihr glücklich zu sein?
- *Nachmittag: Reflexionsphase.* Wenn Sie die Strategien aus dem zweiten Teil dieses Buches beherzigen, sind Ihre Abende schon intensiver geworden. Dann ist vielleicht die beste Zeit, den Tag Revue passieren zu lassen und die Dinge richtig einzuordnen. Welche Entwicklungen haben sich ergeben? Welchen Schwierigkeit, sind Sie begegnet? Welche Möglichkeiten haben sich eröffnet? Was haben Sie heute Außergewöhnliches geleistet?

Was war besonders lustig? Wie haben Sie die Augen Ihrer Mitmenschen zum Leuchten gebracht? Was haben Sie gelernt? Mit diesen Gedanken im Kopf schreiten Sie dann zur Planung des folgenden Tages.

- *Wochenende: Zeit für die ferne Zukunft.* Es kann sehr hilfreich sein, am Wochenende ein paar Minuten darauf zu verwenden, weiter in die Zukunft zu schauen. Dabei können Sie ruhig Ihre Familie einbeziehen. Können Sie sich vorstellen, wie die Welt in 20 oder gar 50 Jahren aussehen wird? Wenn Sie so weitermachen wie bisher, wo werden Sie dann sein? Wie werden Sie selbst diese Zukunft mitgestaltet und das Leben der Ihnen besonders Nahestehenden beeinflusst haben?

Halten Sie alle halbe Stunde inne, um sich neu zu orientieren

Wenn mein Großvater und ich Bäume pflanzten, machte er etwa alle halbe Stunde eine Pause. Dann holte er einen kleinen Kompass aus der Tasche, und ich wusste schon, was er gleich sagen würde: „Robert, wir müssen uns neu orientieren."

Er erklärte mir, dass man mit einem Kompass seine relative Position ermitteln kann: wo man jetzt ist, wo man vorher war und wo man sein wird. Sind Sie Ihrem Ziel in der letzten halben Stunde näher gekommen? Wenn nicht, was können Sie ändern, um bessere Fortschritte zu machen? Sie können Variationen dieser Kompassgeschichte in Ihre strategischen Pausen einbauen (siehe Kapitel 7). So können Sie die Entfernung zwischen Ihrer jetzigen Position und Ihrem Ziel entscheidend verringern.

Vor vielen Jahren war ich ehrenamtlich im Südwesten des Landes tätig. Ich lernte damals einen älteren Herrn kennen, der in seinem Leben viel durchgemacht hatte. An einem windigen Abend machte er, ein mittelloser, trockener Alkoholiker, sich auf den Weg, um von einem Hügel in der Nähe den Sonnenuntergang zu beobachten. Es sah nach Gewitter aus, und ich traf den Mann, als ich selbst den Hügel hinunterlief, um nicht nass zu werden. Ich sah zum Himmel hinauf und bedeutete ihm, sich mit mir irgendwo unterzustellen, aber er schüttelte nur den Kopf und ging weiter.

Schon kurz darauf begann es zu regnen, und es wurde plötzlich kälter, als ob es gleich schneien würde. Widerwillig kehrte ich um und ging ihm nach. Ich hatte wenigstens eine Taschenlampe dabei, aber er hatte gar kein Licht. Ich fand ihn auf einer Felsnase sitzend und die Beine baumeln lassend. Auch ohne Wind wäre das schon gefährlich gewesen. Dunkelrote Wolken türmten sich am Himmel auf, Blitze zuckten, während der Regen uns völlig durchnässte.

Der Mann zitterte vor Kälte, aber auf seinem Gesicht lag ein Ausdruck naiven Staunens und tiefer Zufriedenheit. Ich verstand das überhaupt nicht. Ich wollte nur uns beide wieder sicher von dem Hügel herunterbringen.

„Warum?", fragte ich ihn.

Er sah mich verdutzt an.

„Warum haben Sie das getan?", fragte ich noch einmal, während der Wind langsam nachließ. „Warum sind Sie nicht mit mir gekommen und haben sich untergestellt? Sie hätten ja ein anderes Mal hier heraufkommen können."

Er sah unbestimmt in die Ferne und genoss offensichtlich den majestätischen Anblick des Himmels.

„Ich wollte die Aussicht nicht verpassen."

Sonst sagte er nichts.

Ich habe in all den Jahren danach oft an seine Worte gedacht und versucht, die darin liegende Weisheit zu verinnerlichen. Ich will die Aussicht nicht verpassen.

15 Nehmen Sie es mit der Welt auf

Das im 20. Jahrhundert am häufigsten abgedruckte Schwarz-Weiß-Foto zeigt sechs U.S. Marines, die die amerikanische Flagge auf Iwo Jima hissen. Nach eigener Aussage fühlten sie sich nicht als Helden; sie waren einfach junge Männer, die sich einer Herausforderung gestellt hatten.

Einer meiner Mentoren, Charles Eastwood, war Offizier bei der Army und kommandierte damals eine Einheit, die diese Marines ablöste, nachdem die Insel gesichert worden war. Er erzählte mir, dass er immer noch lebendig vor Augen habe, wie die letzten Überlebenden des 2. Bataillons, 28. Kompanie, ihm über den Strand entgegenmarschierten. Sechs Wochen zuvor hatten diese Männer sich ihren Weg auf die Insel erkämpft. Von den 250 Männern der Einheit waren noch 27 am Leben. Unter ihnen waren auch die der Sechsergruppe, die die Flagge auf dem höchsten Punkt der Insel gehisst hatte, nachdem sie sich zuvor durch die Hölle kämpfen mussten.

Eastwood erzählte mir, dass er sich vor allem an die Haltung der Männer erinnere. „Nie werde ich vergessen, was ich damals sah und fühlte", sagte er. „Ihre Gesichter waren geschwärzt von Schießpulver und sehr angespannt. Viele von ihnen waren verletzt. Sie hatten sich gegen 20.000 Gegner durchgesetzt, die bis zum letzten Mann gekämpft hatten. Als wir diese Marines ansahen, fühlten wir ihren Mut und ihre Entschlossenheit. Ihre Haltung zeugte von Stärke und Courage. Sie hatten es mit der ganzen Welt aufgenommen."

Diese Formulierung ist mir im Gedächtnis geblieben. Sie hatten es mit der ganzen Welt aufgenommen. Haltung ist mehr als nur gerade zu stehen oder die Balance zu halten. Sie ist Ausdruck mentalen und körperlichen Gleichgewichts – und sie gibt auch einen Teil der Persönlichkeit eines Menschen preis.

Die richtige Haltung ist entspannt, nicht angespannt

„Stell dich gerade hin!" Diese Anweisung haben viele von uns in der Kindheit von den Eltern oder Sportlehrern gehört. Und wir haben es versucht – haben den Kopf gehoben, die Schultern nach hinten gebogen, den Hintern zusammengekniffen, stocksteif dagestanden und den Bauch eingezogen. Verspannt und irgendwie gefesselt in einer ermüdenden Haltung, ließ sich diese nicht lange aufrechterhalten.

Denken Sie an Momente, als der Stress Sie zu überwältigen drohte, als Sie sich entmutigt und erschöpft fühlten. Wie verändert sich dabei Ihre Haltung oder Sitzposition? Sitzen Sie plötzlich gekrümmt da, mit hängenden Schultern und verspanntem Nacken, Kiefer, Brustkorb, Rücken oder Schmerzen in den Armen oder Schultern? Viele Menschen tun das. Tatsächlich gibt es sogar einen Namen für diese gekrümmte Haltung: somatische Retraktion. Sie behindert die Atmung und die Blut- und Sauerstoffversorgung des Gehirns um bis zu 30 Prozent. Außerdem belastet sie die Wirbelsäule, verlangsamt die Reaktionszeit und verstärkt Gefühle von Angst und Hilflosigkeit.

Die richtige Haltung lässt sich nicht erzwingen, Sie müssen sich zuerst entspannen. Dadurch können Sie auch zusätzliche Energien freisetzen. Mit ein bisschen Übung können Sie durch eine aufrechte, entspannte Haltung jeden Tag mit mehr Energie arbeiten. Das geschieht aber nicht von allein. Man nimmt nicht automatisch die richtige Haltung ein, sondern muss es lernen. Die richtige, natürliche Haltung hängt vor allem von ganzen fünf Muskeln ab – gegenüber insgesamt 700, die der menschliche Körper besitzt. Mit ihrer Hilfe können Sie praktisch ohne Anstrengung Brustkorb, Schultern, Nacken und Kopf perfekt im Gleichgewicht halten.

Fünf Schritte zu einer aufrechten, energiegeladenen Haltung

Im Lauf der Jahre habe ich eine ganze Reihe von Spezialisten für Nacken- und Rückenschmerzen darüber befragt, wie man am besten ohne Anstrengung sitzt, steht und sich bewegt. Ich habe gelernt, dass es fünf Schlüssel zu einer ausgeglichenen Haltung gibt, die zusammen mehr versteckte Energie freisetzen, als Sie sich vorstellen können. Mit ein bisschen regelmäßiger Übung werden Sie die Techniken problemlos, ja sogar automatisch anwenden. Beziehen Sie ruhig Ihre engeren Freunde mit ein. Es gibt nicht viele Dinge, die so viele Aspekte des Lebens gleichzeitig betreffen.

Nehmen Sie den Kopf hoch

Wir leben in einer Kopfüber-Gesellschaft. Sehen Sie sich einmal um. Achten Sie darauf, wie viele Menschen vorgebeugt mit eingesunkenen Schultern und vorgestrecktem Kinn auf ihre Computerbildschirme starren. Achten Sie darauf, wie viele Menschen auf ihre Schuhe starren, wenn sie durch die Straßen gehen. Ob Sie einen Einkaufswagen schieben, vor dem Computer oder Fernseher sitzen, Auto fahren, an einer Theke stehen, am Fließband arbeiten, kochen, lesen oder auch am Schreibtisch sitzen: Höchstwahrscheinlich sind Kopf und Nacken aus dem Gleichgewicht.

Wenn Sie sich zwingen, das Kinn hochzunehmen, wird alles nur noch schlimmer, denn dann wird der Kopf nach hinten gezwungen und belastet den Nacken zusätzlich. Anstatt den Kopf hochzunehmen, um den Nacken zu strecken, lassen die meisten Menschen die Schultern und das Kinn hängen, während sie den Kopf nach hinten drehen. Eigentlich erstaunlich, dass wir eine solche Haltung überhaupt einnehmen können. Die zusätzliche Anspannung sorgt für Stresskopfschmerzen, Sehstörungen sowie Kiefer- und Nackenschmerzen.

Ihr Kopf wiegt zehn bis fünfzehn Pfund. Um unnötigen Druck auf Nacken, Schultern und Wirbelsäule zu vermeiden, muss der Kopf sich in einer bequemen, zentralen Position befinden. Um herauszufinden, wie sich das anfühlt, setzen Sie sich jetzt sofort bequem hin und atmen Sie ganz normal. Stellen Sie sich vor, ein fünf Pfund schweres Gewicht auf dem Kopf zu balancieren. Drücken Sie das Gewicht sanft nach oben. Fühlen Sie, wie sich Ihre Haltung sofort verbessert, indem Sie Kopf und Nacken besser ausbalancieren. Sie können sich auch vorstellen, dass Ihr Kopf vorsichtig nach oben gezogen wird.

Wann immer es möglich ist, sollte Ihr Kopf die Bewegungen des Körpers kontrollieren. Wenn Sie z. B. aufstehen, nach etwas greifen oder sich umdrehen, wenden Sie zuerst den Kopf in die entsprechende Richtung, und lassen Sie dann den Körper sanft folgen.

Halten Sie den Nacken gerade

Eine sehr effektive, aber kaum bekannte Art, Nacken, Schultern und Rücken zu entlasten, ist das Anspannen eines kleinen, aber wichtigen Muskels oben an der Wirbelsäule, den man Rectus capitus anterior nennt. Dieser Muskel ist an allen Bewegungen des Kopfes beteiligt und für die richtige Haltung von entscheidender Bedeutung. Wenn er gestärkt wird, hilft er, den Kopf richtig auf dem Nacken zu balancieren.

Um diesen Muskel anzuspannen, beginnen Sie mit einer einfachen „Nickübung". Stellen oder setzen Sie sich bequem hin, strecken Sie den Nacken, als ob Ihr Kopf von einem unsichtbaren Seil langsam nach oben gezogen wird. Wenn Kopf und Nacken in einer leicht erhöhten Position sind, nicken Sie wie zustimmend mit dem Kopf, wobei die Stirn etwas nach vorn und das Kinn nach innen gebeugt wird. Wiederholen Sie diese Übung etwa ein Dutzend Mal am Tag.

Als Nächstes finden Sie die richtige Position für Ihren Nacken heraus. Strecken Sie den Nacken, nehmen Sie den Kopf hoch, das Kinn etwas zurück, machen Sie die Schultern breit und den Rücken flach. Jetzt beugen Sie den Kopf vorsichtig nach links und rechts und bringen ihn dann in die Position, in der er sich ganz ausbalanciert und mittig anfühlt. Als Nächstes beugen Sie den Kopf nach vorn und hinten, dann suchen Sie wieder nach der zentralen

Position. Stellen Sie sicher, dass das Kinn etwas nach innen gezogen ist und Sie ständig einen leichten Zug nach oben fühlen.

Wenn Sie telefonieren, halten Sie den Hörer ans Ohr, nicht umgekehrt. Knicken Sie den Hals nicht ab und klemmen Sie den Hörer auch nicht zwischen Kopf und Schulter. Wenn Sie lesen, halten Sie das Buch hoch oder legen es auf eine Stütze oder ein Kissen. Ändern Sie die Beleuchtung entsprechend.

Denken Sie „größer", um den Kopf ständig in einer erhöhten Position zu halten. Belasten Sie den Nacken nicht unnötig, halten Sie den Kopf einfach über den Schultern und ziehen Sie etwas das Kinn ein. Sie werden den Unterschied spüren und im Spiegel auch sehen können.

Begradigen Sie die Schultern und öffnen Sie den Brustkorb

Der nächste Schritt zur richtigen Körperhaltung ist das Begradigen der Schultern und das Öffnen des Brustkorbs. So wird das Sitzen, Stehen und Atmen einfacher.

Mehrere Muskeln unseres Atmungssystems sind mit Zervikal- und Lendenwirbeln verbunden; die Atmung beeinflusst also direkt die Haltung der Wirbelsäule.

Die Muskeln Serratus magnus und Serratus anterior dienen zur Unterstützung der Atmung und Haltung. Diese Muskeln liegen wie lange Finger um den Brustkorb und treffen sich an der Wirbelsäule. Wenn die Serratus-Muskeln schwach sind, sinkt der Brustkorb leichter in sich zusammen, man sitzt oder steht. Wenn das geschieht, werden die Schultern weiter nach vorn gezogen und üben das Zehn- bis Fünfzehnfache des Druckes auf den unteren Rückenbereich aus, als dies bei normaler, aufrechter Sitzposition der Fall wäre. Die Serratus-Muskeln balancieren den Schultergürtel auf dem Brustkorb, entlasten die Wirbelsäule und vereinfachen eine tiefe Atmung und aufrechte, entspannte Körperhaltung.

Einer der einfachsten Wege, die Serratus-Muskeln zu stärken und zu trainieren, ist die Durchführung einer leicht modifizierten Turnübung. Vielleicht erinnern Sie sich noch daran, wie Sie früher im Sportunterricht am Barren hingen und versucht haben, sich in den Stütz hochzustemmen. Das macht nicht gerade besonders viel Spaß. Es geht aber auch einfacher und bequemer. Zunächst setzen Sie sich aufrecht hin und stellen die Füße in Schulterbreite parallel flach auf den Boden. Dann nehmen Sie die Ellbogen nach außen und stemmen die Hände in die Hüften. Halten Sie die Handflächen nach unten geöffnet, als ob Sie zwei Barrenstäbe halten würden.

Heben Sie langsam die Hände hoch, bis Sie beinahe die Achselhöhlen berühren. Dabei halten Sie die Ellbogen immer nach außen. Jetzt spannen Sie die Arme und seitlichen Brustmuskeln an und schieben die Hände langsam nach unten, als ob Sie sich auf einem Barren nach oben drücken würden. Fahren Sie fort, bis die Arme fast ausgestreckt sind. Sie werden spüren, wie sich die Serratus-Muskeln anspannen.

Jetzt entspannen Sie sich. Wiederholen Sie diese einfache Übung mehrmals am Tag.

Achten Sie außerdem jedes Mal, wenn Sie sich hinsetzen, darauf, dass Sie eine ausgeglichene, bequeme Sitzposition einnehmen, mit geraden Schultern und geöffnetem Brustkorb. Zunächst setzen Sie sich richtig hin, nicht zusammensinken. Legen Sie das Gewicht auf Gesäß und Oberschenkel. Sobald Sie sich zur Seite lehnen oder auf andere Weise aus dem Gleichgewicht geraten, entsteht Spannung. Außerdem wird die Blutzirkulation behindert, wenn Sie längere Zeit in der falschen Position verharren.

Lehnen Sie den Oberkörper etwas nach vorn, indem Sie die Hüft- und Oberschenkelgelenke beugen (*nicht* die untere Wirbelsäule). So stellen Sie sicher, dass die Pobacken und der untere Rückenbereich den zentralen und hinteren Bereich der Sitzfläche belasten. Dann bringen Sie den Oberkörper langsam in Richtung Rückenlehne (auch diese Bewegung sollte über die Gelenke an Hüfte und Oberschenkel erfolgen, nicht durch die untere Wirbelsäule). Stellen Sie die Füße flach auf den Boden, sooft das möglich ist.

Trainieren Sie Bauch und Rücken

Unterleib und unterer Rückenbereich sind die wichtigsten Kraftzentren des Körpers. Die Unterleibsmuskeln speichern große Mengen Energie. Sie glätten die Hüften, halten die inneren Organe in ihrer Position und stabilisieren den unteren Rücken an seiner schwächsten Stelle – den Lendenwirbeln.

Leider wirken die bekanntesten Übungen für den Unterkörper – Sit-ups und Beinhebungen – auch dann nicht, wenn man 5.000 Wiederholungen im Monat durchführt. Diese Übungen können Schmerzen im unteren Rückenbereich sogar verstärken, da sie die Vorderseite der Wirbelsäule belasten. Dadurch entsteht ein Hohlkreuz, während der Unterkörper nach außen gedrückt wird – es entsteht ein „Spitzbauch", insgesamt führt dies zu allgemeiner Verspannung, Müdigkeit und Rückenschmerzen.

Zwei bestimmte Muskeln, der Transversalis und der Pyramidalis, dienen dazu, den Unterkörper zu stärken und den unteren Rückenbereich zu schützen und auszubalancieren. Diese Muskeln können durch eine einfache Atemübung trainiert werden, die ich „Transpyramide" nenne. Es ist die einzige und wichtigste Übung für den Unterkörper, die Sie kennen müssen.

Für die Übung setzen Sie sich aufrecht und bequem hin. Atmen Sie ganz normal ein und aus, dann pressen Sie schlagartig so viel Luft aus den Lungen wie möglich, wobei das untere Abdomen (dort sitzen die beiden dafür entscheidenden Muskeln) so weit nach innen und oben gedrückt wird wie möglich.

Wiederholen Sie die Übung. Atmen Sie langsam aus, und wenn Sie den Punkt erreichen, wo dieser Vorgang normalerweise endet, atmen Sie weiter aus, wobei Sie das *untere* Abdomen anspannen. Anfangs können Sie die Hände benutzen, um den Unterbauch nach innen und oben zu schieben. Steigern Sie sich langsam auf zehn bis zwölf Wiederholungen pro Tag. Schieben Sie die Übung immer wieder zwischen anderen Aktivitäten ein, z. B. morgens vor dem Aufstehen, vor jeder Mahlzeit, wenn Sie Besorgungen machen oder zur Arbeit fahren oder jedes Mal, wenn Sie in die Küche gehen oder wenn Sie sich ins Auto setzen oder an Ihren Schreibtisch.

Neutralisieren Sie Verspannungspunkte

Besonders häufig werden Energieversorgung und Körperhaltung durch winzige gereizte Nervenrezeptoren in den Muskeln und Sehnen gestört, die als Triggerpunkte bezeichnet werden und auf Druck schmerzhaft reagieren. Wenn sie nicht erkannt und behandelt werden, breiten sie sich aus und verschlimmern sich, wodurch wir uns älter, geschwächt und unbeweglich fühlen.

Trigger hat wohl jeder, sie werden durch Beulen, blaue Flecken, Prellungen, Zerrungen, unausgewogene Körperhaltung, chronisch verspannten Muskeln, Überarbeitung, emotionale Unausgeglichenheit oder falsche Sitz- und Schlafposition verursacht.

Wenn sich derartige Verhärtungen erst einmal gebildet haben, bleiben sie in den Muskeln, bis sie behandelt und aufgelöst werden. Sie sorgen für Anspannung und begrenzen die Bewegungsfähigkeit der Muskeln, rufen Schmerzen, Versteifungen, Müdigkeit und verminderte Bewegungsfreiheit hervor, außerdem behindern sie die Blutzirkulation, schwächen und vermindern die Koordination.

Oft treten die Beschwerden direkt am oder in der Nähe eines Triggers auf. Es kann aber auch vorkommen, dass Verspannungen oder Schmerzen in einem ganz anderen Teil des Körpers auftreten. Ein verborgener Trigger in den Schultern kann z. B. Schmerzen im Nacken oder Kopfschmerzen verursachen. Man spricht dabei von Übertragungsschmerzen.

Man kann die problematischen Stellen leicht lokalisieren und lösen. Zunächst müssen die Muskeln warm und entspannt sein. Sonst wird es schwierig, verspannte Muskelfasern, in denen die neuralgischen Punkte sitzen, von angrenzenden schlaffen Muskelfasern zu unterscheiden.

An den meisten Körperstellen kann man den Muskel mit dem Daumen oder der Fingerspitze gegen darunter liegende Knochen drücken. Verwenden Sie dazu möglichst die Spitze des Daumens oder den Knöchel des Zeige- oder Mittelfingers. Im Bereich der Schläfen und des Kiefergelenks verwenden Sie die flache Seite des Zeigefingers. Üben Sie leichten Druck auf die Muskeln an der Schädelbasis aus. Drücken Sie von außen beidseitig auf das

Kiefergelenk. Kneten Sie die Muskeln zwischen Nacken und Schultern. Massieren Sie die Unterarme. Sobald Sie Verspannungen entdecken, kneten oder drücken Sie vorsichtig auf die Stelle, bis Sie einen empfindlichen Punkt entdecken – den Triggerpunkt.

Mit etwas Übung lernen Sie bald zu erkennen, ob sich Triggerpunkte verschlimmert haben, sodass Sie schnell eingreifen und Verspannungen lösen können, um wieder die richtige Körperhaltung einzunehmen.

Wenn nötig, lassen sich Triggerpunkte auch durch direkten Druck entspannen, und dadurch werden Verspannungen gelöst. Ständige und sehr große Schmerzen müssen natürlich von einem Arzt untersucht werden.

Wenn Sie einen Triggerpunkt erst einmal entdeckt haben, pressen Sie so vorsichtig darauf, dass nur ein leichtes Unbehagen entsteht. Halten Sie den Punkt sechs bis zehn Sekunden lang, dann lassen Sie los. Gehen Sie dann zu einem anderen Triggerpunkt und wiederholen Sie die Übung, wenn nötig, zweimal am Tag. Die meisten Triggerpunkte reagieren sehr positiv auf den kurzen Druck.

Sehr genau sollten sie den Bereich der Schädelbasis untersuchen. Hier sitzen die meisten Verhärtungen, die Kopfschmerzen verursachen. Legen Sie den rechten Daumen – oder gegebenenfalls Zeigefinger und Mittelfinger – auf den Nacken direkt rechts neben der Wirbelsäule. Gleiten Sie sanft nach oben, bis Sie auf eine Kerbe am Haaransatz stoßen. Drücken Sie vorsichtig gegen den Knochen, um etwaige Triggerpunkte zu entdecken.

Untersuchen Sie den Bereich zwischen der Wirbelsäule entlang der Schädelbasis bis zum Ohr. Lösen Sie die Verspannungen durch leichten Druck von sechs bis zehn Sekunden. Wiederholen Sie diesen Vorgang auf der anderen Seite der Wirbelsäule.

Der Trapezmuskel ist ebenfalls ein typischer Bereich für schmerzhafte Verhärtungen. Er verbindet Schultern und Nacken. Nehmen Sie den Muskel zwischen Daumen und Zeige- bzw. Mittelfinger und pressen Sie den Muskel oben zwischen Scheitelpunkt von Schulter und Nacken. Setzen Sie den Daumen auf der Vorder- und die anderen Finger auf der Rückseite an. Kneten sie langsam und vorsichtig. Wenn Sie auf eine besonders empfindliche Region stoßen, pressen Sie sechs bis zehn Sekunden auf die entsprechende Stelle und lassen dann los.

Bewegen Sie die Finger immer um etwa eine Fingerbreite in Richtung Nacken und dann wieder nach außen zu den Schulterblättern. Dabei lösen Sie alle Schmerzpunkte, die Sie finden können.

Einige einfache Übungen lassen uns entspannter und mit mehr Energie leben. Mit den Worten Heraklits, des Philosophen und Autors von *Über die Natur*: „Unsere Haltung bestimmt unser Schicksal."

16 Irrationalen Hoffnungen anhängen

Menschen haben schon über eine Stunde ohne Sauerstoff überlebt. Auch eine Woche ohne Wasser haben schon manche überstanden. Es gibt Menschen, die fast drei Monate ohne Nahrung überlebt haben. Ohne Hoffnung aber kann niemand leben. Und die Hoffnungen dieser Welt ruhen vor allem auf dem, was wir verlangen, nicht von anderen, sondern von uns selbst.

Das habe ich als Kind von meinem Großvater Downing gelernt. Als Chirurg hat er sich sein Leben lang auf Details konzentriert. Bei seiner Arbeit ging es ständig um Leben und Tod. Er experimentierte mit neuen chirurgischen Techniken und konnte so oft Patienten helfen, die sonst gestorben wären. Er hatte begriffen, dass jeder Mensch neben Luft, Wasser und Nahrung vor allem so viel Hoffnung wie möglich braucht.

So beschäftigt er war, er ging immer ein bisschen langsamer als die anderen. Als ich ihn fragte, warum er das tue, antwortete er, so könne er etwas zur Ruhe kommen, seinen Horizont erweitern und seine Hoffnungen am Leben erhalten.

Ich erinnere mich, wie er im Sommer Freiluftkonzerte besuchte, wie er bemerkte, dass die Blumen im Garten und in den Blumenkästen wieder gewachsen waren, wie er sich ehrenamtlich in Bürgerinitiativen und Umweltschutzverbänden engagierte. Auch als seine eigenen Kinder längst aus dem Haus waren, besuchte er Schultheateraufführungen, Sportveranstaltungen und Konzerte, nur um sich vor Augen zu halten, welche großartigen Perspektiven und Hoffnungen junge Menschen besitzen. „Jeder von uns sollte sich etwas von diesem Geist bewahren", sagte er.

Man darf nicht nur den Fliegendreck am Fenster sehen

Als ich zwölf Jahre alt war, kam er eines Morgens im Sommer nach seinem Krankenhausdienst nach Hause und erklärte sich bereit, mich zu einen Fußballplatz auf der anderen Seite der Stadt zu fahren, wo ich mich mit ein paar Freunden treffen wollte. Auf dem Weg hielten wir an, um nachzutanken.

An der Zapfsäule bekamen wir mit, wie eine Frau den einzigen Angestellten anschrie: „Ich sehe immer noch tote Fliegen auf meiner Windschutzscheibe! Ich werde hier nicht wegfahren, bevor Sie nicht jede einzelne entfernt haben." Der Lehrling lief daraufhin zu dem Auto zurück und begann, die Scheiben zu wienern und zu schrubben. Die missmutige Frau folgte ihm und beschwerte sich weiter, während sie sich nach vorn lehnte, um den Fliegendreck genau zu beobachten, während mein Großvater und ich warteten.

Schließlich stieg die Frau angewidert ins Auto und fuhr davon, ohne sich zu bedanken. Das Auto holperte über einen Bordstein und fuhr mit einem Rad durch ein Blumenbeet. Sie schien nichts zu bemerken, weil sie so damit beschäftigt war, auf die Flecken an der Windschutzscheibe zu achten.

„Wenn sie jetzt beschleunigt, hat sie doch gleich wieder Fliegen auf der Scheibe", sagte ich. „Weiß sie das denn nicht?"

Mein Großvater nickte. „Wenn sie anhalten und nachdenken würde, würde sie es bemerken. Das ist eine gute Lektion darüber, was wichtig ist und was nicht, und wie leicht man beides verwechselt. Manche Menschen machen ihr ganzes Leben lang nichts, als nur auf den Fliegendreck an der Scheibe zu starren."

Er erinnerte mich daran, dass wir Menschen von Natur aus dazu neigen, „Haare in der Suppe" zu suchen – im Leben, in den Umständen, bei anderen, bei uns selbst. Wir sind Meister darin, unseren Blick genau auf die kleinen Schwachstellen zu richten und diese dann viel zu wichtig zu nehmen.

Ich werde nie vergessen, was mein Großvater als Nächstes tat. Der Tankwart hatte aufgetankt und wischte mit seinem Schwamm kurz über die Windschutzscheibe. Ganz offensichtlich war er gedanklich noch immer mit der zornigen Frau beschäftigt. Mein Großvater lächelte ihn an und gab ihm ein großzügiges Trinkgeld.

Der Angestellte starrte verwirrt auf die Münzen in seiner Hand. „Aber warum ...", sagte er und sah peinlich berührt auf unsere Windschutzscheibe.

Mein Großvater sagte: „Das ist dafür, wie sehr du dich angestrengt hast, um die Windschutzscheibe dieser Frau sauber zu kriegen."

Als wir weiter zum Fußballplatz fuhren, starrte ich auf den ganzen Fliegendreck und die anderen Flecken auf der Scheibe. „Wofür war das Trinkgeld?", fragte ich meinen Großvater. „Er hat sicher keinen allzu guten Job gemacht."

„Nicht bei uns, aber bei dieser Frau. Was das Geld betrifft, macht es keinen Unterschied, dass die Frau ihm nichts gegeben hat, aber ich. Wichtig ist, dass der junge Mann jetzt etwas mehr daran glaubt, dass sich harte Arbeit auszahlt, als es sonst gewesen wäre. Ich hätte das Geld auch dir geben können, Robert, damit du dir eine Limo kaufen kannst oder einen Schokoriegel. Aber mir gefällt die Vorstellung besser, dass ich es für etwas ausgebe, das größeren Wert hat." Hoffnung ist so etwas. Sie ist wichtiger im Leben als die kleinen Makel.

Umgehen Sie die Tendenz des Gehirns, sich nur auf das Negative und Kleingeistige zu konzentrieren

Wenn Sie jede Woche ein paar Minuten Zeit hätten, um aus ihrem normalen Alltagstrott mit seinen täglichen Sorgen und Nöten auszubrechen, wie viel Hoffnung könnten Sie dann für die Zukunft der Welt und des Lebens aufbringen? Das Gehirn beschäftigt sich meist sofort mit Problemen, Schwierigkeiten und allem Negativen. Auf die Hoffnung muss man sich willentlich konzentrieren.

Im Allgemeinen glauben wir z. B., dass dem Einfallsreichtum und Wachstum des Menschen ganz bestimmte Grenzen gesetzt sind. Diese Annahme ist völlig falsch. Tatsächlich wird jeder Einzelne nur durch die Fantasie und mangelnden Optimismus begrenzt. Irrationale Hoffnungen sind deshalb vielleicht gar nicht so irrational – sie scheinen nur so zu sein, weil unsere Sichtweise fälschlich so begrenzt ist.

Was geschieht, wenn wir mehr hoffen, als wir sollten? Nehmen wir als Beispiel die Geschichte von Edwin Land, der die ständige Kritik an seiner grenzenlosen Zuversicht – er wurde Blue Skies genannt – einfach ignorierte. Er achtete auch nicht auf die spöttischen Kommentare, die seine hochgebildeten Bekannten für seine Ideen übrig hatten. Von Kindheit an auf sich selbst gestellt, brachte Land bis zu seinen ersten Jobs als Erwachsener immer seinen ganzen Mut und seinen Optimismus ein.

Als ein Pionier moderner Technologie hatte er in den späten 1920er Jahren hinter Thomas Edison die zweitgrößte Zahl an Patenten erhalten (535). Land war es, der die Polaroid- und Sofortbildkamera entwickelte, den Hochgeschwindigkeitsfilm und die Röntgenaufnahme, die 3D-Technologie und die Wiederholungstechnik im Fernsehen, außerdem militärische Geräte für die Luftraumüberwachung und Nachtsicht.

Angeblich gab Land bei Bewerbungsgesprächen den Bewerbern eine Polaroidkamera und einen Auftrag: „Kommen Sie morgen mit drei Fotos wieder, die die Welt verändern werden."

Wenn Ihnen diese Aufgabe gestellt würde, was würden Sie in den nächsten 24 Stunden wohl fotografieren? Mein Großvater Cooper erzählte mir, dass er Lands System einmal bei der Kandidatenauswahl für den Lehrerberuf in öffentlichen Schulen angewendet hatte.

Einer der Bewerber brachte daraufhin Aufnahmen von Kindern auf den Straßen einer großen Stadt mit. „Was bedeuten diese Fotos?", fragte mein Großvater, worauf der Bewerber antwortete: „Diese drei Kinder sind die Führungspersönlichkeiten der Zukunft." Mein Großvater sagte: „Woher wissen Sie das?"

„Zuerst sah ich durch die Kamera in ihre Augen", antwortete der Bewerber. „Ich erkannte, dass sie, wie alle Kinder, Meister im Verstecken sind. Außerdem werde ich den Unterricht innerhalb und außerhalb des Klassenzimmers so interessant gestalten, dass die

Eltern nicht erlauben werden, dass ihre Kinder die Schule verpassen." Dies ist ein gutes Beispiel für irrationale Hoffnungen und den Willen, das Unmögliche möglich zu machen.

Tauschen Sie einmal am Tag das Mikroskop gegen das Teleskop

Als ich noch ein Junge war, saß ich im Sommer abends oft an einem See in der Nähe, um dort auf die hereinbrechende Dunkelheit zu warten. Wenn die Luft kälter wurde, wärmte ich meine Füße im Sand, in dem noch die Wärme des sonnigen Tages gespeichert war. Meine Freunde und ich streckten uns im Gras aus und sahen zu, wie der Himmel sich mit Sternen füllte. Wir wurden alle ganz still. Die gewaltige Schönheit des Himmels erfüllte uns mit Ehrfurcht. Wenn jemand ein Sternbild erkannte, rief er laut den Namen, und die anderen versuchten, es zu entdecken. Die Pracht und Rätselhaftigkeit des Kosmos erfüllte uns mit Ehrfurcht und Respekt.

Das könnte zum Teil daran liegen, dass die Wissenschaft vor allem mithilfe des Teleskops demonstriert hat, wie unwichtig wir in Wahrheit sind, und dass unsere Vorstellung von dem Rang des Menschen im Universum eine dramatische Fehleinschätzung war. Mein Großvater Downing wusste, wie wichtig ein Mikroskop sein kann. Es ist ein Symbol dafür, dass sich direkt vor uns mehr Leben abspielt, als unsere unzureichenden Sinne zu erfassen vermögen.

Weil er bei seiner Arbeit aber viel mit dem Mikroskop arbeiten musste, versuchte er dies auszugleichen, indem er abends durch das Teleskop in den Himmel sah. Das gehörte zu seinen Lieblingsbeschäftigungen. Er konnte mit seiner Hilfe eine Ahnung vom Wunder des Universums erhaschen, und dies ermöglichte es ihm, seine Sichtweise auf das Leben zu korrigieren.

Ich freute mich immer auf die Sommerabende, an denen er nach dem Dienst im Krankenhaus nach Hause kam und mich vorsichtig aufweckte, wenn ich schon schlief. Dann stiegen wir zusammen die Treppe zu einem kleinen Dachzimmer über der Küche hinauf. Dort standen das Teleskop und zwei Stühle. Dann beobachteten wir abwechselnd die Sterne. Er kannte alle Sternbilder. „Das ist der beste Weg, den ich kenne, um die eigenen Hoffnungen zu erneuern und die eigene Position zu überdenken", sagte er dann.

Im letzten Sommer seines Lebens bat er mich um ein Versprechen.

Er erzählte mir, dass sein Arbeitsleben davon erfüllt sei, die Dinge durch das Mikroskop zu betrachten und peinlich genau zu analysieren. Kurz gesagt, es ging ihm um Details. Seine Arbeit hatte natürlich auch mit Menschen zu tun, und das mochte er besonders, Menschen und ihr Leben, aber er musste immer darauf achten, dass die Details nicht seine ganze Aufmerksamkeit beanspruchten.

„Robert", sagte er, „welchen Job du später auch immer ergreifen wirst, wahrscheinlich wirst du viel mit Details zu tun haben. Versprich mir, dass du darauf achtest, wenn diese Details dein Leben zu bestimmen versuchen.

Versprich mir, dass du, wenn das geschieht, innehältst, auch wenn es nur ein paar Minuten sind, und dass du zu den Sternen hinaufschaust und ein wenig über sie nachdenkst."

„Viele Menschen glauben, dass das Leben uns unsere Hoffnungen und Träume irgendwie automatisch zurückbringt", fügte er hinzu, „aber das stimmt nicht. Wir müssen uns selbst darum kümmern."

Die Sterne zu beobachten war ein Weg dorthin, den er mir zeigte.

Jahre später erkannte ich, dass Thoreaus Hauptmotiv, sein eigenes „Lebenslabor" beim Walden-Teich einzurichten, sein Wunsch war, sich selbst das *Sehen* beizubringen. „Es ist schon etwas, ein besonderes Bild malen zu können", schrieb er, „oder eine Statue auszuarbeiten und so schöne Objekte herzustellen; aber es ist noch etwas viel Größeres, die Atmosphäre mitzugestalten, in der wir leben." Er liebte die kleinen Einzelheiten in der Natur, aber er nahm sich auch jeden Tag Zeit dafür, seinen Platz im Leben und in der Gewaltigkeit der Natur zu finden.

Wie findet man am Ende jedes Tages, der voller Details steckt, einen Augenblick Zeit, um seine Hoffnungen wieder neu zu entfachen und seine Aussichten zu überdenken?

17 Stirb jung – so alt wie möglich

Lord Byron hat einmal geschrieben: „Die Jahre stehlen das Feuer des Geistes wie die Beweglichkeit der Glieder." Er hatte nur insofern Recht, als dass man tatsächlich allgemein annimmt, die Energie des Menschen nehme mit zunehmendem Alter ab, sein Erinnerungsvermögen und seine Muskelkraft ließen nach. Dieser Schwund ist aber nicht von vornherein determiniert.

Sieht man von chronischen Krankheiten einmal ab, ist der einzige Grund, warum Ihre Energie mit der Zeit nachlässt, der, dass Sie sie nicht erneuern. Wenn die Muskelmasse abnimmt, dann, weil Sie die Muskeln zu wenig benutzen; wenn Ihr Geist schwächer wird, dann, weil Sie das als normalen Teil des Alterungsprozesses erwarten.

Verbreitet ist die Annahme, dass die Gehirnleistung mit zunehmendem Alter ständig und unumkehrbar schlechter wird, bis man schließlich als verwirrter, labiler und verzweifelter Mensch endet. Diese Annahme hat großen Einfluss auf unsere Denkweise, sie führt zu vielerlei kaum merklichen, aber heimtückischen Angewohnheiten und Verhaltensweisen, die wir annehmen, weil sie zu unserem Bild eines alten, nicht eines jungen Menschen passen, und die uns dazu bringen, unsere zweite Lebenshälfte gemäß selbst erfüllender Prophezeiung entsprechend zu gestalten. Aus vielen Jahren intensiver Forschung auf diesem Gebiet schloss der britische Anthropologe Ashley Montagu, dass der Alterungsprozess zu einem großen Teil selbstbestimmt ist. Er riet: „Das Ziel im Leben sollte sein, jung zu sterben ... aber so alt wie möglich."

Wissenschaftler haben herausgefunden, dass das Bewahren intellektueller Interessen und ein dynamischer Lebensstil die verborgenen Kapazitäten von Körper, Geist und Seele freisetzen können und dass wir auch mit 70, 80 oder 90 Jahren immer noch genauso auf Draht sein können – ja sogar noch mehr – wie mit 20. Der Mensch ist darauf ausgelegt, bis zu 120 Jahre alt zu werden; aber die meisten sterben gegen Ende des mittleren Alters, also etwa mit 75.

Genie bedeutet das Bewahren der Kindheit

In jedem Moment unseres Lebens streben wir entweder nach Höherem oder dem Tode zu – und meist ist es unsere eigene Wahl, nicht etwa Schicksal. Im Verlauf ihres Lebenszyklus versucht jede unserer Milliarden von Körperzellen, zu wachsen und sich zu stabilisieren, indem sie mehr eigene, ungenutzte Energie freisetzt. Der zwei Mal für den Nobelpreis vorgeschlagene Biologe Albert Szent-Györgyi spricht dabei von Syntropie, die er als „angeborenen Trieb lebender Materie, sich selbst zu perfektionieren" definiert. Das stellt natürlich jede konventionelle Denkweise auf den Kopf.

Lebende Zellen – genau wie Menschen – bleiben niemals unverändert. Wenn wir versuchen, einen Mittelweg zu gehen oder einen Durchschnitt zu erreichen, machen wir uns etwas vor – unter der Oberfläche heißt das nur, dass wir sterben, anstatt zu wachsen. Das Ziel eines Lebens ist aber ständiges Wachstum, nicht Erwachsensein. René Dubos hat gesagt: „Genie bedeutet das Bewahren der Kindheit." Damit dies geschieht, müssen wir gemäß wissenschaftlicher Studien gewisse Angewohnheiten aus der Kindheit wieder entdecken – oder dürfen sie uns nicht abgewöhnen –, wie etwa die Fähigkeit zu lernen, zu lieben, über kleine Dinge zu lachen, herumzuspringen, zu staunen und zu erforschen. Es ist höchste Zeit dafür, uns von unserem Erwachsenentrott zu befreien, bevor es zu spät ist.

Der afroamerikanische Baseballstar Leroy „Satchel" Paige fragte einmal: „Wie alt wären Sie, wenn Sie nicht wüssten, wie alt Sie sind?" Was wäre Ihre Antwort darauf? Wenn Sie sich an alles erinnern könnten außer dem Jahr, in dem Sie geboren wurden, was würden Sie sagen, wie alt Sie sich fühlen?

Immer, wenn Gehirnzellen aktiviert werden – etwa durch neue Ansichten, Geräusche, Gespräche, kreative Denkvorgänge oder Problembehandlungen –, verändern sie sich sofort. Sie produzieren plötzlich mehr Energie, bilden neue Verbindungen, modifizieren Nervenenden, verbessern Rezeptornetze und verstärken die Gehirnfunktion. Man wird aufnahmefähiger, scharfsichtiger und dynamischer. Der Schlüssel dazu ist die ständige Herausforderung des

Gehirns durch einfache Aufgaben, um dadurch seine Fähigkeiten zu verbessern und den Alterungsprozess zu verlangsamen oder zu verhindern.

Wenn wir uns beschränkenden Konventionen verweigern, können wir die Jahre des Verfalls durch Jahre des Wachstums ersetzen und sie mit Sinn erfüllen. Spielen ist deshalb ein wertvoller Ansatz, denn es stimuliert uns bei unseren wichtigen Aufgaben.

Öffnen Sie jeden Tag Ihre Sinne, als wäre es der letzte

Wenn man seine Sinne aktiv entwickelt und anwendet, sind sie Fenster und Türen zur Welt. Sie machen das Leben reicher und erfüllter. Wenn sie unterfordert sind, pressen sie uns in eine immer kleinere Welt voller Leere und Frustration.

Es ist für jeden Menschen äußerst erstrebenswert, seine Sinne das ganze Leben lang zu benutzen und zu erweitern. Oft verlangsamen sensorische Erfahrungen den Alterungsprozess. Hier sind ein paar Hilfestellungen:

- *Achten Sie stärker auf Sinneswahrnehmungen.* Wann haben Sie das letzte Mal einen wunderschönen Sonnenuntergang bewundert? Wie oft waren Sie durch Musik tief bewegt, durch ein gutes Essen, eine freundschaftliche – oder leidenschaftliche – Umarmung, Kinderlachen, den Anblick oder Duft frischer Blumen? Alles, was Ihre Sinne beruhigt oder inspiriert, hat spezifische Auswirkungen auf das Herz und den Geist.
  Um sich der eigenen Wahrnehmungen stärker bewusst zu werden, fragen Sie sich, was Sie gerade spüren: Wie genau fühlt sich eine Berührung an den Fingerspitzen an, wie auf der Haut am Oberarm? Was genau unterscheidet dieses Geräusch, diesen Geruch, diese Berührung oder diesen Geschmack von allem, was ich je erlebt habe? Wie hat das Licht das Bild vor mir verändert?
  Mit dieser Einstellung können Sie lernen, mehr über Ihre Mitmenschen, Orte und Objekte aufzunehmen, denen Sie

begegnen. Achten Sie auf unterschiedliche Formen, Stoffe, Farben, Gerüche, Schatten, Bewegungen und alles andere, was Ihnen im täglichen Leben begegnet.

- *Richten Sie den Blick auf die Natur.* Studien zeigen, dass es durch kurzes Innehalten und Betrachten eines Stückes Natur möglich ist, Angstzustände zu lindern, die Kreativität zu stärken, die eigene Effektivität zu erhöhen, den Gemütszustand zu verbessern und sich leichter zu entspannen. Wann haben Sie zum letzten Mal eines der folgenden Dinge gemacht oder etwas Ähnliches: Fische im Aquarium beobachten; aus dem Fenster schauen und die Bäume oder Blumen betrachten; den Wolken nachsehen, wie sie sich im Wind formen und verändern; Vögel oder Eichhörnchen beim Spielen in den Bäumen beobachten; Fotos oder Gemälde mit Motiven aus der Natur betrachten? Selbst kurze Phasen der Naturbeobachtung können mentale Müdigkeit lindern.
- *Werden Sie zum neugierigsten Menschen, den Sie kennen.* Versuchen Sie, die Welt wieder ohne zahllose Vorbehalte zu betrachten. Werden Sie neugieriger. Genießen Sie die Reichhaltigkeit jeder Erfahrung, unterdrücken Sie Ihre Vorurteile, fangen Sie von vorn an und erforschen Sie Neuland.

Haben Sie so viel Spaß, als ob Sie nie erwachsen werden müssten

Ein Leben ohne Lachen wäre nicht besonders lebenswert. Wenn Sie jemand fragen würde: „Wie oft haben Sie in letzter Zeit mit Ihnen Nahestehenden richtig Spaß gehabt?" – Was wäre Ihre Antwort? Es lohnt sich, darüber nachzudenken. Inwieweit haben Sie sich Ihre Verspieltheit und Ihren Sinn für Humor erhalten können – die übermütige Freude, die man so gern bei Kindern sieht? Einige Vorschläge dazu:

- *Machen Sie öfter mal etwas „einfach so".* Plato schrieb in *Nomoi* (Die Gesetze), dass sich die wahre Verspieltheit aller jungen Kreaturen in dem Bedürfnis zu *springen* ausdrücke. Um zu springen, muss man die Erde als Sprungbrett benutzen und wissen, wie man sicher wieder landet. Das wahre Spielen hat viel mit Ehrfurcht und Übermut zu tun, aber gar nichts mit Aggression oder Gewinnsucht. Am gesündesten und erfrischendsten ist das Spielen ohne bestimmtes Ziel. Wenn Sie den Blick einmal von Ihrem Zeitplan und den Zielen abwenden und etwas einfach nur so tun – z. B. herumspringen –, öffnen Sie sich genau der Form von Spielerei, die den Horizont erweitert, neue Perspektiven eröffnet, Glücksgefühle hervorruft, plötzliche Entdeckungen ermöglicht und die Lernfähigkeit verbessert.
Das Spiel ist vielleicht das wichtigste Element in der Evolution des Sozialverhaltens und im mentalen und geistigen Leben der Menschheit.
- *Kleben Sie geistreiche oder witzige Sprüche an Ihren Kühlschrank.* Im amerikanischen Zuhause ist der Kühlschrank oft auch eine Plattform für Scherze und Blickfänge. Neben telefonischen Nachrichten, Einkaufslisten, Postkarten und Erinnerungshilfen findet man häufig (komische) Cartoons und kleine Lebensweisheiten. An dem Kühlschrank meiner Großeltern Cooper hing eine kleine Postkarte, auf der stand: „Gott ehrt die Arbeitenden, aber er liebt die, die auch spielen und singen." In meinem Elternhaus hing ein von meiner Mutter selbst gemaltes Bild von den Peanuts am Kühlschrank. Eine der Figuren sagte: „Je mehr ich mich beeile, umso schneller werde ich verrückt." Im Lauf der Jahre löste dieser Spruch bei allen Familienmitgliedern immer wieder ein wissendes Lächeln aus und führte dazu, dass wir uns gegenseitig bei lästigen Haushaltspflichten halfen. Es stand noch ein anderer Spruch dort, der mich heute noch beschäftigt: „Fürchte weniger, hoffe mehr. Iss weniger, kau mehr. Weine weniger, atme mehr. Hasse weniger, liebe mehr. Und vielen schönen Dingen wirst du dann begegnen." Was hängt an Ihrem Kühlschrank, damit Sie und alle anderen es sehen können?

- *Haben Sie keine Schuldgefühle, weil Sie nicht alles schaffen.* Überfüllte Zeitpläne sind kontraproduktiv. Frustration verdirbt die Einstellung. Wir beeilen uns, überarbeiten uns, ermüden, vergessen, fallen zurück, entschuldigen uns und fangen mit demselben wieder von vorn an. Durchbrechen Sie den Teufelskreis. Lassen Sie jeden Tag etwas los. Fangen Sie mit Schuldgefühlen an. Tun Sie das, was nötig ist, wann immer es geht. Lassen Sie die anderen Sachen ruhig ein bisschen schleifen.
- *Würzen Sie Ihre Abende mit Humor.* Es zahlt sich aus, die Augen für all die lächerlichen, grotesken Dinge zu öffnen, die sich ständig um einen herum abspielen. Suchen Sie nach den vergnüglichen Momenten im Leben, indem Sie sich ab und zu fragen: „Was wäre, wenn ...?" und so Reime und Wortspiele entstehen lassen, die im besten Fall dafür sorgen, dass Sie eine neue Sichtweise auf Altbekanntes finden und Ihren eigenen Denkmustern entfliehen können.

  Wie wäre es mit Gutenachtgeschichten (oder wenigstens ein paar hoffnungsvollen, positiven und angenehmen Gedanken, bevor Sie einschlafen)? Welche Geschichten haben Sie am meisten geliebt? Wissen Sie, was die jüngere Generation heute gern hört? Wenn Sie Kinder oder Enkel haben, könnten Sie ja versuchen, selbst Geschichten zu erfinden, etwa über lustige Dinge, die Sie gesehen oder gehört haben. Damit versüßen Sie dann die Familiendiskussionen am Abend oder an den Wochenenden.
- *Finden Sie heraus, worüber Ihre Freunde und Verwandten am meisten lachen – und nehmen Sie sich vor, sie immer wieder zum Lachen zu bringen.* Es war Nietzsche, ein Mann, der sich immer mehr Spaß gewünscht hat, der sagte: „Wir sollten jeden Tag als verloren ansehen, an dem wir nicht wenigstens einmal getanzt haben." Ich sehe das Tanzen als Metapher für ungetrübten Spaß. Wenn wir nicht zugreifen, ist er fort.
- *Legen Sie eine Bibliothek des Humors an.* Denken Sie an die Dinge, die Sie zum Lachen bringen. Egal ob es sich um Cartoons, Briefe von Freunden, Poster, Biografien, alte oder neue Filmkomödien, Witze, Spiele oder lustige Geschichten handelt (etwa

aus Büchern oder von Kassetten, die Sie bei der Arbeit oder im Auto hören) – das alles gehört in Ihre Sammlung. Achten Sie darauf, was Sie amüsiert, und vergessen Sie es nicht.

18 Kämpfen, auch wenn es aussichtslos scheint

Gewinner sind überall beliebt. Der Lockruf von Ruhm oder Reichtum zieht Millionen Menschen an wie das Licht die Motten. Popularität und Bekanntheit werden bewundert, ja geradezu verherrlicht.

Unter der Oberfläche jedoch überschattet dieses Verlangen, unter allen Umständen gewinnen zu wollen und im Rampenlicht zu stehen, ein einfaches, aber auch unabdingbares menschliches Bedürfnis: etwas Ungewöhnliches zu tun, um die Welt zu verbessern. George Eliot beschrieb es so: „Mut bedeutet, für etwas zu kämpfen, auch wenn man weiß, dass man verliert. Sieht man sich das Leben genauer an, so erkennt man aber, dass es viele Siege gibt, die niedriger einzustufen sind als eine Niederlage."

Wenn ich an meinen Vater denke, bin ich besonders stolz auf die Zeit, als er die wichtigste Wahl seines Lebens verlor. Er hatte sich viele Jahre lang darum gekümmert, kranken Menschen angemessene medizinische Versorgung zukommen zu lassen. Er arbeitete auf dem Lazarettschiff USS HOPE. Er schenkte professionellen Hilfsdiensten Zeit, Geld und Ausrüstung. Er trat für Reformen ein. Und schließlich, vor etwa 20 Jahren, wurde er für einen zur Wahl stehenden Posten in einer regionalen Hilfsorganisation nominiert.

Er glaubte, mithilfe dieser Position auch Hilfsprojekten mehr Beachtung verschaffen zu können, die so weit entfernt waren, dass sie von amerikanischen Organisationen gern übersehen wurden. Am Vorabend der Wahl riefen Mitglieder der Opposition bei uns an.

„Wir werden Sie unterstützen, wenn Sie damit aufhören, immer davon zu reden, dass man mehr Zeit und Geld aufwenden müsste, um weit entfernten Menschen zu helfen", sagten sie. „Das bringt sowieso nichts. Es würde für die Menschen dort kaum einen Unterschied machen. Es gibt viele andere Dinge, auf die wir uns konzentrieren sollten. Wir möchten, dass Sie kooperieren. Wenn Sie zustimmen, unterstützen wir Sie." Mein Vater lehnte das

Angebot ab und legte seine Gründe dar. Danach verbrachte er fast die ganze Nacht am Telefon, um Unterstützer zu finden.

Er verlor. Mit einer einzigen Stimme. Aber er hat danach nie gesagt, dass er dies bereut habe. Als ich ihn fragte, wie er sich fühle, fasste er seine Überlegungen so zusammen: „Die aussichtslosen Fälle sind manchmal die einzigen, für die es sich zu kämpfen lohnt. Jede Niederlage bringt dich ein Stück weiter."

Was im Moment gilt, muss nicht das ganze Leben lang gelten, wie schon die ersten Abschnitte dieses dritten Grundpfeilers angedeutet haben. So manche unpopulären oder unbeachteten Themen und Sichtweisen sind es durchaus wert, dass wir unsere Kraft und unsere Ehre dafür einsetzen – und in seltenen Fällen sogar unser Leben.

Als Lewis Morris aus New York versuchte, die Erfolgschancen einer Revolution von Amerika gegen Großbritannien abzuschätzen, kam er zu dem Schluss, dass es völlig aussichtslos war. Er unterstützte die Revolution aber trotzdem. Als er gerade die Unabhängigkeitserklärung unterzeichnen wollte, riet ihm sein Bruder scharf davon ab. Er warnte ihn, dass er sicher alle seine Ländereien und sein mühsam Erspartes verlieren würde. „Ich pfeif auf die Konsequenzen", antwortete Lewis. „Ich weiß, dass ich das Richtige tue. Gib mir den Stift."

Viele Träume, die zum Scheitern verurteilt schienen, haben sich einen Platz im Herzen der Menschen verschafft und sind später tatsächlich wahr geworden. Ein wenig Zeit und Engagement für aussichtslose Fälle aufzubringen dient deshalb nicht nur zur eigenen Orientierung, sondern auch dazu, verborgene Kräfte freizusetzen.

Thomas Paine schrieb: „Was wir allzu leicht bekommen, schätzen wir nur wenig. Erst wenn wir an etwas hängen, gewinnt es an Wert." Aussichtslose Fälle sind augenscheinlich unwichtig und unglaubwürdig, daher unterscheiden sie sich im Allgemeinen stark von unseren sonstigen Träumen und Visionen. Im Verlauf eines Menschenlebens kann unsere Unterstützung für aussichtslose Fälle aber genauso wichtig sein wie das erstrebte Glück.

Stehen Sie mindestens einmal wöchentlich einem Außenseiter bei

Stellen Sie sich vor, Sie wären alt und am Ende Ihres Lebens angekommen. Ihre Kinder und Enkel haben sich um Sie versammelt, und einer der Jüngsten fragt Sie, was Sie in Ihrem Leben getan haben, um die Welt etwas besser zu machen. Was werden sie antworten? Ganz bestimmt werden Sie von den aussichtslosen Träumen sprechen, für die Sie gekämpft – oder eben nicht gekämpft – haben.

Wir sollten das nicht dem Zufall überlassen. Können Sie einmal pro Woche etwas Unpopuläres tun, ohne großes Aufhebens darum zu machen, um eine Not zu lindern oder die Zukunft für kommende Generationen mitzugestalten?

Die meisten Leute behaupten, sie favorisierten den Außenseiter, aber insgeheim sind sie für den Favoriten; seien Sie trotzdem für den Außenseiter, Sie brauchen dazu nur etwas Entschlossenheit. Denken Sie an Wei Jingsheng. Er war früher nur ein einfacher Elektriker im Zoo von Peking, aber er wurde in den späten 1970er Jahren während der Demokratiebewegung in China ein eloquenter und furchtloser Kämpfer für die Rechte des Einzelnen. Obwohl er bis auf sechs Monate die letzten 20 Jahre wegen seiner Ansichten im Gefängnis verbringen musste, hat seine einzigartige Botschaft mehrere Generationen von demokratischen Vorkämpfern in dem Milliardenstaat beeinflusst, von den Studenten auf dem Platz des Himmlischen Friedens bis hin zu den Bürgern von Hongkong. Aus seiner Einzelhaft heraus hat er Briefe gegen Deng Xiaoping und andere Kommunistenführer geschrieben, in denen er mit bemerkenswerter Klarheit und großem Mut seine Ansichten zu Wirtschaftsreformen, Menschenrechten, Tibet und anderen Tabuthemen darlegt, über die dringend gesprochen werden sollte. Mit Humor und Ironie schildern seine Briefe das Leben eines Mannes, der seinen Mut auch im Angesicht von Tyrannei und Unmenschlichkeit nicht verlor.

Viele Menschen belächeln es, wenn jemand versucht, etwas Gutes für die Welt zu tun; versuchen Sie es trotzdem. Die als

„Müllkönigin" bekannte Suzie Valadez verlässt mit ihrem alten Transporter jeden Morgen El Paso, Texas, mit Hunderten von Sandwiches, die von Supermärkten gespendet werden, und Kisten voller Kleidung und Schulbedarf wie Papier, Kreide, Stifte, Bücher sowie anderen Nahrungsspenden auf der Ladefläche. Sie überquert den Rio Grande und fährt hinauf in die Berge über Ciudad Juarez zu der großen Müllhalde, wo Hunderte zerlumpter Menschen, die von der Kommunalverwaltung und anderen sozialen Einrichtungen einfach ignoriert werden, den Abfall anderer nach Nahrung durchsuchen. Wenn der Transporter ankommt, wird er mit großem Hallo begrüßt. Suzie Valadez läuft dann direkt zu der Bruchbude hinüber, die als Schule dient, und verteilt dort Nahrung und Kleidung an die Kinder. Danach sammelt dieses über 70-jährige Temperamentsbündel mit den grauen Haaren alles, was noch übrig ist, und bringt es den verzweifelten Menschen auf dem Müllberg. Zum Schluss geht sie zu der medizinischen Station, dem dritten Gebäude, das sie mithilfe von Spenden und unter großem Zeitaufwand gebaut hat.

Hört sich das an, als läge es jenseits Ihrer Energie, Möglichkeiten oder Ihres Temperaments? Die meisten von uns werden nie zu einer Suzie Valadez, einem Wei Jingsheng, Nelson Mandela, Gandhi oder auch nur zu der guten Seele, die das Obdachlosenasyl oder die städtische Suppenküche betreut. Wir werden keine Heiligen, keine Goldmedaille gewinnen und auch nicht Präsident eines Unternehmens werden. Aber wir alle wurden in unserer eigenen Einzigartigkeit geboren, um etwas zu tun, nicht nur, um zu leben.

Vielleicht sind Sie ja schon viel weiter. Wenn nicht, fangen Sie irgendwo an. In Schulen, wo Sie mit Kindern zusammen lesen, oder helfen Sie bei Sport- oder kulturellen Veranstaltungen. Helfen Sie Obdachlosen. Retten Sie Tiere. Arbeiten Sie mit verhaltensgestörten oder rebellierenden Kindern. Helfen Sie Erwachsenen, die nicht lesen können. Helfen Sie Flüchtlingen, Waisen oder Zuwanderern, die auf eine bessere Zukunft hoffen. Denen, die einen Beruf oder eine Sprache lernen wollen. Misshandelten Frauen. Hungrigen. Helfen Sie Pflegeheimen. Es gibt ungezählte Möglichkeiten.

Verwenden Sie einen kleinen Teil Ihrer Zeit, Energie und Ihres Herzens für die armen Seelen, die eines warmen Mahls bedürfen, eines Schlucks frischen Wassers, eines warmen Mantels für den Winter oder auch nur eines Hoffnungsschimmers.

Überlegen Sie, wie es sich anfühlt, einem Bedürftigen direkt zu helfen, im Vergleich zu all den elektronischen Tätigkeiten, die wir heutzutage ausführen, bei denen man selbst gar nicht sehen kann, welchen Einfluss sie auf andere haben.

Dies ist ein Hauptgrund für das Eintreten für Schwächere: Sie werden eines Tages zurückblicken und sagen können: „Ich habe geholfen. Ich habe wirklich etwas getan, selbst wenn niemand etwas davon weiß." Wenn möglich, integrieren Sie Ihre Kinder. Bringen Sie sei schon früh mit den Verlorenen in Kontakt. Mit den Worten von Stud Terkel gesprochen: „Es beweist, dass ich etwas auf dieser Erde vollbracht habe." Wenn Sie genau hinsehen, werden Sie bemerken, dass sich ein aussichtsloser Fall manchmal plötzlich zu einem großen Traum oder Ziel wandeln kann.

Jeder von uns hat den Wunsch in sich, etwas zu tun, um die Welt zu verbessern, selbst wenn es nicht populär ist oder gar nicht bemerkt wird. Wie können Sie selbst ab und zu tiefer in die Schwierigkeiten und vergessenen Möglichkeiten des Lebens eindringen, um sich persönlich darum zu kümmern?

19 Finden Sie Ihren eigenen Weg

Es besteht ein großer Unterschied zwischen „etwas ruhiger angehen lassen" und „loslassen". Etwas ruhiger angehen zu lassen ist schon ein Anfang. Manchmal muss das sogar sein. Im Lauf des Tages müssen Gehirn und Sinne mehr tun als einen Gang herunterzuschalten – sie müssen vollständig innehalten. Wenn Sie solche Pausen nicht fest einplanen, wird es früher oder später zu den Aussetzern kommen, die am Arbeitsplatz und in persönlichen Beziehungen so viel Unheil anrichten. Wahrscheinlich haben Sie auch schon Erfahrungen mit Konzentrationsproblemen und dem Sekundenschlaf gemacht. Das ist nicht nur dann gefährlich, wenn man mit schweren Gegenständen arbeitet, andere Menschen werden auch glauben, dass Sie sie nicht beachten oder ignorieren ... denn Ihre Augen sind zwar offen, aber wie man leicht sehen kann, sind Sie nicht wirklich da.

Wir haben unser Leben auf Aktivität ausgerichtet, aber unerklärlicherweise bleiben wir ständig weiter zurück. Viele Menschen sind der Ansicht, es gäbe nichts, was man nicht tun könne – außer natürlich, nichts zu tun.

Könnten zehn Minuten erholsamen Nichtstuns denn wertvoller sein als zehn Minuten harte Arbeit, konzentrierte Hausarbeit oder intensive sportliche Betätigung? Ja. Selbst wenn nicht, allein die Intensität der Anstrengung kann tödlich sein. Der Herzspezialist Robert Eliot drückt es so aus: „Oft ist das erste Anzeichen für Herzkrankheiten der plötzlich eintretende Tod."

Ein Grund dafür ist unsere Versessenheit auf Geschwindigkeit. Wir machen ständig neue Pläne, die wir nicht durchführen können, und wir erstellen voll gepackte Terminpläne, die wir nicht erfüllen können. Letztlich fühlen wir uns minderwertig und schuldig. Ausgelaugt und überlastet. Trotz all der Zeit sparenden Errungenschaften der Gegenwart haben wir nun überhaupt keine Zeit mehr. Das Beste, was man nach Meinung vieler Forscher tun kann, ist

Gartenarbeit und ein langer Spaziergang. Man sollte sich also Aufgaben stellen, bei denen keine Eile geboten ist und die man mit Nahestehenden ausführen kann. Das Umgraben des Gartens oder einen Spaziergang als Pflichtübung anzusehen, um sich nicht länger schuldig zu fühlen, hilft jedoch nicht, wenn man das Wort „langsam" gar nicht mehr umsetzen kann.

Üben Sie sich im Nichtstun ohne schlechtes Gewissen

Vor einigen Jahren besuchte ich ein Seminar an der University of Minnesota für 150 Doktoranden, die Projekte an großen Universitäten betreuen. Der Professor begann seine Ausführungen mit den Worten: „Manche von Ihnen hier wissen nicht, was ‚liming' bedeutet – es wird langsam Zeit, dass Sie es lernen."

Er erklärte, dass er zusammen mit einigen Kollegen vor Jahren auf Trinidad und einigen anderen kleinen Inseln der Karibik Förderprogramme durchgeführt hatte. Die Professoren waren sehr erstaunt, weil die einheimischen Arbeiter jeden Morgen voller Erwartung und Energie auftauchten, sich die Aufgaben für den Tag abholten und dann voller Enthusiasmus an die Arbeit gingen. Das allein war schon bemerkenswert, aber wirklich erstaunlich war, wie die Arbeiter sich *nach* der Arbeit verhielten.

Während die Akademiker auf ihren Liegestühlen am Strand lagen, kamen die Einheimischen mit ihren Familien gegen sieben Uhr zusammen und begannen zu tanzen, Musik zu machen, zu spielen, singen und Geschichten zu erzählen. Sie lachten viel und hatten Spaß bis spät in die Nacht. Jede Nacht. Nachdem die Akademiker sich dies einige Wochen angesehen hatten, sagten sie sich: „Das kann nicht normal sein. Niemand kann jeden Tag so viel Energie und Spaß haben. Vielleicht handelt es sich um eine seltene Form von Hyperaktivität. Oder eine Droge. Wir sollten sie untersuchen." Und genau das taten sie auch.

Wie sich herausstellte, handelte es sich nicht um eine seltene Krankheit. Sie hatten es mit gesunden Männern und Frauen zu tun, die voller Energie steckten und viel Sinn für die angenehmen Dinge des Lebens hatten. Sie verhielten sich einer Tradition gemäß, die schon 300 Jahre alt war und aus einer Zeit stammte, als erstmals ein Schiff mit lebenden, gesunden Europäern an Bord auf der Insel gelandet war. Auf früheren Schiffen hatten sich nur tote oder sterbende Europäer befunden, die an Skorbut erkrankt waren. Dieses letzte Schiff hatte aber Limonen (englisch: limes) an Bord. Die Reisenden hatten die Früchte gegessen, um dem Skorbut vorzubeugen. Sie kamen gesund und wohlbehalten an. Daher der Ausdruck „liming".

In der Karibik wuchsen viele Menschen in dem Glauben auf, dass die völlige Hingabe an die tägliche Arbeit ihnen das Recht verschafft, die Abende und Wochenenden mit „liming" zu verbringen. Mit „liming" ist Nichtstun gemeint bzw. alles zu tun, wozu man Lust hat, ohne Schuldgefühle zu empfinden. Diese Männer und Frauen konnten nach der Arbeit von einem Moment auf den anderen abschalten. Genau hier liegt der Unterschied zwischen ruhiger angehen lassen und loslassen. Wie sollen wir die tieferen Möglichkeiten des Lebens erkennen und die Tage mit Sinn und Leben erfüllen, wenn wir die ganze Zeit hin und her hetzen wie Tiere im Käfig?

Üben Sie das Verschwinden

Nur wenige Menschen sind in der Lage, planmäßig zu „verschwinden". Na gut, man schläft vielleicht vor dem Fernsehgerät ein oder döst ein wenig, aber wer kann schon sagen: „Ich bin erst mal nicht zu sprechen", um sich dem süßen Nichtstun hinzugeben und das auch noch zu genießen.

Ein Beispiel für den Anfang: Stellen Sie sich neben eine große Menge unbearbeiteter Post. Entscheiden Sie sich, lieber ein bisschen an die frische Luft zu gehen, anstatt sie zu öffnen. Spüren Sie den aufsteigenden Impuls, sie wenigstens kurz durchzublättern? Sie fühlen einen der stärksten Triebe überhaupt – den Trieb, etwas zu *tun*.

Als Nächstes verbringen Sie etwas Zeit damit, eine Katze zu beobachten. Katzen „wissen" so ziemlich alles über das Entspannen und Nichtstun. Versuchen Sie, es ihr gleichzutun. Versinken Sie in einem Sessel. Machen Sie keine plötzlichen Bewegungen. Strecken Sie sich, bevor Sie aufstehen. Achten Sie auf die kleinen Dinge, die eine Katze sehen würde, und Sie entdecken viel Neues.

Wie wäre es mit einem Nickerchen? Wenden Sie das folgende Prinzip an: Wenn Sie zu viel zu tun haben, machen Sie ein Nickerchen – und sei es nur für zehn Minuten. Sie werden merken, dass dies einer der besten Wege ist, um Körper und Geist zu revitalisieren, damit man sich den folgenden Aufgaben mit weniger Anstrengung und mehr Ruhe stellen kann. Stellen Sie sich das wie einen Fluchttunnel vor. Wenn Sie hindurchgegangen sind, gewinnen Sie eine neue Sicht auf die Dinge. Churchill, Kennedy, Edison und da Vinci – sie alle nahmen sich jeden Tag Zeit für ein kleines Schläfchen, und zwar ohne sich schuldig zu fühlen. Fühlen *Sie* sich schuldig, wenn Sie ein paar Minuten verschwinden? Ihr Überich hält Sie vielleicht dazu an, weiter in der Tretmühle zu bleiben, damit ein kleines Nickerchen Ihren Erfolg nicht gefährdet, aber das ist Unsinn.

Damit kommen wir zum Urlaub. Viele Menschen haben immer weniger Zeit, um freie Tage zu verbringen – mit Entspannung, Spaß, Muße, Ausbrechen aus der Routine, etwas Neues entdecken. Stattdessen füllen wir die Zeit mit noch mehr Arbeit und Hektik. Neueste Studien zeigen jedoch, dass es für den Geist, Körper, das Herz und die Gesundheit viel förderlicher ist, öfter mal abzuschalten.

Bei einer Langzeitstudie über Herzerkrankungen von Männern im mittleren Alter stellte sich heraus, dass die Männer, die im Verlauf von fünf Jahren am häufigsten Urlaub machten – auch wenn es nur für ein paar Tage war –, dem geringsten Risiko ausgesetzt waren, in den folgenden neun Jahren herzkrank zu werden oder zu sterben. Dabei spielte die Höhe des Einkommens ebenso wenig eine Rolle wie der vorherige Gesundheitszustand.

Nehmen Sie sich zurück: Planen Sie es, sprechen Sie es aus und setzen Sie es um

Wann immer uns jemand freundlich auffordert zu entspannen – mal richtig durchzuatmen, ein bisschen zu feiern oder einen Tag freizunehmen –, meist protestieren wir dagegen. Wenn man nichts tut, erreicht man auch sein Ziel nicht, denken wir dabei. Erst müssen wir den Zeitplan aufholen, *dann* werden wir uns erholen. Es handelt sich auch hier um eine Illusion: Niemand kann die Zeit jemals wirklich aufholen, wie sehr wir es auch versuchen.

Überlegen Sie, was Sie persönlich benötigen, um die richtige Effizienz zu erreichen – wie oft und wie lange Sie täglich „verschwinden" müssen, um davon zu profitieren. Wenn Sie das letzte Jahr Revue passieren lassen, wann haben Sie zum letzten Mal allem den Rücken zugewandt? Wann ist der nächste geplante Zeitpunkt?

Damit zurück in die Gegenwart. Wie gut sind Sie darin zu verschwinden – wenn auch nur für kurze Zeit? Wie ich selbst auf unangenehme Weise erfahren musste – unter dem Gelächter meiner Freunde und Familie –, kann man sich nicht dazu *zwingen*, nichts zu tun. Sie müssen damit aufhören, es zu versuchen, dann geschieht es von allein. Ich selbst fand es sehr angenehm – und sogar unumgänglich –, verschiedene Arten dessen zu entwickeln, was ich als „Minute des Stillstands" bezeichne:

1. *Kümmern Sie sich nicht um die Zeit.* Nehmen Sie die Uhr ab und schauen Sie darauf. Überlegen Sie sich, wann Sie wieder an die Arbeit gehen wollen. Vertrauen Sie Ihrem Unterbewusstsein, dass es Ihnen rechtzeitig Bescheid gibt. Jetzt legen Sie die Uhr mit dem Zifferblatt nach unten hin. Vergessen Sie Ihre Konzentration darauf, was gerade geschehen ist oder was passieren wird. Mit ein bisschen Übung wird es immer einfacher loszulassen.

2. *Sperren Sie die Außenwelt aus.* Was würde geschehen, wenn Sie für ein Jahr ins Koma fallen würden, was Gott verhüten möge? Was wäre, wenn Sie dann mit Ihrem vollen Erinnerungsvermögen und bei bester Gesundheit wieder aufwachen würden? Wenn Sie dann auf dieses Jahr zurücksehen, was hätten Sie verpasst, welche Informationen wären Ihnen entgangen? Die Antwort: Gar nichts.

Überhaupt nichts. Nichts Wichtiges jedenfalls. Wenn Sie langfristig etwas für Ihren Gesundheitszustand tun wollen, schalten Sie ruhig öfter mal ab. Hinter den oberflächlichen Problemen und der Hektik des Alltags verbirgt sich nur das tägliche Übermaß unwichtiger Informationen.

Überlegen Sie einmal, wie alles, was Sie hören, riechen, schmecken und berühren, Ihr Gehirn mit Stimulationen geradezu bombardiert. Zu viele unwichtige Informationen können sich nachteilig auf Ihre Gesundheit auswirken, sagen Wissenschaftler. Ein Großteil der Informationen, die wir aus dem Fernsehen, Radio und Internet erhalten, ist praktisch inhaltsfrei, stumpft uns ab und stopft uns voll mit trivialen Geschichten, die uns aber intellektuell und emotional unbefriedigt zurücklassen.

Deshalb werden Sie jetzt lernen, selbst als Schaltbrett zu fungieren. Schalten Sie auf „Nothalt". Entfliehen Sie Zeitungen, Zeitschriften, Fernsehen, Telefon, Handys und Computern.

3. *Holen Sie tief Luft.* Wenn Sie abschalten wollen, setzen Sie sich in eine möglichst komfortable Position. Hören Sie auf Ihren Atem. Hören Sie, wie Ihr Herz schlägt. Beruhigen Sie sich. Lösen Sie die Spannung. Vergessen Sie Ihre Sorgen. Kommen Sie auf sich selbst zurück.

4. *Denken Sie an etwas Angenehmes.* Es gibt eindeutige wissenschaftliche Belege dafür, dass Menschen, die viel lachen – vor allem über sich selbst –, im Allgemeinen gesünder, tatkräftiger und belastbarer sind. Um über sich selbst lachen können, muss man sich zuerst eingestehen, nicht perfekt zu sein. An etwas Lustiges zu denken oder fröhlich zu lachen wirkt Wunder, denn man wird sofort inspiriert und abgelenkt, und das ist wiederum sehr entspannend.

5. *Stellen Sie sich vor, Sie wären an Ihrem Lieblingsplatz und tun gar nichts.* Sie haben die Wahl: Setzen Sie sich unter einen großen, alten Baum im Park; entspannen Sie sich an einem verborgenen Teich; verstecken Sie sich in einer kleinen Hütte im Wald; lassen Sie sich in einem Strandkorb von der untergehenden Abendsonne wärmen; kuscheln Sie sich an das Kaminfeuer einer Berghütte – welche Umgebung und welche Form der Faulenzerei Ihnen eben

am besten gefällt. Stellen Sie sich vor, dort zu sein, und schalten Sie ab. Sagen wir z. B., Ihre Lieblingsvorstellung ist ein wunderschöner See. Schließen Sie die Augen und stellen Sie sich vor, dass Sie in einem kleinen, gemütlichen Boot auf diesem See liegen. Sie sind gerade dabei, zu einem Ausflug aufzubrechen. Die Seerosen blühen, der Himmel ist blau, die Luft rein, und es ist angenehm warm. Lichten Sie den Anker und lassen Sie das Boot treiben. Das Wasser ist vielleicht etwas unruhig, aber Sie wissen ja, dass es bald spiegelglatt sein wird. Bilderfolgen wie diese ermöglichen Ihnen, richtig abzuschalten, selbst innerhalb von sehr kurzer Zeit.

6. *Schaffen Sie Distanz*. Wenn Sie sich darauf vorbereiten, wieder in die tägliche Routine zurückzukehren, nehmen Sie sich ein paar Minuten Zeit, um sich klar zu machen, warum es nötig ist abzuschalten. Im Gegensatz zu anderen Ressourcen können Sie Ihre Energie weder kaufen noch verkaufen, weder speichern noch nachbestellen. Alles, was Sie tun können, ist, sie immer wieder zu erneuern und sich daran zu erinnern, warum man ab und zu nicht nur alles etwas ruhiger angehen lassen sollte, sondern sogar völlig abschaltet und alle Sorgen und Probleme hinter sich lässt. Damit gewinnen Sie wieder eine gesunde Einstellung zum Leben und erfüllen die Zeit wieder mit Sinn und Freude.

Vierter Grundpfeiler

Nerven

20 Testen Sie Ihre geistigen Fähigkeiten

Chaucer fragte schon im 14. Jahrhundert: „Wenn das Leben so kurz ist, warum ist die Kunst des Lebens so schwer zu erlernen?"

Auch wenn Fachleute den Fortschritt des Menschen noch so oft lobpreisen, bleiben viele alltägliche Erfahrungen komplex und rätselhaft. Wir besitzen mehr, aber wir sorgen uns auch mehr. Wir begegnen vielen Unsicherheiten und Schwierigkeiten. Ständig stehen wir vor neuen Herausforderungen. Ein Ende ist nicht in Sicht. Wir sind jedoch von Natur aus in der Lage und dazu verpflichtet, zu lernen und an allen Schwierigkeiten, Provokationen, Reizen und sonstigen Erfahrungen – ich bezeichne sie als Katalysatoren –, die uns das Leben bringt, zu wachsen und zu reifen.

Katalysatoren sind eine besondere Gabe: Sie zwingen uns dazu, tiefer zu sehen, weiter vorauszuschauen, genauer zu suchen und mehr Wege zu entdecken, jeden Moment mit Sinn zu erfüllen. In Zeiten der Veränderung benötigen wir umso mehr Selbstvertrauen. Aus allen Fehlern und Rückschlägen können wir etwas Positives ziehen. In jedem Scheitern liegen auch ein Fortschritt und eine Lehre, die unser Leben auf eine Weise bereichern können, wie es Erfolge allein nicht vermögen.

Das Leben ist ein Experiment

Thomas Edison wurde während eines Interviews diese Frage gestellt: „Welche Gesetzmäßigkeiten soll ich beobachten, während ich hier bin?"

„Um Himmels willen! Hier gibt es keine Gesetzmäßigkeiten!", entgegnete Edison. „Wir wollen in diesem Labor ja schließlich etwas erreichen."

Ich erinnere mich an einen Besuch in einem Max-Planck-Institut in Deutschland, wo ich mit einigen Wissenschaftlern über die Zellproduktion von Adenosintriphosphat – ATP –, der Energie des

Lebens, sprach. Ich werde nie vergessen, welche Aufregung damals in diesem Labor herrschte. Man war nahe der Grenze zu unbekanntem Terrain.

Forscher aus einem Dutzend verschiedener Länder, die weltweit als einziges Team seinerzeit auf diesem Gebiet arbeiteten, begegneten ständig neuen Überraschungen. Alle Experimente waren äußerst kompliziert und am Rande des Machbaren. Nicht alle waren erfolgreich, doch es gab auch aufregende Entdeckungen, bemerkenswert andere Perspektiven und deutliche Fortschritte.

Wie unabhängige Wissenschaftler sind auch wir dazu aufgefordert zu experimentieren. Wir sollten jeden möglichen Katalysator benutzen – absichtlich oder nicht –, um etwas in Bewegung zu setzen und an die Grenze des Machbaren zu gelangen.

Unerwartete Herausforderungen – die wir instinktiv zu vermeiden suchen – sind die seltenen Gelegenheiten, unsere Werte zu *leben* und die Grenzen unserer Fähigkeiten auszuloten. Solche Momente zeigen uns, wer wir wirklich sind, und sie eröffnen uns einen Ausblick auf das, was wir noch werden könnten.

Stellen Sie sich allem, was da kommen mag

Einmal wanderte ich früh am Morgen mit meinem Großvater Cooper durch die Berge bei den Quellflüssen des Mississippi. Ich war neun Jahre alt und höchstens halb so groß wie er. Auf einem schmalen Waldpfad bahnten wir uns einen Weg durch die Büsche zu einer Aussichtsplattform. Ihm fiel es schwer zu laufen, aber er beschwerte sich nie. Unter uns glitzerte der Fluss in der Sonne. Die Luft roch nach Kiefern und wilden Blumen.

Eine Bahn aus Sand und Kies verlief vom Pfad aus fast senkrecht die 30 m zum Fluss hinunter; sie sah aus wie eine Sommerrodelbahn. „Also los", sagte mein Großvater. Ich war dort schon früher hinuntergerutscht. Es war nicht ganz ungefährlich, aber ich musste trotzdem lachen, als ich auf den Absätzen an scharfen Steinvorsprüngen vorbeischlitterte. Ich hatte schon fast das Ufer erreicht, als ich voller Übermut versuchte, über einen großen Stein zu springen. Ich verlor die Balance und fiel nach vorn. Mein Arm verfing sich in einem großen Dornbusch und ich rutschte in das eisige Wasser. Plötzlich bekam ich panische Angst; ich strampelte mit den Beinen und versuchte gleichzeitig, meinen Arm zu befreien. Schließlich gelang es mir, ans Ufer zu kriechen. Mein T-Shirt war zerrissen und meine Stiefel durchnässt, mein Arm blutete und ich weinte.

„Ich mag nicht klettern!", maulte ich. „Ich will nach Hause."

Aber ich wusste, dass mein Großvater nicht zu mir herunterklettern konnte, um mir zu helfen, und wir hatten kein Seil dabei. Mir blieb nichts anderes übrig, als den Hang wieder hinaufzuklettern. Es war sehr still, und ich konnte hören, wie das Blut durch meine Adern rauschte. Dann rief mein Großvater etwas von der Aussichtsplattform herunter.

„Robert, hier gibt es nichts, wovor man Angst haben muss. Nur ein paar alte Felsen, ein paar Dornen und kaltes Wasser."

„Aber ich blute!"

„Das wird schon wieder."

„Ich will aber nicht mehr klettern!"

„Denk an nichts anderes mehr. Konzentrier dich auf das, was vor dir liegt."

„Wie meinst du das?"

„Du wolltest nicht hinfallen, aber es ist trotzdem passiert. Ich hatte auch nicht geplant, mir von einem betrunkenen Autofahrer den Rücken ruinieren zu lassen. Aber so ist das eben manchmal im Leben, alles ist ein großes Experiment. Jetzt hast du die Chance, deine Fähigkeiten richtig zu nutzen."

„Aber wie?"

„Indem du stärker wirst, als du bis eben noch geglaubt hast. Indem du etwas Neues versuchst. Konzentriere dich nur auf den nächsten Schritt. Komm rauf zu mir. Zeig mir, wie gut du klettern kannst."

Ich biss die Zähne zusammen und wischte die Tränen ab. Ich richtete mich auf und begutachtete das Gelände. Ich machte einen Schritt nach dem anderen. Als ich den Aussichtspunkt erreichte, hatte ich meine zitternden Knie und zerkratzten Arme völlig vergessen.

Machen Sie einen Schritt auf das Leben zu

Wahrscheinlich haben Sie selbst schon erkannt, dass es manchmal nur einen Weg gibt, um aus einer unangenehmen Situation wieder herauszukommen: Man muss den Stier bei den Hörnern packen! Wenn wir einen Verlust erleiden, müssen wir uns damit arrangieren, um weiterleben zu können. Wenn wir Fehler machen oder Rückschläge erleben, nützt es letztlich nichts, anderen die Schuld in die Schuhe zu schieben. Vor Herausforderungen davonzulaufen führt nur dazu, dass wir uns selbst blockieren, uns einschränken und keinen neuen Weg mehr finden, um aus dem, was uns und anderen noch bevorsteht, etwas Besonderes, Einzigartiges zu machen.

Mut ist dafür natürlich eine unbedingte Voraussetzung. Anaïs Nin schrieb: „Das Leben steht und fällt mit dem Mut des Einzelnen." Neben Mut ist aber auch eine klare Perspektive notwendig, um im Leben voranzukommen: Wie verhält sich diese Erfahrung zu vergangenen Erfahrungen und den Erfahrungen anderer? In diesem Kapitel geht es um Courage oder, wie ich gern sage, „einen Zugang zum Leben, der sich durch Mut, Stärke und Geist auszeichnet".

Mein Großvater würde fragen: „Aus welchem vergangenen Zeitalter könnte ein Mensch kommen und uns dennoch etwas Neues zeigen?" Wie viele Dinge kann ein Mensch verlieren – seine Freiheit, körperliche und geistige Fähigkeiten, Gesundheit, Ressourcen und Möglichkeiten – und uns dennoch damit verblüffen, was er alles ertragen oder erreichen kann?

Vor einigen Jahren stand ich auf einem Berg in Tibet. Die Aussicht und die Atmosphäre lösten in mir ein tiefes Erstaunen aus und das verstärkte Bedürfnis, mehr über den Sinn unserer Existenz zu erfahren – über die Fragen, wer wir sind, wofür wir leben und was wir erreichen können. Ich sah auf die Welt hinunter und bis zum Horizont meiner Fantasie. Ich fühlte mich, als ob mir in diesen Momenten auf dem Dach der Welt alles eröffnet würde.

Damals stand ich kurz davor, eine Erfahrung zu machen, die meine Ansichten über die menschliche Leistungsfähigkeit für immer verändern würde. Kurz bevor wir den Gipfel erreichten, fragte mich mein tibetischer Führer: „Sind Sie bereit?"

Bereit wofür? Das fragte ich mich, während ich, noch außer Atem, nickte. Für die außergewöhnliche Aussicht? Für das befriedigende Gefühl, den Aufstieg geschafft zu haben? Ja, dafür war ich bereit.

Aber ich war nicht bereit. Nicht für das, was kommen sollte.

Außer meinem tibetischen Führer war an jenem Tag noch ein alter Mann bei uns. Erst später erfuhr ich, dass er schon 95 war. Seine dunkle, vom Wetter gegerbte Haut war zerknittert und runzlig. Sein Blick war müde. Im Gegensatz dazu stand allerdings die Art, wie er sich bewegte und kletterte – mit ruhiger Sicherheit und erstaunlichem Durchhaltevermögen, obwohl er ein wenig hinkte. Er trug alte Bergstiefel und einen dunkelblauen, schweren Umhang über grauen Arbeitshosen und einem roten Pullover, der am Kragen ausgefranst war. Seine Fingerknöchel waren unterschiedlich dick – manche sahen aus, als wären sie gebrochen, andere schienen von Alter und Arthrose gezeichnet.

Als wir schließlich den Aussichtspunkt am Gipfel erreichten, stellten sich der Führer und der ältere Mann neben mich. Zusammen sahen wir auf die alten Täler hinunter. Der Anblick war wunderschön und atemberaubend. Die Sonne wärmte unsere Gesichter. Obwohl der Himmel blau war, fielen ein paar Schneeflocken aus einigen weißen Wolken, die sich aus östlicher Richtung auf uns zu bewegten.

„Da." Der alte Mann zeigte auf etwas.

„Was denn?", fragte ich.

„Dort. Der Hügel."

Nicht weit vom Fuß des Berges entfernt, mehrere tausend Meter weiter unten, erkannte ich ein offenes Feld. Als der alte Mann dorthin deutete, begann sein Arm zu zittern. Ich sah ihn an und bemerkte verwirrt, dass ihm Tränen die Wangen hinunterliefen.

Dann schaute ich zu meinem tibetischen Guide hinüber. Auch dessen Augen waren gerötet, offenbar war er durch etwas tief bewegt, das ich noch nicht sehen konnte.*

---

* Aufgrund eines Versprechens, das ich in Tibet geleistet habe, um die Menschen dort vor weiterer Verfolgung durch die chinesische Besatzungsmacht zu schützen, habe ich alle Namen, Daten, Zahlen und einige weitere Elemente dieser Geschichte geändert.

„Meine ganze Familie", sagte der alte Mann so leise, dass ich ihn kaum hören konnte, „wurde dort begraben ... bevor sie die Körper weggebracht haben."

„Wie meinen Sie das?" Ich dachte zuerst an einen Unfall und meine Angst davor, dass ein Windstoß oder ein falscher Schritt uns alle hätte abstürzen lassen.

„Wissen Sie, was diese Bewegung bedeutet?", fragte mich der alte Mann, während er seine Hände so mit den Innenflächen vor der Brust zusammenlegte, dass die Finger nach oben zeigten.

Ich nickte. Überall in Tibet und im ganzen Himalaja ist dies das Zeichen für Respekt, Grüße und das Gebet.

„Im Jahr 1959", fuhr er fort, „wurde Tibet von der chinesischen Armee besetzt." Er machte eine Bewegung in Richtung des Flusstals zum Horizont. „Die Roten Garden kamen und zerstörten unsere Häuser, Bibliotheken und Tempel, sie vergewaltigten unsere Frauen und verboten uns zu beten. Über tausend Jahre lang waren wir ein Volk, das fast ausschließlich in Frieden lebte. Wir hatten eine kleine Armee, die aber keine wirkliche Gegenwehr leisten konnte. Niemand kam uns zu Hilfe. Es war eine dunkle Zeit für Tibet, und für die Überlebenden ist sie das auch heute noch ..." Er wischte sich die Tränen aus den Augen und fuhr fort.

„Eines Tages, vor vielen Jahren, ging ich diese Straße entlang." Er zeigte auf einen kleinen Pfad, der sich wie ein Faden durch das Tal zog. „Ich traf einen alten Freund, und ganz automatisch, aus Respekt" – wieder berührten sich seine Hände vor seiner Brust – „grüßte ich ihn auf die traditionelle Weise und sagte *Tashi deley*, was so viel bedeutet wie: ‚Ich ehre deine Würde', und dann unterhielten wir uns eine Weile.

Ein chinesischer Offizier hatte mich dabei beobachtet und sagte. ‚Dieser Mann ist verhaftet. Er betet und übt seine Religion aus. Er hat gegen das Gesetz gehandelt. Wir werden ein Exempel statuieren.' Ich hatte mich schon jahrelang gegen die Art und Weise ausgesprochen, wie unsere Leute behandelt werden; aber ich hatte nie jemanden angegriffen oder eine Waffe getragen. Auf jeden Fall gab es viel Unruhe in dem Tal, und ich glaube, die chinesischen Soldaten beobachteten mich aus Angst vor einer Rebellion.

Am folgenden Tag trieben die Roten Garden meine Verwandten zusammen – meine Frau, meinen Bruder und meine Schwester, Mutter, Vater, Großmutter, Onkel, Tante und die Kinder. Mit vorgehaltener Waffe wurden einige Dorfbewohner gezwungen, ein großes Loch zu graben." Er wies auf den Erdhügel. „Die Soldaten schrien, dass die Regeln bedingungslos befolgt werden müssten. Niemand darf etwas denken oder glauben, was die von den Chinesen bestimmten Gruppenleiter nicht befohlen haben zu denken oder zu glauben. Dann erklärten sie mir mein Verbrechen: Sie sagten, ich hätte gegen das Religionsverbot verstoßen und sei ein Feind des Volkes und der Regierung, und sie nannten mein Strafmaß, während Soldaten meine Arme festhielten."

Einige Momente lang war der alte Mann unfähig zu sprechen. Der Wind drehte. Es schien sehr lange zu dauern, bis er fortfuhr: „Sie ignorierten meinen Protest. Vielleicht hatten sie so etwas ja schon länger geplant. Ich weiß es bis heute nicht. Ich sagte, dass ich instinktiv die Hände gefaltet hatte, aus Respekt vor meinem Freund, und dass ich nicht meine Religion propagieren wollte. Es handelte sich nicht um einen Akt des Widerwillens oder der Rebellion gegen die Regierung. Ich bat sie, mich zu bestrafen, mich leiden zu lassen und nicht andere. Sie sagten, ,Mach dir keine Sorgen, du wirst noch eine Menge leiden.' Dann zwangen sie mich zuzusehen, wie sie meine Familie umbrachten und in die Grube warfen."

Er verstummte, steif aufgerichtet, mit unkontrollierbar zitternden Händen.

Mein Herz klopfte heftig. Ich stellte mir vor, dass meiner Familie so etwas passieren könnte. Es hörte auf zu schneien, und ich sah, wie der Wind die Wolken durch die Berge trieb, mit den Augen eines gequälten Menschen, von dem ich nun wusste, dass er der einzige Überlebende seiner Familie war, ein Auserwählter in einer von Angst und Repression geprägten Zeit. Er war ein Mann, dessen Verbrechen darin bestanden hatte, seine Hände zu falten, um einem anderen Menschen Respekt zu erweisen.

Langsam trocknete der alte Mann seine Wangen. Auf seine bloßen Hände fiel der Schnee. Ich sah, dass er nicht sofort schmolz, sondern sich einen Moment auf den alten Knöcheln festzuhalten schien. In dem Licht glühten seine wettergegerbten Züge seltsam auf. Er sah mich an, nein, er sah durch mich hindurch, als wolle er direkt in meine Seele sehen. Ich kann diesen Blick nicht mit Worten beschreiben.

„Erzähl mir von deinem Leben", sagte er mit etwas kräftigerer Stimme, „und über Amerika."

Ich traute meinen Ohren nicht. „Mein Leben? Amerika?" Ich fühlte Bestürzung, ja Ärger in mir aufsteigen. „Wie können Sie so etwas tun?"

„Was tun?"

„Sie erzählen mir eine so entsetzliche Geschichte und gehen darüber hinweg, als ob nichts gewesen wäre."

Er hielt den Kopf ein wenig schief und sah mich mit einem merkwürdigen Blick an. „Nichts gewesen? Das wird immer mit mir sein. Sie haben mir alles genommen. Nur zwei Dinge nicht, und die kann mir niemand nehmen: erstens, meine Werte und meinen Glauben – mein Gefühl dafür, was wirklich wahr ist, auch wenn ich es nicht erklären oder beweisen kann. Und zweitens, da sie mich nicht getötet haben, können sie nicht verhindern, dass ich *ich selbst* bleibe auf dem Weg meiner Bestimmung entgegen. Deshalb bin ich real, und deshalb habe ich Hoffnung, was auch immer geschehen mag."

„Aber wie ...", begann ich.

„Robert", unterbrach er mich, „das war das Schlimmste in meinem ganzen Leben. Es war schlimmer als alles, was ich mir je hätte vorstellen können. Aber ich wollte, dass du davon weißt. Sonst kannst du mich nicht kennen lernen. Nicht so, wie ich wirklich bin. Überleg mal: Kannst du mir trauen, nur weil jemand, etwa ein Offizier, dich dazu auffordert? Nein. Jetzt aber kannst du mich erkennen und mir vertrauen, wenn du möchtest. Jetzt bin ich nicht mehr nur ein Name. Ich habe ein Herz und eine Stimme und eine Geschichte. Ich bin nicht nur ein Fremder, der denselben Berg besteigt wie du."

„Was deine andere Frage betrifft", fügte er hinzu, „die, wie ich dir so etwa Furchtbares erzählen konnte und dann meine Aufmerksamkeit einfach auf etwas anderes richten kann. Deinetwegen, du lebst. Du bist hier. Meine Familie ist tot. Alles stirbt irgendwann, früher oder später. Als sie getötet wurden, war das der grausamste Moment meines Lebens, und ich hatte die Wahl: Entweder gehe ich auf die Soldaten los und werde erschossen, oder ich wähle den schwierigeren Weg. Konnte ich stark genug sein, um diese Tragödie zu ertragen? Meine Seele oder vielleicht mein gebrochenes Herz nahm mir die Entscheidung ab: Ich musste weiterleben für alle meine Lieben, die ich verloren hatte. Nun war es an mir, alles zu tun, was ich konnte, um ihre Erinnerung am Leben zu halten. Das sage ich mir jeden Tag. Ich habe noch viel zu tun."

Der alte Mann sah mir meine Verwirrung an.

„Robert, du musst verstehen, dass es sich hier nicht nur um das Ergebnis eines Denkvorgangs handelt. Es kommt von Herzen."

Es gibt ein altes tibetisches Sprichwort: „Vor mir erstreckt sich der Pfad, den zu gehen ich geboren bin ..." Das Leben ist von Natur aus eine Aufwärtsbewegung. Was ich auf meinem Weg um die halbe Welt gelernt habe, hat nichts mit weiten Reisen zu tun. Es liegt direkt vor uns, nur ein Schritt in die richtige Richtung ist nötig.

In den entscheidenden Momenten unseres Lebens werden wir geprüft: Wie stark ist unser Geist, und wie viele Reserven können wir mobilisieren? Können wir Veränderung, Verlust oder Schmerz ertragen, ohne zusammenzubrechen oder davonzulaufen? Können wir trotz allem einen Hoffnungsschimmer erkennen, und sei er auch noch so schwach, dem wir folgen? Der Holocaust-Überlebende und Nobelpreisträger Elie Wiesel, langjähriger Unterstützer der Tibeter, hat einmal gesagt: „Wir müssen verstehen, dass es kein Leben ohne Risiko gibt – doch wenn dein Geist stark ist, wird alles andere zweitrangig, selbst das Risiko."

Jede Reise birgt ihre Schwierigkeiten, plötzlich wird der Weg steiler, und ein Teil von uns möchte am liebsten umkehren. Das gehört zur Härte des Lebens. Wie der Geistliche Henry Ward Beecher schon vor über hundert Jahren gesagt hat: „Immer sind wir in der Esse oder auf dem Amboss; durch seine Prüfungen bereitet Gott uns auf höhere Aufgaben vor."

Es ist ermutigend zu erkennen, dass wir bei aller Vorliebe für Bequemlichkeit und Routine die wahre Größe unserer Seele erst durch Schwierigkeiten begreifen. Wie Darwin schon erklärte, überlebt nicht die stärkste oder intelligenteste Spezies, sondern die, die sich am besten an Veränderungen anpassen kann. Wie oft haben Sie in einem stillen Moment schon Ihre eigenen Ziele neu gesteckt, indem Sie an jemanden dachten, der alles verloren hat und dennoch ein sinnerfülltes Leben lebt?

Jedes Mal, wenn ich das Gefühl habe, von den täglichen Schwierigkeiten und Herausforderungen überwältigt zu werden, halte ich inne und denke an den alten Mann, der neben mir auf einem Berg in Tibet steht.

21 Machen Sie aus der Not eine Tugend

Wenn man den schwierigsten Punkt einer Kletterpartie erreicht – auch Krux genannt –, halten die Rationalen ein, weil sie Angst davor haben zu fallen. „Sieht zu schwierig aus", denken sie, „wofür alles riskieren?"

Außergewöhnliche Bergsteiger aber denken nicht so. Sie achten auf Sicherheit, aber sie sehen jeden Aufstieg auch als Möglichkeit zum Lernen an, und Fehltritte sind ihre besten Lehrmeister. Sie betrachten die Krux mit einer Mischung aus Erregung und Mut. Sie wissen, dass die Überwindung des inneren Widerstrebens und die Fähigkeit, aus der Not eine Tugend zu machen, die Voraussetzungen dafür sind voranzukommen. Ihre Sichtweise widerspricht der Intuition: Wenn sie fallen, fallen sie vorwärts, nicht abwärts. Da man aus jedem Fall lernen kann, wird man schon am nächsten Tag in der Lage sein, schwierigere und steilere Routen zu nehmen.

Die Botschaft des vorhergehenden Kapitels, die Nerven zu bewahren, um dem Leben standhalten zu können, enthält auch die Frage nach dem nächsten Schritt: die Fähigkeit, sich zu entwickeln, jede Krux im Leben bewältigen zu können und alle Stresssituationen und Schwierigkeiten als Verbündete zu betrachten und nicht als Gegner.

Risiken, Ängste und Unsicherheit bieten uns die Chance, daraus zu lernen und ungeahnte Kräfte freizusetzen. Erfahrungen wie diese beeinflussen unser Leben genauso sehr wie alles Nachdenken darüber und die durchgeplante Routine des Alltags.

Als ich einmal mit meinem Großvater Cooper in den letzten unberührten Wäldern Minnesotas unterwegs war, stießen wir auf eine riesige Zeder, die angeblich 1200 Jahre alt war. Der Stamm wand sich wie eine von Künstlerhand geformte Spirale, voller knorriger Windungen und kraftvoller Bögen. Ich fragte mich laut, warum der Stamm nicht gerade war. Mein Großvater sagte, dass große Bäume dann am stärksten werden, wenn sie häufiger starken

Winden ausgesetzt sind. Für Menschen gelte übrigens das Gleiche, fügte er hinzu. Früher oder später tritt die Not als ungebetener Gast in jedes Leben. Entscheidend ist, was wir daraus machen.

Zähigkeit kommt nicht von allein, sie wird entwickelt

Mental, physisch und emotional abgehärtete Menschen kommen auch mit schwerwiegenden Problemen besser zurecht. Sie fühlen sich seltener als Opfer der Umstände, lernen mehr aus ihren Fehlern und bleiben dabei außerdem noch gesünder.

Um widerstandsfähiger zu werden, muss man zunächst alle Gleichförmigkeit vermeiden. Alles Leben ist oszillierenden Zyklen unterworfen. Auf das Licht folgt die Dunkelheit, auf den Winter der Frühling. Für uns gilt: Auf Stressphasen müssen auch Erholungsphasen folgen. Ob man nun stundenlang nachdenkt, ohne Unterbrechung arbeitet oder ständig grübelt: Jede Linearität schwächt die Fähigkeit, sich anzupassen. Je größer der Druck, umso schwieriger wird die Erholung. Spezielle Übungen helfen Ihnen, den Wechsel von Stress und Erholung besser zu bewältigen und aus Problemen das Beste zu machen.

Nehmen Sie sich z. B. jeden Tag alle halbe Stunde Zeit für eine kleine strategische Pause, einen intensiven Zwischenstopp (Kapitel 9). Im Folgenden einige zusätzliche Tipps für die Steigerung Ihrer physischen, emotionalen und mentalen Widerstandskraft:

- *Sorgen Sie für einen Ausgleich zwischen Stress und Erholung.* Sie müssen konzentriert darauf achten, ein angemessenes Verhältnis zwischen Arbeitsphasen und Erholungsphasen zu erreichen. Wenn Sie einen normalen 24-Stunden-Tag überblicken, wie viel Zeit verbringen Sie dann mit:

Stressphase   *Zeit*

Harte Arbeit, intensive Konzentration:

Kurze Pausen ohne Entspannung: _____

Behandlung von plötzlich auftauchenden Problemen: _____

Beschwerden: _____

Unaufschiebbare Besorgungen/Chauffieren anderer: _____

Zusätzliche, unerwartete Arbeiten: _____

Intensive Vorbereitung: _____

Konzentration auf immanente Details: _____

Gesamtzeit: _____

Erholungsphase   *Zeit*

Kreatives, nicht zielgerichtetes Denken:

Tiefer und erholsamer Schlaf: _____

Gesunde, bewusste Ernährung: _____

Lachen: _____

Freizeit mit Freunden oder der Familie: _____

Effiziente Pausen und Ruhephasen: _____

Unterhaltsame, entspannte Ablenkung: _____

Konzentration auf die Zukunft und die Gesamtsituation: _____

Gesamtzeit: _____

Wie setzen sich die 24 Stunden zusammen? Im Idealfall machen die Erholungsphasen mehr als die Hälfte der Zeit aus. Sollte dies nicht der Fall sein, wie können Sie dann einen Ausgleich schaffen?

- *Wechseln Sie das Tempo, um leistungsfähiger zu werden.* Um mit auftretendem Stress besser fertig zu werden, ist es am besten, sich mit gymnastischen Übungen gezielt erhöhtem positivem Stress auszusetzen. Studien haben ergeben, dass Gefühle von Hilflosigkeit und Unfähigkeit mit einem niedrigen Niveau des Hormons Norepinephrin im Gehirn einhergehen. Gymnastik steigert die Produktion dieses Hormons. Gymnastik bedeutet stetige, rhythmische, physische Aktivität, die die Fähigkeit Ihres Körpers stärkt, sauerstoffreiches Blut ins Gehirn zu transportieren, um die Leistung zu verbessern. Zu diesen Übungen gehören Gehen, Laufen, Radfahren, Schwimmen, Skaten und Rudern. Regelmäßige Übungen verbessern Ihre Erholungsfähigkeit nach Stresssituationen und ermöglichen Ihnen, energischer und angemessener auf Probleme zu reagieren.

Bevor Sie ein Trainingsprogramm beginnen, lassen Sie Ihren Gesundheitszustand vom Hausarzt überprüfen. Wenn Sie eine gewisse Regelmäßigkeit erreicht haben, können Sie das Programm ein wenig variieren – etwa durch Tempowechsel –, um Ihre Widerstandskraft weiter zu stärken. Wenn Sie in der Lage sind, die Übungen mit konstanter Geschwindigkeit durchzuführen, gehen Sie zu Intervalltraining mit schnelleren und langsameren Phasen über. Das Ziel dabei ist, die eigene Regenerationsfähigkeit zu steigern. Achten Sie auf die Signale Ihres Körpers – Sie sollten keine Schmerzen dabei empfinden. Wenn Sie walken wollen, gehen Sie fünf Minuten lang in normalem Tempo, dann ein paar Minuten schneller und dann etwas langsamer. Wenn Sie joggen wollen, legen sie ab und zu einen Zwischensprint ein und verlangsamen Sie dann. Dieses Muster lässt sich auch auf andere Aktivitäten anwenden.

- *Halten Sie sich aufrecht.* Wenn Sie in Schwierigkeiten sind oder unter Druck stehen, achten Sie besonders auf eine aufrechte, aber entspannte Haltung; Sie dürfen nicht zusammensinken.

  Wie in Kapitel 15 beschrieben, werden Gefühle von Hilflosigkeit und Panik durch eine falsche Körperhaltung noch verstärkt.

- *Bleiben Sie flexibel.* Das betrifft zunächst Ihre Einstellung. Je älter wir werden, desto starrer wird unsere Haltung – mental, emotional und physisch. Lassen Sie das nicht zu. Nehmen Sie sich wenigstens ein paar Minuten pro Tag Zeit für sanfte Dehnübungen des Nackens, der Schultern, des Rückens, der Hüften, Gelenke, Finger und anderer Schlüsselstellen des Körpers. Sitzen sie weniger. Bewegen sie sich mehr. Bleiben Sie locker.

- *Stärken Sie Ihre Fähigkeit, mit Emotionen umzugehen – sowohl eigenen als auch fremden.* Bei Untersuchungen von Menschen, die extreme Notsituationen überlebt haben – Überlebende von Konzentrationslagern, Kriegsveteranen, Rückkehrer aus Gefangenenlagern des Vietnamkriegs –, hat man festgestellt, dass diejenigen mit relativ gutem Gesundheitszustand die besten Bewältigungsstrategien besaßen:

– Sie gaben nie auf und ließen sich nicht ihren Willen nehmen.
– Sie behielten die innere Kontrolle: Auch wenn es sehr schlimm um sie stand, sahen sie nach vorn und kontrollierten ihre Gedanken.
– Sie maßen ihrem Leid und ihrem Schmerz eine besondere Bedeutung bei.
– Sie konzentrierten sich jeden Tag auf etwas Positives, so gering es auch sein mochte („Heute habe ich etwas zu essen bekommen.").
– Sie hielten den Blick auf ein Ziel gerichtet und schworen sich, dieses trotz aller Schwierigkeiten zu erreichen.
– Qualitäten wie diese sind auch im Alltag sehr nützlich. Im folgenden Abschnitt beschäftigen wir uns damit, wie man diese Fähigkeiten erlernen und anwenden kann.

Machen Sie aus der Not eine Tugend

Um aus sich selbst und anderen in Stresssituationen mehr zu machen, können Sie den folgenden, dreiteiligen Ansatz anwenden:

• Ruhe bewahren
• Analyse der Lage und der Alternativen
• Handeln

Teil eins: Ruhe bewahren

Schwierigkeiten können jederzeit und in jeder Form auftreten. Wie wir mit den kleinen Unregelmäßigkeiten des Lebens umgehen – Verspätungen, Momente des Zornes, Unterbrechungen, Enttäuschungen, Gefühle der Ablehnung und des Betrogenwerdens, gebrochene Versprechen, das unvermeidlich klingelnde Telefon, finanzielle Sorgen, schlechtes Wetter, Verkehrsstaus, Termine –, ist oft ein viel besserer Indikator für unsere Souveränität, unsere psychologische und physische Verfassung als die Reaktion auf eine existenzielle Krise.

Es sind nicht nur die wichtigen Dinge – Abschlussprüfungen, Heirat, Kinder bekommen, Scheidung, Arbeitsplatzwechsel, Krankheiten, Todesfälle im Verwandten- oder Bekanntenkreis –, die schwer auf uns lasten; es ist auch die stille Verzweiflung, mit der Millionen Menschen leben. Die kleinen täglichen Schwierigkeiten – und die Art, wie wir darauf reagieren – sollten nicht ignoriert werden. Denn auch langfristige Probleme können durch sie entstehen: Bei falschem Verhalten führen die chronischen, unvermeidlichen Schwierigkeiten zu vorzeitigem Altern.

Oft reagiert man in Notsituationen mit fortgeschrittenem oder beschleunigtem Kontrollverlust. Schon vor 15 Jahren habe ich mit der Erforschung einer praktischen Bewältigungsstrategie begonnen, die ich als *instant calming sequence* oder ICS (etwa: „Schnellentspannung") bezeichne. Sie wurde von zahlreichen Wissenschaftlern und Verhaltensforschern gelobt. Im Lauf der Jahre habe ich sie mehrfach überarbeitet und die praktische Anwendbarkeit verbessert. Ich fordere Sie hiermit auf, ICS zu testen, und zwar heute noch. Sie löst Verspannungen und verhindert unnötige Überreaktionen unter Stress. Mit etwas Übung können Sie sie überall und jederzeit anwenden. Dazu sind nur fünf Punkte zu beherzigen, die ich nun im Detail erläutern werde.

1. Konsequent weiteratmen
2. Einen klaren Kopf behalten
3. Verspannungen lösen
4. Sich selbst bewusst werden
5. Den Standpunkt überprüfen

Am besten meistert man Stresssituationen, wenn man in der Lage ist, beim ersten Anzeichen der Symptome sofort zu reagieren und dagegenzuhalten. Chemische und hormonelle Veränderungen im Gehirn und Körper können Muskelverspannungen und negative Emotionen so schnell auslösen, dass es viel schwieriger und zeitraubender ist, ihnen entgegenzuwirken, wenn sie sich erst einmal eingestellt haben.

Die Anwendung von ICS kann negative Auswirkungen von Stress sofort beenden und Ihnen eine bessere Kontrolle über Ihre Gedanken, Gefühle und Handlungen ermöglichen, wenn Sie in eine Extremsituation geraten. Sie schafft innere Ruhe – der Gedanken, Emotionen und Physis – auch unter Stress. Sie verhilft Ihnen zu einem erhöhten Standpunkt, von dem aus sich Frust und unerwartete Herausforderungen besser überblicken lassen. Sie ist ein Puffer gegen Sorgen und Schuldgefühle und setzt gleichzeitig Ihre größten mentalen und physischen Kapazitäten dann frei, wenn Sie sie brauchen.

Da man ICS im Wachzustand mit geöffneten Augen durchführt, kann man sie unauffällig bei einer ganzen Reihe von Gelegenheiten anwenden, im Stehen, Sitzen oder Gehen. Sie können sie beim ersten Anzeichen von Problemen heranziehen, wenn Sie frustriert oder abgelenkt sind, sich ihre Stimmung verschlechtert oder Sie bei der Arbeit etwas stört.

Unabhängig davon, welchem Druck Sie ausgesetzt sind – großen, existenziellen Krisen oder kleinen, nagenden Selbstzweifeln, die sich ständig verstärken, wenn jemand Sie auf vergangene Fehler oder momentane Schwächen aufmerksam macht –, mithilfe von ICS können Sie immer angemessen reagieren.

ICS-Schritt 1: Konsequent weiteratmen

Die Leichtigkeit und der Rhythmus unseres Atmens, aber auch der Sauerstoff, den wir aufnehmen, sind die natürlichen Stimulanzien für die innere Atmung von Milliarden von Zellen im Körper, die uns dazu befähigen, biologische Energie zu produzieren, insbesondere Ruheenergie. Wenn wir müde und abgespannt sind, wird unsere Atmung flach und unregelmäßig. Unter Stress neigen wir dazu, den Atem anzuhalten – wenn auch nur für wenige Sekunden. Dadurch entstehen Verkrampfungen. Da Sauerstoff lebenswichtig ist, reagieren Körper und Gehirn besonders sensibel auch auf kleinste Versorgungsengpässe. Wenn wir unbewusst den Atem anhalten, verstärkt das sofort Gefühle von Angst, Panik, Zorn, Frustration, fehlerhafte Reaktionen und Kontrollverlust. Wenn Sie aufkommenden Stress bekämpfen wollen, achten Sie darauf, ohne Unterbrechung weiterzuatmen, sanft und gleichmäßig.

ICS-Schritt 2: Einen klaren Kopf behalten

Die Gesichtsmuskeln sind nicht nur Ausdruck unserer Stimmung, sie sind auch der Auslöser. Wenn das Gesicht oder der Kiefer angespannt sind, fühlen wir uns nur Augenblicke später am ganzen Körper verspannt. Um in Stresssituationen eine klaren Kopf zu behalten, entspannt man die Augen und behält gleichzeitig einen neutralen oder noch besser freundlichen Gesichtsausdruck bei.

Positive Reaktionen der Gesichtsmuskeln unterstützen den Blutfluss zum Gehirn und die Übertragung der Nervenimpulse von Gesicht und Augen zum limbischen System, das für die automatischen Reaktionen zuständig ist. Jedes kleine Lächeln verändert die neurochemische Situation in Richtung positiver Emotionen und Konstruktivität. Diese Veränderungen können kraftvoll und schnell eintreten.

ICS-Schritt 3: Verspannungen lösen

Eine gekrümmte Haltung ist die typische und häufige selbstzerstörerische Reaktion auf Stress. Sie behindert nicht nur die Atmung sowie den Blutfluss und die Sauerstoffversorgung des Gehirns und der Extremitäten, sondern sie verstärkt auch Muskelverspannungen, verlängert die Reaktionszeit und steigert Gefühle von Furcht und Hilflosigkeit.

Dieser ICS-Schritt beinhaltet zwei Teile: das Erreichen einer ausbalancierten Haltung und das Lösen überflüssiger Spannung. Die richtige Haltung sorgt für ein belebendes Gefühl der Bewegungsfreiheit und des Wohlbehagens. Während der ICS sollte die Haltung aufrecht und flexibel sein; sinken Sie nicht zusammen!

Als Nächstes führen Sie im Bruchteil einer Sekunde einen kurzen geistigen Check aller Muskeln Ihres Körpers durch – vom Hinterkopf über Kiefer, Gesicht, Zunge zu den Zehen und Fingerspitzen –, um Verspannungen zu lokalisieren. Gleichzeitig senden Sie eine „Welle der Entspannung" durch den Körper – als ob Sie unter einem Wasserfall stünden, der alle Verspannungen wegspült. Ihr Geist bleibt dabei ebenso wach wie Ihre Sinne, während der Körper sich entspannt.

ICS-Schritt 4: Sich selbst bewusst werden

Der schnellste Weg zum Rückfall in alte Verhaltensmuster (Überreaktion, Aggression gegenüber anderen, Opfergefühle) ist der Reflex, in jedem neuen Problem ein altes wiederzuerkennen oder es sogar als noch gravierender zu empfinden. Der typische Gedanke ist dann: *Nicht schon wieder* oder: *Das macht sie bzw. er immer so*. Sie können dieser natürlichen Tendenz entgegenwirken, wenn Sie einen Moment lang den eigenen Denk- und Verhaltensmustern ausweichen, die Ruhe bewahren und einen klaren Kopf behalten. In diesem ICS-Schritt werden Sie sich selbst bewusst, das heißt, Sie erkennen die *einzigartigen* Merkmale dieser spezifischen Situation ganz bewusst und identifizieren die *Unterschiede* zu allen bisherigen Situationen.

Mit diesem simplen und direkten Ansatz umgehen Sie die angeborene Tendenz des Gehirns, Menschen und Situationen im Bruchteil einer Sekunde durch vorschnelle Schlüsse und überzogen negative Mutmaßungen einzuordnen.

ICS-Schritt 5: Den Standpunkt überprüfen

In diesem Schritt lernen Sie, den Elefanten, den Sie aus einer Mücke gemacht haben, wieder zu einer Mücke werden zu lassen. Ihr persönliches Zeitgefühl spielt dabei eine entscheidende Rolle. Zuerst müssen Sie *die Realität anerkennen*.

Viel zu viele Menschen jammern bei jeder neuen Herausforderung: „Nicht noch ein Problem! Warum passiert mir immer so was?" Oder: „Also, dieser Tag ist gelaufen! Eine Katastrophe nach der anderen." Oder: „Bitte – nicht jetzt! Ich brauche mehr (Zeit, Geld, Kraft, Ruhe, Erfahrung ...), um darauf vorbereitet zu sein." Oder: „Oh nein! Warum kann ich nicht woanders, irgendwo anders sein?"

Indem sie sich wünschen, dass die Situation gar nicht eingetreten sei, dass sie mehr Zeit für die Vorbereitung gehabt hätten, dass sie lieber jemand anders wären, oder sich über die Ungerechtigkeit der Welt beklagen, werden biochemische Reaktionen ausgelöst, die für ein Gefühl von ungerechter Behandlung sorgen. Man ist selbst für den Kontrollverlust und die ansteigende Frustration verantwortlich.

Bei falscher Reaktion kann ein einziges Stressmoment einen ganzen Tag beeinflussen. Mit ICS durchbrechen Sie dieses Muster. Lassen Sie sich das Folgende immer wieder durch den Kopf gehen: *Was gerade geschieht, ist real, und ich werde den besten Weg finden, um jetzt sofort damit umzugehen.*

Stellen Sie sich mutig der Herausforderung

Das Nervensystem reagiert auf eine Krise sofort – und es wählt zwischen panischer Abwehr und positiver Handlung.

Wenn Sie an Situationen zurückdenken, in denen Sie schlecht oder falsch reagiert haben, wird Ihnen auffallen, dass Sie wahrscheinlich besser reagiert hätten, wenn Sie zu Beginn der Krise (ob groß oder klein) ruhiger geblieben wären und nachgedacht hätten. Das ist der Schlüssel zu ICS – zu lernen, *im richtigen Moment* Ruhe und Klarheit zu bewahren, nämlich dann, wenn es gerade erst zu einer Drucksituation *kommt*.

An dieser Stelle können Sie wählen zu lernen, anstatt alte, reaktionäre Verhaltensmuster beizubehalten; einen Moment inne-zuhalten, mit wachem Geist zuzuhören und nicht blindlings zu reagieren; Konflikte zu lösen, anstatt sie zu verschärfen; Ihre eigene goldene Regel oder Philosophie aufzustellen, anstatt in Furcht oder Rage zu geraten; klug genug zu sein, um sich selbst zu schützen, ohne andere dabei zu verletzen; und klar und ehrlich nachzuden-ken, statt die Kontrolle zu verlieren.

Die Idee hinter diesem Schritt ist die Entwicklung eines starken mentalen „Radars", das jede neue Situation einschätzt und alle Optionen erstellt, die einer angemessenen Reaktion entsprechen. Lassen Sie sich nicht entmutigen, wenn es Ihnen schwer fällt, im Alltag nicht überzureagieren. Wie Millionen anderer Menschen haben auch Sie jahrelange Praxis darin, falsch zu reagieren.

Noch eine letzte Bemerkung zur mentalen Kontrolle: Eine ganze Reihe von Psychologen und Motivationstrainern behaupten, Sie müssten sich nur selbst mit den richtigen Worten motivieren, und schon könnten Sie alle Situationen meistern. Das ist ein Mythos. Ich bin sehr für positives Denken, aber das allein reicht nicht. Tatsächlich ist es völlig unmöglich, positiv zu denken, wenn man den Atem anhält, die Stirn runzelt, zusammensinkt, verspannt ist und „die Tore zu negativen Emotionen schon geöffnet hat" – all das geschieht in Sekundenbruchteilen. Probieren Sie es aus, und Sie wissen, was ich meine.

Wie lernt man, ICS anzuwenden? Sie beginnen sehr langsam und steigern dann sukzessive die Geschwindigkeit. Und Sie entscheiden sich dafür, dies jeden Tag zu tun. Ich sage hier bewusst nicht *versuchen* oder *hoffen*. Entscheiden bedeutet, die Fähigkeiten hier und jetzt auszubilden.

Zunächst stellen Sie sich eine Stress- oder Notsituation vor. Malen Sie sich aus – in *Superzeitlupe* –, dass exakt diese Spannung und Druck erzeugende Situation gerade jetzt beginnt. Halten Sie die Stresssignale fest. Nun stellen Sie sich vor, wie Sie erfolgreich ICS anwenden: 1) konsequent weiteratmen, 2) einen klaren Kopf behalten, 3) Verspannungen lösen, 4) sich selbst bewusst werden und 5) den eigenen Standpunkt überprüfen.

Jetzt wiederholen Sie diese Übung etwas schneller. Denken Sie daran, dass ICS eine natürliche, fließende Routine sein soll. Sie erzwingen sie nicht, sondern lösen sie aus. Üben Sie mehrmals am Tag mit unterschiedlichen Stressauslösern, wobei die Bilder vor Ihrem inneren Auge immer lebensechter und die Reaktionen immer schneller werden. Wenn Sie Schwierigkeiten mit einem der Schritte haben, üben Sie ihn im Einzelnen, bis Sie ihn beherrschen. Wenn Sie mitten in den Übungen das Gefühl bekommen, die Kontrolle zu verlieren, beginnen Sie die Sequenz noch einmal von vorn, und verfahren Sie langsamer. Stellen Sie sicher, dass Sie den Stressauslöser im ersten Moment fixieren – es darf gar nicht dazu kommen, dass sich Spannungen und Ängste aufbauen.

Das Einschalten der ICS muss so automatisiert werden, dass die Schnellentspannung beim ersten Anzeichen von Stress sofort in Aktion tritt. Für die weitere Entwicklung ist das absolut entscheidend. Wenn Sie sich auf besonders knifflige Situationen vorbereiten, können Sie ein wenig Druck entweichen lassen (indem Sie sich geistig von dem Schlüssel distanzieren oder ihn sich weniger lebhaft vorstellen), bis Sie ICS gut genug beherrschen, um mit dem Druck umzugehen.

Seien Sie vor allem in den ersten Wochen geduldig mit sich. Wirklich schwierige Konfliktsituationen benötigen einige Vorbereitungszeit, bevor man in der Lage ist, sie souverän zu bewältigen. Wenn Sie versucht haben, in einer Problemsituation ICS anzuwenden, dann aber ungeduldig wurden und in alte, kontraproduktive Verhaltensmuster zurückgefallen sind, nehmen Sie sich später am selben Tag etwas Zeit; setzen Sie sich in eine stille Ecke und spielen Sie die ganze Entwicklung noch einmal in Zeitlupe durch, wobei dieses Mal die Schnellentspannung erfolgreich ist. Je öfter Sie dies wiederholen, desto leichter und automatischer wird ICS mit der Zeit funktionieren.

Indem Sie ICS anwenden, die Sinne wach halten, kontinuierlich atmen, aufrecht sitzen oder stehen, die Emotionen im Griff haben und einen klaren Kopf bei der Lösungssuche behalten, bereiten Sie sich angemessen auf Teil zwei des Gesamtprozesses vor, der Ihnen ermöglicht, unter Druck das Beste aus sich herauszuholen. Und dazu kommen wir jetzt.

Teil zwei: Analyse der Lage und der Alternativen

Denken Sie über die folgenden Fragen nach:

- *Gibt es Belege dafür, dass ich keinerlei Einfluss darauf habe, was als Nächstes passiert?* Ein totaler Kontrollverlust ist äußerst selten. Anstatt sich von einer Welle der Hilflosigkeit überrollen zu lassen, muss man sich der Kontrolle bewusst werden, die man in fast jeder Situation noch besitzt. Dadurch wird bereits ein großer Teil des Drucks genommen.
- *Wie stark wird diese Notsituation auch andere Bereiche meines Lebens beeinflussen?* Wenn man mit Druck umgehen muss, zahlt es sich immer aus, die Quelle genau zu lokalisieren oder bewusst von anderen Arbeitsbereichen abzutrennen. Ein Missverständnis unter Kollegen oder ein problembelastetes Gespräch ist nur als solches zu betrachten. Es ist kein Hinweis darauf, dass man ein schlechter Mensch ist, dass die Karriere ruiniert ist oder das eigene Leben auseinander fällt.

Wer nicht gut mit Druck umgehen kann, argumentiert meistens damit, dass ein negatives Ereignis immer wieder andere nach sich zieht. Das stimmt fast nie, aber die Vorstellung allein kann jeglichen Optimismus zerstören, wenn Sie einen einzelnen Vorfall verallgemeinern. Es ist von entscheidender Bedeutung, die Vermutungen nicht mit den Tatsachen zu verwechseln. Die meisten Probleme *könnten* auch andere Bereiche Ihres Lebens betreffen, *müssen* es aber nicht.

Wenn Sie erst einmal eine klarere Vorstellung davon gewonnen haben, was tatsächlich geschehen ist und was Sie tun können, sind Sie bereit für den dritten Teil: Handeln. Und dazu kommen wir nun.

Teil drei: Handeln

Schon Aischilos schrieb: „Große Geister reagieren besonnen auf Gefahr." Im Angesicht einer Zwangslage mobilisiert das Handeln positive Energie und die Konzentrationsfähigkeit. Aktivität verhindert Ablenkungen, stärkt den Einfallsreichtum und sorgt für einen klareren Standpunkt. Ich finde die folgenden, handlungsorientierten Fragen sehr nützlich:

- *Gibt es irgendetwas, was ich tun kann, um die Situation unter Kontrolle zu bekommen? Was wird als Nächstes geschehen?* Wie kann ich meine Situation jetzt verbessern, einen Schritt nach vorn machen, und wie kann ich die Dinge auf einen guten Weg bringen? Zuverlässigkeit und innere Größe sind dabei besonders wichtig, aber Verantwortlichkeit darf nicht in Beschuldigungen umschlagen. Man kann sich schnell in einer Opferrolle gefangen fühlen. Übrigens führt auch die Vermeidung von Problemen zu nichts. Wer mit Problemen umgehen kann, geht ihnen nicht aus dem Weg, schiebt die Schuld nicht auf andere und lernt nichts. Tatsächlich hilft der richtige Umgang mit Schwierigkeiten, die eigene Verantwortlichkeit und das Gefühl für Besitz zu steigern. Man erkennt seinen Teil der Verantwortung an und verbindet ihn mit einem wichtigem Lernzweck oder Ziel: „Ich werde diese Situation dazu nutzen, meine persönlichen Schwächen zu erkennen und meine Stärken besser einzusetzen." Stressresistente Menschen akzeptieren ihre Verantwortung und folgen ihr, anstatt alles auf andere abzuschieben oder zu warten, bis jemand etwas unternimmt. Wir müssen in jeder Situation ein gewisses Maß von Kontrolle behalten. Was können Sie jetzt gleich unternehmen?
- *Was kann ich tun, um zu verhindern, dass ein spezifisches Problem auch andere Lebensbereiche in Mitleidenschaft zieht, und wie kann ich es zeitlich begrenzen?* Welche zusätzlichen Informationen benötigen Sie, um die richtigen Maßnahmen zu ergreifen? Sammeln Sie so schnell wie möglich fehlende Tat-

sachen, um zerstörerische und falsche Schlussfolgerungen zu vermeiden.

Überlegen Sie vorher, wann der richtige Zeitpunkt zum Handeln gekommen ist. Manche Rückschläge und Tragödien lassen uns natürlich sprachlos und traurig werden.

In anderen schwierigen Situationen fällt uns einfach nichts ein, was wir tun könnten, um etwas zu bewegen. In diesen Fällen sollten Sie auf *positive Ablenkung* zurückgreifen, um etwas Distanz zu erreichen, keine falschen Rückschlüsse zu ziehen und Ihr Lebensgefühl zum Positiven zu verändern. Im Folgenden einige Beispiele für positive Ablenkung:

- *Leichte Übungen.* Wie in Kapitel 9 beschrieben, wird das Gehirn dadurch besser mit Endorphinen versorgt, die Stimmung aufgehellt und die Widerstandskraft gegen negativen Stress gesteigert. Schon fünf bis zehn Minuten physischer Aktivität – vielleicht ein Spaziergang, ein paar Treppen steigen, sogar vor dem Fenster hin- und herzulaufen – machen Sie körperlich widerstandsfähiger und kontrollierter. Forscher haben herausgefunden, dass Spaziergänge helfen, zu entspannen und sich von Zorn und Frustration zu distanzieren, um die Dinge dann auch von einem neuen Standpunkt zu sehen. Kardiologen sind der Ansicht, dass jede Aktivität Stresshormone abbaut, sie nach außen ablenkt, damit sie nicht den eigenen Körper belasten.
- *Musik, Licht, Essen oder Trinken.* Alles zusammen oder allein kann helfen. Experimentieren Sie ein wenig, um herauszufinden, was Ihre Energie am schnellsten zurückbringt.
- *Darüber reden.* Für manche Menschen ist eine schwierige Situation am besten zu meistern, wenn sie mit anderen darüber reden können.
- *Überdenken Sie Ihren Standpunkt.* Erinnern Sie sich daran, wofür Sie leben und arbeiten. Überlegen Sie, was Ihnen am meisten bedeutet, warum Sie sich anstrengen, selbst wenn Sie immer wieder zurückgeworfen werden.

Nietzsche schrieb: „Ein Mensch, dessen *Warum* stark genug ist, kann fast jedes *Wie* ertragen. Oder stellen Sie sich vor, in die Sterne zu schauen oder einen Sonnenuntergang am Strand zu beobachten oder am Fuß eines Berges zu stehen. Wenn ich an meine Reisen durch die tibetischen Berge zurückdenke, hilft mir das immer dabei, meine „ach so großen" Probleme wieder ins rechte Licht zu rücken.

- *Schreiben Sie es auf.* Es hat sich gezeigt, dass das Aufschreiben einer Erfahrung negative Emotionen lösen kann und dadurch die Fähigkeit wächst, mit Schwierigkeiten fertig zu werden. Hier können Sie z. B. Ihr Tagebuch zu Hilfe nehmen. Untersuchungen belegen, dass Menschen, die vier Tage hintereinander 20 Minuten lang traumatische Erlebnisse niedergeschrieben haben, ein deutlich stärkeres Immunsystem entwickelt haben und weniger unter ihrem Kummer leiden als solche, die diese nicht schriftlich verarbeitet haben.
- *Helfen Sie anderen.* Empathie ist eine wirksame – und schnelle – Hilfe für unseren Umgang mit eigenen Problemen. Verbringen Sie etwas Zeit mit jemandem, der viel größere Probleme hat als Sie. Verbringen Sie einen Abend damit, obdachlosen Familien, geistig zurückgebliebenen Kindern oder Heiminsassen zu helfen. Wenn Sie anderen Gutes tun, hilft das, Ihre Sicht auf Ihr eigenes Leben zu überdenken.

Bauen Sie vor

Von Zeit zu Zeit spielt uns das Leben übel mit. Wie schnell Sie wieder aufstehen, wie weit Sie vorausschauen und was Sie aus schweren Zeiten lernen, bestimmt, wie viel gespeicherte Kapazität aktiviert werden kann.

Nachdem Candance Lightner ihr Kind bei einem Unfall durch einen betrunkenen Autofahrer verloren hatte, gab sie sich zunächst ihrer Trauer hin, setzte diese dann aber in eine konstruktive Aktion um, die zahllosen Kindern das Leben gerettet und damit Millionen anderer Menschen geholfen hat. Sie gründete die Vereinigung MADD (Mütter gegen betrunkene Autofahrer) und schuf damit eine Lobby, die bereits einiges zu einer verschärften Gesetzgebung gegen Trunkenheit am Steuer und das daraus entstehende Leid beigetragen hat.

Auf die eine oder andere Weise haben wir alle die Möglichkeit, unsere Probleme zu unseren Freunden zu machen und an ihnen zu wachsen. Statt vor Schwierigkeiten zurückzuschrecken, können wir bessere Wege einschlagen, um mit ihnen umzugehen und verborgene Kraftreserven und Engagement zu wecken. Jahre später werden wir zurückblickend sagen können: „Das hat damals das Beste in mir zum Vorschein gebracht." Hemingway drückte es in *A Farewell to Arms* so aus: „Die Welt zerbricht jeden von uns, aber danach sind viele gerade an den Bruchstellen stärker."

22 Weg mit der Kristallkugel

John le Carré, der Verfasser vieler berühmter Agentengeschichten, hat einen bemerkenswerten Satz gesagt: „Es ist gefährlich, die Welt vom Schreibtisch aus zu beobachten." Wann immer wir auf unsere Erfahrungen mit starrem, eingeschränktem Blick zurückschauen, laufen wir Gefahr, falsche oder voreilige Rückschlüsse zu ziehen. Wir glauben zwar, unsere Intelligenz einzusetzen und Zeit zu sparen, aber wir täuschen uns gleich doppelt. Kaum etwas verhindert Initiativen oder Verbindungen schneller als die Vorstellung, genau zu wissen, was vor sich geht. Wir pauschalisieren, ohne darüber nachzudenken. Wir denken in Schubladen. Wir ziehen einseitige Schlüsse. Anstatt zu lernen, verteidigen wir unsere Position und tun so, als ob wir alles wüssten.

So ist es aber nicht.

Es ist an der Zeit, damit aufzuhören, denn wir verderben uns unser Leben. Ganz automatisch bilden wir uns über alles Mögliche ein Urteil, insbesondere über die Motive und Absichten anderer. Häufig glauben wir, dass andere instinktiv „wissen", was wir denken, sodass wir nicht sagen müssen, was wir denken, brauchen oder wollen.

Solche Vermutungen führen zu unzähligen Missverständnissen, die Zeit rauben, Beziehungen schädigen und völlig unnötig eine dramatische Szenerie erzeugen können. Außerdem wird dadurch die Aktivierung unseres Potenzials behindert.

Die Wahrheit über das Leben und andere Menschen ist selten so, wie wir im ersten Moment glauben. Wenn Sie auf Ihr Leben zurücksehen, werden Sie wahrscheinlich feststellen, dass die wichtigsten Beziehungen und Erfahrungen entstanden sind, als Sie nach der Wahrheit gesucht haben, anstatt es sich leicht zu machen und beim ersten Eindruck zu verharren.

Untersuchungen haben ergeben, dass der beste Weg zu kreativer Intelligenz und besserer Lernfähigkeit darin besteht, zuerst – ein oder zwei Minuten lang – die Einzigartigkeit jeder Person oder Situation anzuerkennen. Dadurch umgeht man die automatische

Reaktion, *diesen* Menschen einem anderen oder *diese* Situation einer anderen aus der Vergangenheit gleichzusetzen.

Fast jeder von uns – besonders wenn wir unter Druck stehen oder uns zurückgesetzt fühlen – benutzt seine Intuition zur Einschätzung anderer Menschen. Aber diese Intuition täuscht. In 90 Prozent der Fälle haben wir Unrecht. Durch die Annahme, die Absichten und Motive anderer zu kennen, stellen wir uns selbst eine Falle.

Beobachten Sie sich selbst von oben

Die Beobachtungsgabe verbessert sich mit zunehmender Übung und etwas Distanz. In manchen Situationen sind wir so stark involviert, dass wir den Wald vor lauter Bäumen nicht sehen. Wir merken nicht einmal, dass wir die Welt durch eine Kristallkugel oder eine Lupe beobachten.

Als ich acht Jahre alt war, verbrachte ich einige Sommertage bei meinen Großeltern. Wie so oft hatte mein Großvater Cooper ein paar Arbeiter angestellt, die erst vor kurzem eingereist waren. In diesem Fall handelte es sich um Flüchtlinge aus Ungarn. Wir wollten den Tag damit verbringen, einen Hügel in der Nähe eines Parks von Sturm- und Bruchholz zu säubern. Auf Weisung der Parkverwaltung hatte mein Großvater sich bereit erklärt, die Aufsicht zu führen. Die Männer sprachen kein Englisch.

Da ich der „offizielle Assistent" meines Großvaters war, stellten die Männer mir ständig Fragen. Ich verstand nicht und konnte nicht antworten. Als wir im Garten meines Großvaters eine Pause einlegten, begannen sie, ihre Worte lauter zu wiederholen und mit vielen Gesten zu begleiten. Sie ballten die Fäuste und hielten sie vor das Gesicht. Ich hatte das Gefühl, als ob mir brüllende Riesen gegenübersäßen und die Fäuste schüttelten. Schließlich fühlte ich mich nicht mehr Herr der Lage, hielt mir die Ohren zu und sah zur Seite.

Als mein Großvater herüberkam, sah er mir in die Augen und bedeutete den Arbeitern dann, zurückzutreten. Er hob mein Kinn an und zeigte auf eine Eiche in der Nähe. „Robert, wenn du oben in den Ästen dieses Baumes sitzen würdest und beobachtet hättest, was hier geschieht, was hättest du dann gesehen?"

„Ich hätte schreiende Männer mit geballten Fäusten gesehen."

„Und was noch?"

„Einen Jungen, der sie nicht versteht."

„Warum nicht?"

„Weil er die Sprache nicht kennt."

„Sprechen Menschen nur mit Worten? Sie sprechen doch auch mit ihren Augen und Händen. Wenn du dir selbst von dem Baum aus zugesehen hättest, welche Gesten hättest Du dann beobachtet?"

„Ich sah zur Seite und hielt mir die Ohren zu."

„Was hättest du stattdessen machen können?"

„Ich hätte es noch mal versuchen können."

„Oder du hättest etwas *anderes* versuchen können", sagte mein Großvater. „Ich werde dir zeigen, was ich meine."

Er drehte sich um und versuchte, mithilfe einfacher Gesten mit den Arbeitern zu kommunizieren. Zuerst hob er die Hände mit den Handflächen nach oben und sah sie fragend an: Was wollt ihr? Die Arbeiter antworteten etwas auf Ungarisch. Mein Großvater neigte etwas den Kopf: Ich bin nicht sicher, was ihr meint. Eine lautere Stimme sprach weiter, doch mein Großvater blieb ganz ruhig und offen. Ich beobachtete, dass er immer langsamer gestikulierte, je aufgeregter die Männer wurden. Er zeigte auf ein paar Dinge: eine Schaufel, ein Paar Handschuhe. Auf die Tür zum Vorraum und zur Toilette des Hauses, in dem meine Großeltern lebten. Auf einen Setzling in einem Sack an der Auffahrt. Die Arbeiter schüttelten ihre Köpfe: nein. Ein leerer Wasserkrug auf dem Picknicktisch. Ja, nickten sie und bewegten ihre Hände zum Mund, als würden sie aus einem Glas trinken.

Mein Großvater lächelte und nahm den Gartenschlauch zur Hand. Er zeigte den Männern, wie man ihn öffnete, und füllte den Krug mit kaltem Wasser. „Alles, was sie wollten, war etwas zu trinken", sagte er zu mir, während wir uns mit den Männern an den Tisch setzten. „Das nächste Mal, wenn du glaubst, nicht mehr weiterzukommen, stell dir vor, du säßest in dem Baum und würdest alles von oben betrachten. So siehst du vielleicht ein paar Dinge, die dir hier unten entgehen würden. "

Glauben Sie nicht; fragen Sie nach und beobachten Sie

Wenn wir versuchen, jemanden oder etwas zu verstehen, sollten wir so wenig Vorurteile wie möglich haben und nicht meinen, dass wir durch Nachdenken irgendetwas über andere erfahren. Stattdessen müssen wir fragen und beobachten. Um sich selbst davon abzuhalten, vorschnelle Schlüsse zu ziehen, kann man sich z. B. dazu zwingen, einen Moment innezuhalten und dann eine Frage zu stellen.

Hören Sie gut zu und gehen Sie sorgsam mit Ihren Worten um, bis Sie sicher sein können, was alle Beteiligten über eine Situation denken und was sie zu einer Lösung beitragen können. Fragen Sie, so viel Sie können. Fordern Sie andere auf, dasselbe zu tun.

Immer wenn wir nicht genau wissen, was wir aus einem Erlebnis machen sollen, neigen wir dazu, zunächst einmal das Schlimmste anzunehmen. Wir nehmen z. B. an, dass andere selbstsüchtig sind und uns manipulieren wollen. Also beginnen wir, sie auch so zu behandeln, auch wenn unsere Annahme gar nicht stimmt. Das beste Gegenmittel, das ich kenne, ist die Schaffung von Klarheit. Hören Sie auf, im Trüben zu fischen. Sprechen Sie mit Einzelnen persönlich und privat. Fragen Sie sie nach ihrer Meinung. Geben Sie zu, dass Sie sich unsicher über Ihren Gesprächspartner sind, und sagen Sie ihm, warum. Verstehen und entmystifizieren Sie. Beobachten und lernen sie. Klarheit schafft Vertrauen und spart Zeit.

Man geht heute davon aus, dass die wichtigste Fähigkeit, die man für ein erfolgreiches Leben braucht, die Empathie ist. Es handelt sich dabei um die Fähigkeit zu fühlen, was andere Menschen denken, und sich einen Moment lang in sie hineinzuversetzen. Wie wäre es, den Hintergrund des anderen zu haben, seine Erfahrungen, Ausbildung, Verantwortlichkeiten, Schwierigkeiten und Träume – wie würde sich das anfühlen? Wer nimmt sich schon die Zeit, sich solche Fragen zu stellen? Wenn sich jemand von Ihnen während eines Gesprächs abwendet, beziehen Sie das dann automatisch auf sich und reagieren Sie dementsprechend? Leider liegen wir fast immer falsch, wenn wir versuchen, die Motive oder Absichten unseres Gegenübers zu erraten.

Um zu verstehen, müssen wir zuerst nachfragen und beobachten. Beginnen Sie Ihre Beobachtungen, indem Sie sagen: „Meiner Meinung nach ..." Es ist unabdingbar, sich zuerst einmal über seine eigenen Ansichten im Klaren zu sein. „Vielleicht täusche ich mich ja, aber ich habe das Gefühl, dass Sie heute stark unter Druck stehen ..." Oder sagen Sie: „Ich bin nicht sicher, aber mir scheint, dass Sie sich besonders über X, aber nicht Y erregen ..." Wenn Sie Ihre Eindrücke erst einmal geschildert haben und eine ernst gemeinte Frage gestellt haben, lassen Sie dem Gegenüber Zeit zu reagieren: ja, nein oder erklärend.

So zeigen Sie Respekt und lernen dennoch auf dem Weg niveauvoller Konversation Ihr Gegenüber besser kennen. Außerdem ergibt sich so womöglich die Gelegenheit, ganz besondere und vielleicht auch überraschende Gedanken oder Gefühle zu äußern.

Einfache, praktische Übungen dieser Art erinnern uns an die Signifikanz von Eins-zu-eins-Gesprächen und laden unsere Kollegen und Mitmenschen dazu ein, uns so kennen zu lernen, wie wir wirklich sind, und nicht so, wie sie sich uns vorstellen. Warten Sie ab, was passiert.

23 Lassen Sie nicht alles an sich heran

Als Arzt und Humanist lebte Albert Schweitzer nach dem Credo „Ehrfurcht vor dem Leben". Die Mitarbeiter seines Hospitals im afrikanischen Lambaréné konnten erleben, wie er versuchte, dieses Credo all seinem Tun voranzustellen. Dafür bekam er den Nobelpreis. Diese Lebenseinstellung verlangte Mut und das Bewusstsein dafür, niemandem ein Leid zuzufügen, sondern es mit allen verfügbaren menschlichen und medizinischen Mitteln zu lindern. Mit seiner Arbeit hat Schweitzer über Jahre hinweg viele Menschen tief berührt.

Auf die Frage, was denn das Leben lebenswert mache, antwortete er: „Die Haut eines Rhinozeros und die Seele eines Engels." Eine seltene, aber unentbehrliche Kombination, die ganz im Gegensatz zu einer Gesellschaft steht, die uns ständig dazu auffordert, zu lächeln und zu schweigen, anzudeuten und zu täuschen, zu lügen und wegzuschauen, Loyalität vorzutäuschen und doch nur an uns selbst zu denken.

Wir unterliegen so vielen psychischen Zwängen, dass wir ihre Existenz kaum noch bemerken.

Entwickeln Sie „ein dickes Fell"

Wer dünnhäutig ist, hat mehr Probleme. Je dünner die Haut, desto weniger sind wir in der Lage, in klaren Worten zu sprechen oder Selbstzweifel und Kritik anderer zu ertragen.

Im ersten Teil dieses Buches haben wir untersucht, wie wichtig es ist, sich von der Menge abzuheben und sich von anderen zu unterscheiden. Hier werden wir dieses Prinzip etwas weiterführen und untersuchen, warum es notwendig ist, ein so dickes Fell zu entwickeln, dass man alle Schwierigkeiten des Lebens meistern kann und dennoch sagt, was man denkt, und meint, was man sagt, auch wenn es anderen nicht gefällt. Walt Whitman schrieb: „Hast du nur von denen gelernt, die dich bewundert haben, die nett zu dir waren und dir zur Seite standen? Hast du nicht viel mehr von denen gelernt, die sich dir entgegengestellt haben und mit dir stritten?"

Im Hinblick darauf hier noch einige Hinweise:

- *Nehmen Sie nicht zu viel persönlich; irgendjemand wird immer gegen Sie sein, doch das macht gar nichts*. Was andere Menschen äußern – wie sie denken, fühlen, reden und handeln –, hat selten mit Ihnen zu tun; vielmehr geht es meistens um sie selbst. Zwei Individuen haben nie dieselbe Ansicht über die Welt und das Leben. Machen Sie Ihr Selbstwertgefühl nicht von den wechselhaften Launen anderer abhängig. Zerschneiden Sie das Band. Üben Sie, einen Schritt zur Seite zu treten und auf eigenen Füßen zu stehen.

  Hören Sie auf Ihr Herz, und halten Sie Wort. Tratschen Sie nicht über andere. Verschwenden Sie Ihre Zeit auch nicht damit, jemandem gefallen zu wollen. Lassen Sie Ihr Leben für sich selbst sprechen.

- *Entwickeln Sie Ihr eigenes System für ein möglichst effektives Feedback*. Beginnen Sie bei null. Wenn Sie einem jungen Menschen erklären sollten, wie man das beste Feedback bekommt oder gibt, worauf würden Sie besonderen Wert legen? Wenn ich mit Führungskräften zusammenarbeite, fordere ich sie gelegentlich auf, Fragestellungen niederzuschreiben und dann darüber nachzudenken. Zu den wesentlichen Überlegungen gehören z. B. die Einschätzung des Kontexts („Aus folgendem Grund halte ich dies oder jenes für wichtig ..."); die Wahl des richtigen Orts und der richtigen Zeit für ein Feedback; klare, zutreffende und sorgsame Wortwahl; der Hinweis auf die Stärken des anderen und seine Leistungsfähigkeit; das Ansprechen von Schwächen und wie man sie ausräumen kann; das Entwickeln einer Strategie für die Zukunft. Mit einem Stift und einem Blatt Papier kann man sich einen Rahmen schaffen, um den entscheidenden Interaktionen ausreichend Aufmerksamkeit und Sorgfalt beimessen zu können.

Die Fehlersuche ist der wichtigste Ansatz für Feedback und Kritik. Er dient zur Erklärung, warum Menschen Kritik meistens als störendes, negatives Erlebnis erfahren und sich persönlich angegriffen fühlen. Eigentlich sind wir ja alle von unserer Einmaligkeit überzeugt, wir lehnen kritische Bemerkungen von Menschen, die uns kaum kennen, ab. Dennoch machen Millionen Menschen jeden Tag gute Miene zum bösen Spiel und lassen kritische Bemerkungen von anderen über sich ergehen, einzig aus falsch verstandenem Respekt vor Rang oder Titel. Obwohl innerlich kochend, quälen sie sich zu einem Lächeln und bedanken sich sogar, während sie in Wirklichkeit denken: „Wie können Sie es wagen! Sie haben keine Ahnung, wer ich bin oder was ich kann."

Meist übersehen wir auch, wenn wir auf die Schwächen anderer hinweisen, dass Motivation etwas Immanentes ist, das heißt, sie kommt von innen. Man kann sie nicht von außen erzwingen.

Wenn Sie selbst Kritik ausgesetzt sind, überlegen Sie, ob es sich dabei um ein Feedback handelt, das Sie in ehrlichem Bemühen unterstützen und fördern soll. Wenn es so ist, achten Sie auf jedes Wort. Wo liegen die entscheidenden Hinweise?

Wenn dies aber nicht der Fall ist, überlegen Sie, ob die Kritik nicht eigentlich durch Eifersucht, Neid und Missgunst motiviert ist. Sollte es so sein, dann hören Sie zu, aber verinnerlichen Sie es nicht. Hier gilt der alte Spruch: „Wenn der Schuh passt, zieh ihn an, wenn nicht, wirf ihn weg ..."

- *Sprechen Sie Klartext*. Die Gesellschaft prägt uns so, dass wir das Leben eher als ein Theaterstück denn als wahre Geschichte ansehen. Lügen ist aber nicht nur ziemlich anstrengend, sondern auch vernichtend. Wenn man vertrauensvolle Beziehungen aufbauen will, muss man ehrlich sein. Wenn Sie an etwas glauben, dann leben Sie es auch, reden Sie nicht nur darüber.

In einem Dialog kommt es oft zu plötzlichen Wendungen und Überraschungen. Die sicherste Falle ist aber die Plauderei. „Alles läuft prima hier", sagen wir, „keine Sorge." Oder wir verbreiten Gerüchte, weil wir hoffen, damit den Status quo erhalten zu können. Wir ignorieren die Realität und verschleiern; wir tun ahnungslos; wir verteidigen und betrügen; wir behaupten, es gehe uns gut, auch wenn das gar nicht stimmt und wir uns betrogen und allein fühlen. Das alles ist schlicht und einfach Gift. Alles, was wir zu ignorieren, herunterzuspielen oder zu sabotieren versuchen, nimmt höchstwahrscheinlich immer größere Ausmaße an.

Der zerstörerischste Aspekt des Lügens ist das Zurückhalten: das Verschweigen von Informationen mit nachteiligen Auswirkungen für andere. Lassen Sie sich nicht auf so etwas ein. Heranwachsende verbringen ziemlich viel Zeit mit diesem Spiel, doch ein erwachsener Mensch könnte sich darin verfangen und muss viel Zeit und Energie aufbringen, um Dinge zu verschleiern. Befreien Sie sich davon.

Bemühen Sie sich mehr darum, die Dinge so darzustellen, wie Sie sie erfasst haben. Hüten Sie sich davor, Wahrheit zurückzuhalten, kleine Lügen zu verbreiten und zu versuchen, sich so darzustellen, wie Sie gar nicht sind. Stellen Sie die Dinge klar.

Seien Sie ehrlich, was Ihre Gedanken und Gefühle betrifft, mit der nötigen Zurückhaltung. Schauen Sie dennoch in sich hinein und seien Sie ehrlicher als früher zu anderen.

In Gesprächen haben Sie die Möglichkeit, sich mitzuteilen und über das Leben ohne falsche Hemmungen und Schranken zu sprechen. So gewinnen Sie mehr Vertrauen. Übrigens kann man Ehrlichkeit nicht vortäuschen. Entweder sind Sie ehrlich oder nicht.

- *Hören Sie auf, sich um andere zu kümmern und ständig für sie da zu sein – das ist nicht Ihre Aufgabe.* Es gibt zwei typische Verhaltensmuster in Beziehungen:
  1. *Sich um jemanden bemühen.* Dabei geht man davon aus, dass eine gute Beziehung dann besteht, wenn man Streitigkeiten und Reibungen gar nicht erst aufkommen lässt, sondern immer darum bemüht ist, dass der andere sich gut fühlt und zufrieden ist. Dadurch entsteht ein Umfeld aus Verschleierung und Lügen, welches das Wachsen von Beziehungen verhindert; stattdessen kommt es leicht zu einer gewissen Anspruchshaltung und Abhängigkeit.

Darunter leidet die individuelle Verlässlichkeit und unter der freundlichen Oberfläche brodelt es allzu häufig; Probleme werden nur verdrängt, aber nicht gelöst, und entscheidende Momente verpasst man.

2. *Jemanden mögen.* Dieser Ansatz fördert Verlässlichkeit und Wachstum. Er erfordert Ehrlichkeit und Anteilnahme, indem man sich zwar um jemanden sorgt, ihn aber nicht ständig *um*sorgt. Indem man bestehende Positionen und Verhaltensweisen infrage stellt, indem man sich nicht bereit zeigt, Unliebsames unter den Teppich zu kehren, demonstriert man den Willen, Zeit und Energie dafür aufzuwenden, Probleme zu lösen, die man auch einfach hätte vermeiden können. Sie geben jedem Raum, um Verantwortung für eine Lösung zu übernehmen, anstatt Ihre eigene Methode anderen aufzuzwingen.

- *Stehen Sie zu Ihren Eindrücken und Gefühlen.* „Ich könnte mich täuschen. Ich sehe das so ... Was meinst du?" „Also, aus meiner Sicht sieht das so und so aus ... Wie siehst du das?"

  Es zahlt sich aus, die Meinungen anderer explizit anzuerkennen, auch wenn Sie nicht damit übereinstimmen:

  „Ich sehe, du bist davon fest überzeugt."

  „So habe ich darüber noch nie nachgedacht."

  „Ich verstehe, was du meinst."

- *Wahrheit contra Harmoniebedürfnis.* Ein konstruktiver Konflikt ist eine komplexe Erfahrung, die kreatives Denken anregt, unsere Interessen und Ziele betrifft und uns eine Aufgabe stellt, an der wir wachsen können.

  Schon Kinder müssen wir dazu erziehen, zu hinterfragen und sich nicht mit faden Erklärungen abspeisen zu lassen. Ein besonders häufiger Fehler: Wir sagen unseren Kindern, dass sie stillsitzen und zuhören müssen, auch wenn es sie gar nicht interessiert; dass sie gute Noten haben müssen, um im Leben erfolgreich zu sein; dass sie lieber still sein sollen, wenn sie nichts Nettes zu sagen haben. Alles Unsinn. Es gibt genügend Belege dafür, dass diese alten Regeln nicht gelten. Einen neugierigen und unabhängigen Geist zu fördern macht das Leben sicher nicht leichter, ist aber der Weg dahin, den Dingen auf den Grund zu gehen und herauszufinden, was wirklich wahr ist, was wirklich zählt.

Die Wahrheit – oder ein ehrlicher Weg, Probleme anzunehmen und zu lösen – ist immer wichtiger als Harmonie. Auf lange Sicht bedeutet dieser Aufwand eine Ersparnis von Zeit und Energie und eine Bereicherung unseres täglichen Lebens. Er schafft Klarheit und Ordnung.

Übrigens, wenn ich von Wahrheit spreche, meine ich damit nicht *die* Wahrheit schlechthin, sondern *Ihre* Wahrheit. Jeder sieht die Welt ein bisschen anders. Wenn Sie in sich und anderen nach der Wahrheit suchen und sich dazu äußern wollen, konfrontieren Sie nicht, sondern vermitteln Sie. In fast jeder Situation ist Konfrontation unnötig und Vermeidung falsch. Entscheidend ist, dass Sie Sie selbst sind und gehört werden. Manchmal müssen wir mit unserer Meinung ein Risiko eingehen, selbst wenn wir damit andere verärgern. Gehen Sie mit diesen Momenten vorsichtig um. Wir sollten nicht nur unsere Stimme erheben, sondern auch gut zuhören können, Zurückhaltung üben und in Grenzsituationen ruhig bleiben, damit wir nicht irgendwann nur noch als lästig empfunden werden.

- *Stoppen Sie den Klatsch, fangen Sie bei sich selbst an*. Wer von uns hat sich nicht schon über den ständigen Klatsch beschwert? Warum tragen wir dann ab und zu selbst dazu bei? Wenn Sie sich oder jemand anderen dabei erwischen, über Abwesende zu sprechen, geraten Sie schnell in Schwierigkeiten.

  Zeigen Sie, dass Sie nicht gewillt sind zu tratschen, indem Sie sagen: „Ich will nicht über jemanden reden, der nicht da ist. Vielleicht machen wir uns hier falsche Vorstellungen. Wenn wir ein Problem mit jemandem haben, sollten wir ihn direkt dazu befragen."

  Seien Sie anständig und fair, und bestehen Sie darauf, dass andere sich in Ihrer Gegenwart ebenso verhalten. Denken Sie daran, dass Geschichten aus zweiter und dritter Hand zwar nicht viel Gewicht haben, aber großen Schaden anrichten können. Lachen Sie nicht über bösartige Scherze – rassistisch, ethnisch oder religiös motivierte Witze, Witze über das Alter, Geschlecht oder die Fähigkeiten eines Menschen – oder sonstige demütigende Kommentare. „War doch nur Spaß" macht Verletzungen nicht ungeschehen. Solchen Verhaltensweisen kann man nur begegnen, indem man selbst moralisch integer bleibt.

24 Gehen Sie an Ihre Grenzen

Es ist eine altbekannte Regel, dass der, der am wenigsten riskiert, auch am wenigsten lebt. Manchmal ist es entmutigend oder sogar gefährlich, Risiken einzugehen, aber in vielen Fällen ist dies notwendig. Wer die Armut nicht aus erster Hand kennt, kann den Wohlstand nicht wirklich genießen. Nur durch die Erfahrung von Schmerz und Verlust werden Liebe und Freude mit Sinn erfüllt. Im Leben ist das größte Risiko oft das, gar keines einzugehen.

Die meisten Risiken sind relativ klein und überschaubar, etwa ein wichtiges, aber unbequemes Gespräch mit einem nahe stehenden Menschen zu führen, sich in einem öffentlichen Forum zu Wort zu melden oder neue Arbeitsgänge bzw. Übungen zu testen. Größere Risiken bergen etwa der Wechsel des Arbeitsplatzes; nach einem schlimmen Rückschlag auf das eigene Herz zu hören; aufrecht inmitten einer Krisensituation voller Schmerz und Spannungen zu stehen und dennoch daraus zu lernen; der Besuch eines fremden, weit entfernten Landes oder das Setzen eines neuen Zieles.

Überwinden Sie sich selbst

Eine Geschichte: Im Frühherbst bereitete sich eine gut ausgerüstete und erfahrene Gruppe westlicher Bergsteiger darauf vor, einen bekannten Berg in Tibet zu besteigen. Sie studierten die Karten genau, sie kannten eine alte, oft benutzte Route und überließen nichts dem Zufall. Eine Stunde zuvor hatten sie gesehen, wie eine Gruppe von drei Bergsteigern – ein älterer und ein jüngerer Mann sowie eine junge Frau – einen anderen Aufstieg wählte und nicht dieselbe Ausrüstung verwendete. „Typisch Amateure", dachte der Anführer der Kletterer aus dem Westen.

Sie begannen ihren Aufstieg mit großem technischen Aufwand und Geschick – wie sie das von früheren Gipfelbesteigungen gewohnt waren. Auf dem Papier. Keine Abweichung möglich. Die Jüngeren taten es den Älteren gleich, sie folgten ihnen im selben

Schritt. Das konsequente Durchhalten eines Stils sei ein Zeichen von Größe, erklärten die Technikexperten.

Allerdings schien die geplante Route mit zunehmender Höhe immer schwieriger durchzuhalten. Der Berg unterschied sich von allen anderen; er schien lebendig zu sein und sich ständig zu verändern. Handläufe gaben nach. Griffe verschwanden. Stabil aussehende Felsbrocken gerieten ins Rutschen. Seilhaken glitten aus der Wand. Die Eispickel erwiesen sich als unwirksam. Fußtritte waren nicht da, wo sie sein sollten. Trotz ihrer Erfahrung, trotz guter Karte und teurer technischer Ausrüstung wurden die Bergsteiger ängstlich und angespannt. Flüche wurden laut. Erst am Abend erreichten sie den Gipfel. Erschöpft und ausgelaugt schlugen sie ihr Lager auf.

In diesem Moment entdeckten Mitglieder der Expedition den älteren Mann, der in der Nähe an einem Feuer saß. Seine Begleiter, der junge Mann und seine Schwester, lachten mit ihm und erzählten sich Geschichten. Sie schienen ausgeruht und entspannt und bereiteten sich darauf vor, sich bald in ihre Zelte zurückzuziehen. Sie hatten nur etwas über vier Stunden für den Aufstieg benötigt. Den Nachmittag hatten sie damit verbracht, die verschiedenen Aussichten zu genießen und darüber zu reflektieren, was sie während des Aufstiegs gelernt hatten.

„Als ob sie einen anderen Berg hinaufgestiegen wären!", rief der Anführer der größeren Gruppe aus. Er konnte kaum glauben, was diese namenlosen drei – mit veralteter Ausrüstung – scheinbar so einfach geschafft hatten.

Der Ältere sah ihn neugierig an und lächelte: „Da haben Sie Recht."

„Wie bitte?", rief der Gruppenleiter.

„Wir sind einen anderen Berg hinaufgeklettert", sagte der Ältere, der seine eigene Route direkt vom Berg abgelesen hatte. „Ob ein Berg groß oder klein ist, hängt nicht von seiner Höhe ab, sondern davon, was man für den Aufstieg mitbringt."

Er hatte Recht. Die ausgetretene Route muss weder die beste noch die schnellste sein. Bedingungen ändern sich. Einen früheren Aufstieg zu wiederholen oder eine alte Karte zu verwenden kann sich als Fehler herausstellen.

Ein Sprung zur Seite und weiter

Ich erinnere mich an Kierkegaards Geschichte vom einsamen Reisenden, der in ein kleines Dorf in den Bergen kommt und feststellen muss, dass die Straße von einem Berg blockiert ist. Müde und enttäuscht setzt er sich hin und wartet darauf, dass der Berg sich bewegt. Jahre später sitzt er noch immer an derselben Stelle, er ist alt und schwach geworden und wartet immer noch. Die Moral dieser Geschichte: Die Vorsehung versetzt keine Berge. Wir sind es, die klettern oder einen Weg außen herum finden müssen. Wenn wir darauf warten, dass sich der Berg bewegt, oder uns genauso auf ihn zubewegen wie alle anderen, sind wir verloren, ob wir es bemerken oder nicht.

Von Zeit zu Zeit müssen wir etwas mehr aufbringen: den Willen, unsere Grenzen zu erfahren, unsere Fähigkeiten und unser Selbstvertrauen zu verbessern.

Wenn Sie Ihre Grenzen austesten, dringen Sie weiter vor, erweitern Ihren Horizont und setzen verborgene Kräfte frei, die Sie auf alles Unvorhersehbare vorbereiten. Kleine Schritte, einer nach dem anderen und alle in derselben Richtung, bringen uns vielleicht nicht viel weiter. Es gibt Momente, in denen wir „einen Sprung zur Seite und noch weiter" machen müssen, wie Nietzsche es ausdrückte. Tun wir das nicht, wird unser Gehirn ganz automatisch in den alten Verhaltensweisen verhaftet bleiben und Neugierde und Weiterentwicklung gar nicht zulassen.

Vor vielen Jahren habe ich fast alles, was ich besaß, bei einem Brand verloren. Zu den Dingen, die ich retten konnte, gehörten zwei Andenken, die mir besonders wichtig waren. Dabei handelte es sich um ein kleines Schmuckstück aus Porzellan mit der spanischen Inschrift *La necesidad enseña más que la universidad,* die Notwendigkeit lehrt mehr als die Universität. Auch ein kleines Buch überstand das Feuer. Es war ein Geschenk meines Großvaters Cooper, eine Geschichte von 1921 von Peter Kyne mit dem Titel *The Go-Getter.* Sie handelt von einem Soldaten, der im Ersten Weltkrieg einen Arm und einen Teil eines Beines verliert, aber diese schweren Verluste zum Anlass nahm, mehr zu tun, sich mehr zu kümmern und mehr zu schaffen als je zuvor. Ab und zu nehme ich das kleine Buch zur Hand, um mich daran zu erinnern, immer wieder Risiken einzugehen, weil das Leben doch so kurz ist.

Vor nicht allzu langer Zeit hatte ich die Gelegenheit, mit Jim Stockdale zu sprechen. Vizeadmiral Stockdale ist Inhaber von 26 militärischen Auszeichnungen, der Ehrenmedaille des Kongresses u. a.

Admiral Stockdale war Kampfpilot auf einem Flugzeugträger. Bei seinem zweiten Fronteinsatz wurde er über Nordvietnam abgeschossen. Als Kriegsgefangener wurde er 15 Mal gefoltert, zwei Jahre lang in Ketten gelegt und vier Jahre in Einzelhaft gehalten. Danach schrieb er viel darüber, wie man großer Not mit Würde und ungebrochenem Geist begegnen kann.

Er erzählte mir von dem jahrelangen Training vor seinen Einsätzen. Er wusste über alles Bescheid, was mit Überleben zu tun hat.

Er wusste, welches Survivalmesser man am besten benutzt, was für ein Funkgerät man mitnimmt, welche Stiefel die besten sind und welche Nahrung am lebenswichtigsten ist. Und dann stürzte sein Flugzeug ab, er brach sich ein Bein und wurde gefangengenommen. Man nahm ihm alles ab: Weste, Messer, Stiefel, Nahrung, Funkgerät. Alles.

Außer einem. Es war nichts, was man am Körper trägt, sondern das, was er *in* sich trug. Seine Fähigkeiten. Sein Talent, Risiken einzuschätzen. Tief in seinem Innern war er von dem Geist beseelt, immer nach vorn, nach außen und nach oben zu schauen.

Solche Qualitäten gilt es auch für Sie zu vertiefen, deshalb im Folgenden einige Anregungen:

- *Finden Sie Ihren eigenen Rhythmus.* Jeder von uns ist einzigartig, doch leben wir in einer Welt, in der es nötig scheint, ständig jemanden zu kopieren, der prominent ist, in Hollywood, an der Wall Street oder auf einer anderen Bühne. Letztendlich wird das nicht funktionieren. Thoreau schrieb: „Wenn jemand nicht mit seinen Freunden Schritt halten kann, so liegt das daran, dass er einem anderen Rhythmus folgt. Man muss ihm den Rhythmus lassen, den er hört, auch wenn er weit entfernt oder sehr leise ist."

- *Stellen Sie neue Anforderungen an sich.* Abraham Maslow beobachtete, dass viele Menschen „dazu neigen, der eigenen Persönlichkeitsentwicklung auszuweichen, denn diese kann mit Ängsten und Furcht einhergehen. Deshalb entwickeln wir eine Form von Widerstand, wir verweigern unsere beste Seite, unsere Talente, unsere Intuition, unser Potenzial, unsere Kreativität." Machen Sie es sich deshalb zur Aufgabe, etwas in Bewegung zu setzen. Verändern Sie die Routine. Brechen Sie mit alten Gewohnheiten. Beginnen Sie etwas Neues. Kultivieren Sie den Geist, nach vorn, außen und oben zu schauen.
  Ein Großteil unseres Lebens besteht aus Wiederholungen der immer gleichen Angewohnheiten und Reaktionen. Details unserer täglichen Routine werden tausendfach wiederholt. Sie sind integriert und automatisiert. So werden wir konditioniert, nur in bestimmten Bahnen zu denken und zu handeln. Aber ist das nicht Teil Ihrer Persönlichkeit? Vielleicht war es ein Teil davon in der Vergangenheit. Er ist inzwischen überholt. Jetzt gilt es, das eigene Bewusstsein auszurichten, zu bemerken, dass man gerade dabei ist, alte Verhaltensmuster zu wiederholen, und sich dann zu entscheiden, etwas anderes zu tun. Denken Sie anders. Achten Sie mehr auf sich. Versuchen Sie etwas Neues. Wachsen Sie, lernen Sie. In welcher Lebenssituation können Sie diese Ratschläge sofort beherzigen?
- *Erinnern Sie sich an den Spaß, den Sie als Kind dabei hatten, Neues zu entdecken.* Was ist aus Ihrer Abenteuerlust geworden? Kinder haben keine Angst davor, sich die Hände schmutzig zu machen. Sie essen Zahnpasta. Sie malen Dinge an. Sie machen aus ihren Fahrrädern Raumschiffe. Sie machen Fehler. Sie fallen von der Mauer, kurz bevor sie ganz oben sind. Sie lachen laut heraus, ohne sich zu überlegen, wer sie hören könnte. Sie machen wilde Pläne. Sie nehmen Dinge auseinander, nur um zu sehen, wie sie funktionieren, weil es ihnen Spaß macht und weil sie so mehr über die Welt erfahren können. All diese Dinge gehören zu dem, was Richard Feynman als „den Kick der Entdeckungsreise" bezeichnete. Im besten Fall gehen Kinder Risiken ein und haben einen Riesenspaß. Sie fangen beim

Unmöglichen an, also genau an dem Punkt, wo Erwachsene schon aufhören.

- *Vergessen Sie alte Gewohnheiten, Hobbys und Hoffnungen.* Beginnen Sie irgendwo. Wählen Sie irgendetwas aus, was Sie derzeit tun, womit Sie sich beschäftigen oder wovon Sie träumen. Kreisen sie es ein. Wie könnten Sie darauf aufbauen, es verändern und mehr Freude daran haben?

  Könnten Sie einfach damit aufhören? Hören Sie in sich hinein. Fragen Sie sich ehrlich, warum Sie so fest an einer Ansicht festhalten und wie Sie dazu gekommen sind. Fragen Sie sich, was Sie tun könnten – und sei es auch nur eine Kleinigkeit –, um Ihre Einsichten zu vertiefen, Ihre Fähigkeiten verbessern und mehr Freude an dem Gewohnten, einem Hobby oder einer Hoffnung zu finden. Fangen Sie damit an, und warten Sie ab, was passiert.

- *Geben Sie sich nicht der Langsamkeit hin.* Es war Martin Luther King Jr., der sich vehement gegen graduelle Veränderungen aussprach. Entweder gehen wir das Risiko ein oder wir lassen es, sagte er. Entweder verändern wir uns oder wir lassen es. Es gibt keinen akzeptablen Mittelweg, denn damit schläfern wir uns nur ein. Es gibt keine wirksamen Veränderungen, wenn wir immer den einfachsten Weg gehen. Es gibt sie nur, wenn wir etwas wagen. Das Wagnis kann groß oder klein sein. Wenn wir uns bewegen, sehen wir die Dinge in einem anderen Licht; oft gibt es dann kein Zurück mehr.

- *Wenn Sie eine Hintertür finden, schließen Sie sie.* Eine typische Blockade für Veränderungen ist der leichte Ausweg, den ich hier als Hintertür bezeichne. Wenn ein Kind die Eltern gegeneinander ausspielen kann, um seinen Willen durchzusetzen, dann nenne ich das eine Hintertür. Warum sich verändern, wenn man nicht tatsächlich muss? Wenn man mit einem Risiko immer nur spielt, ohne es je einzugehen und dafür auch die Verantwortung zu übernehmen, ist das so, als ob man seine Zehen ins Wasser taucht und das Schwimmen nennt. Wenn man seine Grenzen herausfordern will, muss man unter allen Umständen vorangehen und vielleicht auch eine Lektion lernen – aber man muss den

Sprung wagen. Wenn es eine offene Hintertür gibt, kommt es selten zu Lernprozessen. Also schließen Sie sie.

- *Denken Sie an den Schaukelstuhl.* Wann immer mein Großvater Cooper merkte, dass ich vor einem relativ kleinen Risiko zurückschreckte, sagte er: „Robert, stell dir vor, du bist 95 Jahre alt, sitzt in einem Schaukelstuhl und siehst auf dein Leben zurück. Wie sollen sich andere dann an dich erinnern: als jemanden, der Herausforderungen ausweicht oder sich ihnen stellt?" Sind Sie stark genug, um Ihre Grenzen immer wieder auszutesten? Unser Mut und unsere Einstellung zum Leben unterliegt dem fortgesetzten Einfluss unserer Mitmenschen. Das heißt, auch von Ihnen und mir. Wir sind die Mitmenschen.

John F. Kennedy liebte es, die Geschichte der irischen Jungen zu erzählen, die ihre Lieblingsmützen einfach irgendwo über den Zaun werfen, nur um dann hinterherklettern zu müssen, um sie zu holen. Wir müssen wieder anfangen, unsere Hüte über den Zaun zu werfen und hinterherzuklettern.

25 Verhalten Sie sich so, als ob alles von Ihnen abhinge

Mein Großvater Cooper hat mehr Beerdigungen besucht als andere. Er war zwischen 1910 und 1920 Pfarrer in einer Stadt an einem kleinen See, etwa eine Autostunde von Minneapolis entfernt. Er erzählte mir, dass es in dieser Zeit eine ganz besondere Beerdigung gegeben hatte.

Der Tod von Thomas VanCarlton wurde in allen Zeitungen im Umkreis von 100 Meilen angezeigt. Mein Großvater führte die Beerdigung durch. Und niemand kam.

VanCarlton war wohlhabend gewesen; er war hoch gewachsen und gepflegt; jeder in der Stadt kannte ihn, ebenso viele Begüterte aus Minneapolis, St. Paul und Duluth. Er hatte im Aufsichtsrat der städtischen Bank gesessen und war jahrelang Mitglied in der Gemeinde meines Großvaters. Dennoch wusste mein Großvater fast gar nichts über ihn.

VanCarlton war Großgrundbesitzer. Er war ein peinlich genauer Organisator. Er hatte sogar seine eigene Beerdigung im Voraus geplant, seine Todesanzeige entworfen, die Grabstelle ausgesucht und einen großen Sarg aus Walnussholz sowie einen verzierten Grabstein aus Marmor ausgewählt.

Für 100 Jahre im Voraus frische Blumen für sein Grab hatte er bestellt, die jede Woche vom Friedhofsgärtner erneuert werden sollten. Wie sich herausstellte, hätte sonst wohl auch niemand Blumen niedergelegt, denn VanCarlton hatte sich im Lauf der Jahre von allen Verwandten, Geschäftsfreunden, Angestellten und Nachbarn entfremdet.

Als kleiner Junge irritierte mich diese Geschichte. „Wenn Mr. VanCarlton bekannt und erfolgreich war, warum kam dann niemand zu seiner Beerdigung, Opa?"

„Er gab vor, sich um andere zu kümmern, aber das stimmte nicht. Er kümmerte sich nur um sich selbst. Deshalb erwies ihm niemand die Ehre, als er starb."

Während der Zeremonie sprach mein Großvater die obligatorischen Worte in einen leeren Raum hinein. Im Nebenraum saßen nur der Bestatter und der Fahrer des Leichenwagens. Niemand war da, um zu trauern. Niemand erinnerte sich an das Leben des Toten, trug sich ins Kondolenzbuch ein, zündete eine Kerze an oder sang ein religiöses Lied. Niemand trauerte oder weinte um Thomas VanCarlton.

Mein Großvater bezahlte die Sargträger aus eigener Tasche. Der Fahrer des Leichenwagens stand nicht weit entfernt, als sich die Zeremonie auf dem Friedhof dem Ende zuneigte. Der Sarg war hinabgelassen worden und die Erde wurde nun in die Grube geschaufelt. Mein Großvater drehte sich um, um sich zu entfernen. Während er auf den Eingang des Friedhofs zuging, drehte er sich noch einmal um und sah, wie der Fahrer durch das Seitenfenster des Autos griff und eine Blume von dem provisorischen Blumenbouquet auf dem Vordersitz entfernte.

Der Fahrer ging langsam zu VanCarltons Grab hinüber. Er hielt die Blume einen Moment in die Höhe, sagte etwas, das mein Großvater nicht verstehen konnte, legte die hell leuchtende Blume vorsichtig vor den Grabstein und ging davon.

Mein Großvater sagte, dass er damals etwas Wichtiges gelernt hatte. Dieser Mann, der den Leichenwagen fast jeden Tag zum Friedhof fuhr, konnte nicht glauben, dass niemand zu der Beerdigung gekommen war. Er entschloss sich, so zu handeln, als ob alles von seinem eigenem Verhalten abhinge. Er war bereit, mehr zu tun, als er eigentlich musste. Abraham Heschel drückte es so aus: „Wir sind vielleicht nicht alle gleich schuldig, dass es zu wenig Zuwendung gibt, aber wir sind alle gleich verantwortlich dafür, eine anständige und gerechte Welt zu schaffen."

Was von Herzen kommt, erreicht auch das Herz

Nach den Worten des Gelehrten Rumi aus dem 14. Jahrhundert ist das letzte Ziel im Leben kein Denkmal oder eine eloquente Grabinschrift, sondern in den Herzen der Lebenden weiterzuleben. Um dies zu erreichen, müssen wir Ehrfurcht vor dem Leben haben.

Martin Luther King Jr. sagte: „Wir sind gefangen in einem Netz der Gegenseitigkeit, dem wir nicht entrinnen können, gewoben aus dem Faden des Schicksals." Jedes menschliche Leben ist ein Stück dieses Fadens. Heute scheint sich aber zunehmend jeder nur um sich selbst zu kümmern. Die Sorge um andere tritt hinter Konsum und Arbeit zurück.

Es genügt nicht, sich gegen solche Entwicklungen auszusprechen; wir müssen uns auch dementsprechend verhalten. Meine Eltern und Großeltern waren davon überzeugt, dass man Mitleid und Hilfe für diejenigen aufbringen muss, denen es schlechter geht als uns selbst. Diese Überzeugung haben sie mir zahllose Male demonstriert.

Wenn wir zweifeln, müssen wir uns mehr kümmern, nicht weniger. „Was von Herzen kommt, geht auch zu Herzen", schrieb Samuel Coleridge. Kümmern Sie sich mehr, als Sie müssen; das ist für zwischenmenschliche Beziehungen sehr wichtig. Urteilen Sie nicht vorschnell. Strengen Sie sich mehr an, das Gute in anderen Menschen zu erkennen. Tun Sie das, was Wordsworth „kleine, namenlose, unbemerkte Taten der Güte und Liebe" nannte.

- *Sehen Sie genau hin, und erkennen Sie, dass das Leben auch in den Menschen und an den Orten funkelt, wo man es nicht erwartet.* In den letzten Jahren habe ich mich häufiger auf Hikari Oe bezogen, den bekanntesten japanischen Komponisten klassischer Musik der Gegenwart. Er wurde mit einer so gravierenden Deformation geboren, dass die Eltern um sein Leben kämpfen mussten. Er wurde mit einer offenen Hirnspalte geboren, im Grunde also mit zwei Köpfen. Die Ärzte wollten ihn sterben lassen. Sollten die Eltern bestimmen, dass die notwendige, riskante Operation durchgeführt wurde, um ihn zu retten, wären die Folgen zweifellos schwerste Behinderungen gewesen: Damit wäre das Kind nach den immer noch bestehenden japanischen Sitten und Gebräuchen automatisch zum Außenseiter geworden. Die Eltern entschieden sich gegen den Rat aller, die Operation durchführen zu lassen. Sie nannten ihren kleinen Sohn Hikari, was „Licht" bedeutet.

Er überlebte, litt aber unter gravierenden geistigen Beeinträchtigungen und Entwicklungsstörungen. Heute ist er über 30 und hat einen IQ von 65, doch als er fünf Jahre alt war, geschah etwas Bemerkenswertes: Hikari war in der Lage, Musik zu komponieren wie der junge Mozart oder Chopin.

Oe ist ein Leuchtfeuer der Inspiration. Er hat außergewöhnliche musikalische Fähigkeiten, dazu gehören ein fantastisches Erinnerungsvermögen und die Fähigkeit, Kammermusik zu komponieren, die für Verkaufsrekorde sorgte und zahllose Menschen auf der ganzen Welt begeisterte. Sein Vater, Kenzabuo Oe, der über die grenzenlose Liebe zu seinem Sohn und seine Erfahrungen mit ihm mehrere Essays und Geschichten geschrieben hat, wurde 1994 mit dem Literaturnobelpreis ausgezeichnet.

Der Richter am Obersten Gerichtshof, Oliver Wendell Holmes Jr., sagte: „Die meisten von uns werden begraben, ohne die Musik in ihrem Innern je gespielt zu haben." Für Hikari Oe wäre dies beinahe im wörtlichen Sinn wahr geworden. Heute haben wir alle etwas davon, dass seine Eltern so gehandelt haben, als hinge alles von ihnen ab, und sie entschieden sich, ihm die Chance zu geben, ein Leben zu führen anstatt zu sterben.

• *Kümmern Sie sich um das, was Ihnen wichtig ist, und vergessen Sie den Rest.* Ich erinnere mich an eine Geschichte, die mir meine Großmutter Downing über die letzten Tage meiner Tante erzählte, die ich nie kennen gelernt habe. Als die Schwester meiner Mutter Helen Downing acht Jahre alt war, bekam sie die Masern und kurz darauf Meningitis. Das Mädchen rührte die Herzen aller, jeder fühlte mit ihm und seinen Eltern – meinen Großeltern. Die Nachbarn wussten, dass Helen Puppen liebte, und sie schickten ihr Dutzende von Puppen. Sie spielte zwar ein paar Tage mit ihnen, aber dann hörte sie vollständig auf damit. Ein paar Tage, bevor Helen in der Mayo-Klinik starb, bemerkte meine Großmutter, dass ihre jüngste Tochter nur mit einer einzigen Puppe kuschelte, einer alten Puppe, die mit den Jahren verschlissen und ausgefranst war.

Meine Großmutter wies auf die anderen, wunderschönen Puppen, die auf dem Bett lagen, und sagte: „Was ist los, magst du die anderen nicht?"

Helen sah auf und sagte: „Mama, ich weiß nicht, wie ich so viele Puppen lieben soll. Können wir sie nicht vielleicht an andere Kinder verschenken, die sie lieben können?"

- *Erinnern Sie sich an Ihre Sterblichkeit.* Philosophen haben schon vor langer Zeit gesagt, dass wir erst im Angesicht des Todes wirklich lebendig werden. Nehmen Sie Ihre Kinder mit auf den Friedhof, um die Gräber Ihrer Eltern, Großeltern oder anderer geliebter Menschen zu besuchen? Solche Besuche müssen weder traurig noch melancholisch sein.

  Wählen Sie einen schönen, sonnigen Tag mit einer leichten Brise. Erinnern Sie sich an alte Familiengeschichten, auch solche, die Sie sowohl lachen lassen als auch zu Tränen rühren. Füllen Sie die Zeit mit Erinnerungen und Gedenken an die Besonderheiten und Unzulänglichkeiten, vor allem aber an die Liebe der Verstorbenen, deren Leben Ihr eigenes berührte. Auf diese Weise können wir ihr Vermächtnis erkennen und unserem Schicksal etwas näher kommen.

- *Kümmern Sie sich mehr als nötig.* „Was du tun kannst, mag im Vergleich zum Ozean des Leidens unwichtig erscheinen", sprach Gandhi, „aber es ist sehr wichtig, dass du es tust." Überdenken Sie den folgenden Wunsch eines Lehrers:

  Lasst uns beten und die Verantwortung für die Kinder übernehmen, die gern geneckt werden und vor dem Abendessen Süßigkeiten naschen und nie ihre Schuhe finden können; aber lasst uns auch beten und der Kinder gedenken, die nicht mit neuen Schuhen die Straße herunterlaufen können, die nie Nachtisch bekommen, nie verwöhnt werden, hungrig schlafen gehen müssen, kein Zimmer haben, das sie aufräumen könnten, deren Fotos an keinem Kühlschrank hängen und auf keinem Nachttisch stehen, die jede Hand ergreifen würden, die sich ihnen freundlich entgegenstreckt, die sich in den Schlaf weinen und deren Monster Realität sind.

Was könnten wir mehr tun – Sie und ich –, damit kein Kind benachteiligt wird?

- *Treffen Sie Entscheidungen nach ethischen Maßstäben*:
  - Wenn jemand anderes sich Ihnen gegenüber so verhielte, fänden Sie das fair?
  - Wäre es für Sie ein Problem, wenn dies auf der Titelseite der städtischen Tageszeitung erschiene?
  - Hätten Sie gern, dass Ihre Eltern Ihnen dabei zusehen?
- *Lassen Sie Ihr Mitgefühl sprechen.* Gandhi sagte: „Du musst die Veränderung *sein*, die du in der Welt sehen willst." Wenn Sie sich um etwas oder jemanden sorgen, dann zeigen Sie das ruhig. Edward Abbey warnte: „Mitgefühl zeigen, ohne aktiv zu werden, ist der Ruin der Seele." Reden Sie nicht nur darüber, dass Sie sich mehr Gedanken machen als unbedingt notwendig – zeigen Sie es ... wieder und wieder.

  Nachhaltige Veränderungen treten nicht durch intellektuelle Gedankenspiele ein, sondern meist durch kleine, aber mutige Gesten, die beweisen, dass sich jemand Gedanken gemacht hat. Rosa Banks, die sich weigerte, ihren Platz im Bus zu räumen. Der einzelne Student, der sich auf dem Platz des Himmlischen Friedens einer ganzen Panzerkolonne entgegenstellte. Die ersten Steine, die aus der Berliner Mauer herausgebrochen wurden. Eine Hand, die hilft, wenn jemand mit einer schweren Einkaufstüte oder einer Tür kämpft. Jemand, der Sie über die Kreuzung winkt, obwohl er Vorfahrt hat. Ein Kind, das einem Obdachlosen auf der Straße etwas zu essen oder trinken bringt. Nur durch eindeutiges, uneigennütziges Handeln, und sei es auch noch so unwichtig, können wir unsere Gleichgültigkeit und unseren Zynismus überwinden.
- *Orientieren Sie sich auf Ihrem Lebensweg an Wegweisern.* Wir alle haben Momente erlebt, in denen Anteilnahme sichtbar wurde:
- *Wie würden Sie den bedeutendsten Mentor oder Lehrer Ihres Lebens beschreiben, der seinen Anteil an dem hat, was aus Ihnen geworden ist?* Es handelt sich um Menschen, die einen Teil ihres Lebens für Sie gegeben haben. Vielleicht sahen sie Ihre Mög-

lichkeiten und hielten deshalb zu Ihnen. Wie fühlten Sie sich dabei, mit diesem Mentor oder Lehrer zusammen zu sein? Wenn sie heute bei Ihnen wären, was würden Sie ihnen sagen? Wie könnten Sie etwas zurückgeben? Wahrscheinlich würden sie selbst auf diese Frage hin sagen: „Gib es weiter." Sehen Sie vor diesem Hintergrund auf den vergangenen Monat: Wie viele Minuten Ihrer eigenen Zeit waren Sie dieser Mentor oder Lehrer für andere? Die häufigste Antwort auf diese Frage lautet: „Gar keine."

- *Wenn Sie morgen den Menschen verlieren würden, den Sie am meisten lieben, wie würde sich Ihr Leben und Ihre Arbeit verändern?* Auch im Alltag machen wir immer wieder einprägsame Erfahrungen, die uns die Zerbrechlichkeit und Vergänglichkeit des Lebens vor Augen führen. Über die letzten Generationen hinweg musste meine Familie mit dem Sterben von Kindern, aber auch mit dem Verlust anderer Familienmitglieder durch Krankheiten, Kriege und andere Tragödien fertig werden. Ich habe erfahren, wie leicht es ist, die Anwesenheit anderer als selbstverständlich zu betrachten, auch derer, die wir lieben. Wie einfach es ist zu sagen, „Ich komme später auf dich zurück"; „Ich mache das später wieder gut"; oder „Ich werde dir später zeigen, wie sehr ich dich liebe." Aber dieses Später kann innerhalb eines Augenblicks Vergangenheit sein.

  In meinem eigenen Leben habe ich noch eine andere Erfahrung gemacht. Vor siebeneinhalb Jahren bekam meine Frau, die damals mit unserer jüngsten Tochter Shanna schwanger war, eine seltene Krankheit, die sowohl ihr eigenes als auch das Leben ihres Babys bedrohte. Vor 50 Jahren gab es bei dieser Krankheit keine Rettung. Leslie und Shanna überlebten. Seitdem sehe ich jeden Morgen in ihre Augen und denke dabei: „Ich erhalte ein weiteres Geschenk. Ich habe dich einen Tag mehr in meinem Leben."

- *Wenn Sie 20 Millionen US-Dollar besäßen und nur noch fünf Jahre zu leben hätten, womit würden Sie aufhören, was würden Sie beginnen?* In den letzten zehn Jahren habe ich mich mindestens einmal im Monat vor ein leeres Blatt Papier gesetzt.

Oben auf das Blatt schreibe ich Folgendes: erstens, eine große Summe Geld – etwa 20 Millionen US-Dollar – und zweitens, fünf Jahre zu leben.

Die Prämisse lautet, dass ich unter keinen Umständen auch nur einen Tag länger lebe als diese fünf Jahre und dass ich mehr Geld besitze, als ich mir vorstellen kann, Geld also keine Rolle spielt. Ich stelle mir vor, dass diese Umstände einträten, sehe auf den letzten Monat zurück und auf den nächsten voraus, und frage mich dann, was ich tun bzw. lassen würde. Seit vielen Jahren versuche ich jetzt schon, so zu leben, als ob dies wahr wäre. Das Ergebnis ist, dass ich mit einigen Dingen abgeschlossen habe, obwohl ich gut darin war, weil ich sie unter den hypothetischen Umständen nicht tun würde. Und ich habe begonnen, Dinge zu tun, die für mich und meine Liebsten wichtiger sind. Das zeigt mir immer wieder, wie viel ich gewinne, wenn ich mich mehr um Menschen und das Leben kümmere, als ich müsste.

Dante kommt in der *Göttlichen Komödie* zu der schwer erkämpften Erkenntnis, dass „die verstreuten Blätter des Universums" durch die unsichtbare Kraft der „Liebe, die die Sonne und alle anderen Sterne bewegt", gesammelt und zueinander gezogen werden. Jeder von uns kann etwas unternehmen, um Engagement sichtbarer zu machen.

26 Setzen Sie ein Zeichen für die Zukunft

„Geh den Weg bis ans Ende der Markierung, und dann geh von dort aus weiter", pflegte mein Großvater Cooper zu sagen, wenn wir zusammen in den Bergen und Wäldern unterwegs waren. Anfangs zweifelte ich daran. Wenn es keine Spur gab, wurde jeder Schritt zu einer Mutprobe, bei der man vom Bekannten ins Unbekannte hinübertritt. Auf die eine oder andere Weise muss jeder erkennen, dass die nächste Grenze nicht nur vor uns liegt, sondern auch in uns. „Genau das haben unsere Vorfahren getan, Robert", sagte mein Großvater. „Sie hatten den Mut, ein unbekanntes Meer zu überqueren und damit die unbekannte Zukunft zu formen, und wovon sie geträumt und was sie geschafft haben, betrifft unser Leben noch heute."

Jeder Mensch wird mit einem einzigartigen Potenzial geboren, das sein Schicksal bestimmt. Wir haben die Chance, etwas zu tun, was noch niemand vor uns getan hat, und wir können der Welt unseren Stempel aufdrücken, bevor wir sterben. Aber nur wenige erkennen jemals dieses versteckte, einzigartige Potenzial und entscheiden sich bewusst, es auch zu nutzen.

Welche Spuren werden Sie in der Welt hinterlassen?

Als ich noch ein Junge war, spielte ich nach der Schule manchmal Baseball. Eines Tages ging ich früher nach Hause. „Mir gefällt es einfach nicht besonders", erklärte ich meinem Großvater Cooper, als ich auf dem Weg nach Hause noch kurz bei ihm vorbeischaute.

Ich kann mich heute noch an den Ausdruck auf seinem Gesicht erinnern, als er sich überlegte, ob er mich dazu zwingen sollte, zurückzugehen und weiterzuspielen. Offensichtlich hatte ich genug davon, Bälle zu fangen und auf dem Rasen herumzurennen. Natürlich hätte er mir eine Lektion darüber erteilen können, wie wichtig es ist, zu üben, üben, üben. Aber würde mich das anspornen oder eher noch trotziger machen, als ich ohnehin schon war, wie er natürlich bemerkt hatte?

Er bedeutete mir, ihm über die Auffahrt zu dem kleinen, staubigen Lagerhaus neben dem Wohnhaus meiner Großeltern zu folgen. Er ging in eine dunkle Ecke und holte aus einem hohen Regal einen alten Baseballhandschuh, der etwas komisch aussah – klein, mit dicken Fingern und im Lauf der Jahre nachgedunkelt. Einen solchen Handschuh hatte ich bisher nur auf vergilbten Fotos in alten Baseballbüchern gesehen. Es war die Art von Handschuh, die man im Museum neben einem Foto des Baseballerfinders Abner Doubleday erwartet – nicht versteckt im Regal eines dunklen Schuppens.

Mit einem Handtuch reinigte mein Großvater den Handschuh vorsichtig und gab ihn mir. Ich sah auf das alte ledrige Ding und trat ins Licht zurück, um es genauer zu untersuchen. Ich drehte den Handschuh hin und her, während mein Großvater erzählte, dass er früher seinem jüngeren Bruder Will gehört hatte. Als junger Mann, der im letzten Jahrzehnt des 19. und im ersten des 20. Jahrhunderts aufwuchs, war er ein begeisterter Anhänger der jungen Sportart Baseball gewesen.

Ich war verwirrt, denn da ich wusste, wie mein Großvater über Leute dachte, die etwas einfach aufgaben, hatte ich eine Lektion über Durchhaltevermögen und Beharrlichkeit erwartet. Stattdessen sagte er gar nichts und sah mich nur an, wie ich den Handschuh seines Bruders in den Händen hielt.

„Probier ihn mal an", sagte er.

Ich schob meine Hand hinein. Meine Finger waren zu klein, um ihn richtig auszufüllen. Will war schließlich wahrscheinlich doppelt so alt gewesen wie ich, als er den Handschuh getragen hatte. Auch wenn er locker saß, konnte ich in dem Leder deutlich die Abdrücke einer Männerhand erfühlen.

„Er passt mir nicht", sagte ich.

„Das ist immer so, denn man muss einen Baseballhandschuh erst selbst formen, damit er passt", sagte mein Großvater.

Dann erzählte er, dass Wills Trainer ihm sorgfältig erklärt hatte, wie man einen Baseballhandschuh behandelt, und Will hatte die Anleitung auf Punkt und Komma befolgt. Er hatte ihn in Lederöl getränkt und mit den Händen bearbeitet, er hatte ihn nachts um einen Baseball gewickelt neben seinem Kopfkissen liegen lassen. Nach zahllosen Behandlungen und Spielen hatten die Finger und die Handinnenfläche genau die Formen seiner eigenen Hand angenommen.

„Du berührst gerade Wills Hand", sagte mein Großvater. „Er liebte dieses Spiel wie kaum etwas anderes. In unserer kleinen Stadt hat er es den Kindern beigebracht. Als Will starb, behielt ich seinen Handschuh. Wenn ich meine Hand hineinschiebe, kann ich noch immer die Form seiner Hand spüren, eine Erinnerung an die Spuren, die er bei mir und allen anderen, die ihn kannten, hinterlassen hat. Robert, ich frage mich: Welchen bleibenden Eindruck wirst Du der Welt hinterlassen?"

Meine Finger in dem Handschuh kribbelten. Für ein paar Momente war es, als ob Wills Hand nach so vielen Jahren wieder lebendig geworden war, zumindest in der Erinnerung.

Plötzlich hielt ich mehr als einen alten ledernen Baseballhandschuh. Er war ein Zeichen, geradezu die Essenz eines anderen Menschen, der in anderen Zeiten an einem anderen Ort gelebt hatte.

„Robert, du weißt, dass du nicht weiter Baseball spielen musst", sagte mein Großvater. „Es gibt viele andere Dinge in deinem Leben, die dir jetzt schon wichtiger zu sein scheinen als dieses Spiel. Du musst dich an die Dinge halten, die dir am meisten am Herz liegen – und diese Dingen dann engagiert und motiviert verfolgen. Aber bevor du mit Baseball aufhörst, möchte ich, dass du dich genau an die Form von Wills Hand erinnerst. Bei allem, was du tust, hast du genau wie Will die Möglichkeit, etwas zu verbessern und deine persönlichen Spuren zu hinterlassen."

Die Nachmittagssonne schien durch das Fenster, und ich sah zu, wie mein Großvater sich umdrehte und den Schuppen verließ, während ich noch dastand, mit dem Baseballhandschuh seines längst verstorbenen Bruders in der Hand.

Jeder hat die Möglichkeit, der Welt seinen ganz persönlichen Stempel aufzudrücken. Wie wird Ihr Stempel aussehen?

Arbeiten Sie unablässig an den ungenutzten Möglichkeiten

Mit den Jahren interessiere ich mich immer weniger für das, was die Leute sagen, denken oder sich wünschen. Stattdessen achte ich darauf, was sie tun, was ich von ihnen spüre und was sie aus sich machen.

Aristoteles hat gesagt: „Zeit existiert nur zum Zwecke der Veränderung." Das englische Wort für Veränderung, *change*, stammt übrigens vom altenglischen *cambium* ab, das eigentlich „werden" bedeutet. Mit anderen Worten, Zeit existiert nur für die Entwicklung von etwas Neuem. Was genau möchten Sie werden? Jeden Tag verändern sich die unzähligen Zellen in Ihrem Körper merklich, abhängig von Ihren Entscheidungen oder Nicht-Entscheidungen. Auf ähnliche Weise ist jeder Bereich Ihres Gehirns für Entwicklungen offen, aber nur, wenn Sie durch Ihre Einstellung und Handlungen zeigen, dass *Sie* offen für Entwicklungen sind.

Aber was lehren wir unsere Kinder in der Schule? Im Grunde dieselben Dinge, die wir selbst gelernt haben: dass eins und eins zwei macht und dass Athen die Hauptstadt Griechenlands ist. Wann lehren wir sie, dass wir hart kämpfen mussten, um etwas über uns selbst herauszufinden? Dass sie einzigartig sind und enormes Potenzial besitzen, das zum größten Teil verborgen ist? In der ganzen Menschheitsgeschichte hat es nie jemanden gegeben, der genauso war wie sie – oder wie Sie und ich. Und es wird auch nie wieder so jemanden geben. Wenn unsere Kinder das nicht in der Schule lernen, müssen wir es ihnen beibringen. Wenn wir erst erkannt haben, was auf dem Spiel steht, wird offenbar, dass der wichtigste Lohn für unsere Arbeit in Schule oder Beruf nicht das ist, was wir dafür bekommen, sondern das, was wir dadurch werden.

Das Ziel Ihres Weges liegt jenseits seines Endes

In meinen Händen halte ich ein kleines Lederbuch, das mein Großvater Downing während des Studiums, der Assistenzzeit und den ersten Jahren seiner ärztlichen Praxis immer bei sich hatte. Es ist sehr abgegriffen, weil er es so häufig in seiner linken Hand gehalten hat, wenn er mit der rechten Hand Eintragungen machte. Manche kleine Botschaften finden sich darin. Eine klare, gerade Handschrift, so wie er mir schon so manche Nachricht geschickt hat. Jeder Strich ist sorgfältig ausgeführt, in seiner charakteristischen Schrift. Ich habe nur wenige Andenken an ihn, und das kleine, abgenutzte Buch ist mir das Allerwichtigste – die Berührung dieses einfachen Leders, das lange Zeit von seiner Hand geformt wurde. Auf seine Art erinnert es mich an den Stempel, den er der Welt aufgedrückt hat. Er war hier.

Nach all den Jahren erinnere ich mich immer noch jedes Mal, wenn ich jemandem schreibe oder wenn ich jemanden von einer zweiten Chance im Leben sprechen höre oder wenn ich an einer Farm vorbeifahre und ein stilles Gebet für gutes Wetter und gesunde Pflanzen spreche; jedes Mal, wenn ich ein paar Schulkinder an der Bushaltestelle oder auf dem Spielplatz beobachtete, wie er es auch getan hat, und an ihre versteckten Fähigkeiten denke, die vielleicht eines Tages die Welt verändern werden.

Zu den Dingen, die ich von ihm gelernt habe, gehört auch, gleich wieder aufzustehen, selbst wenn ich nach einem Sturz blutete oder Hautabschürfungen hatte. „Das heilt schon wieder", sagte er mit der stillen Souveränität eines Chirurgen, der versucht, die Grenzen der Selbstheilung zu entdecken. Und wenn er glaubte, dass ich ein schlechtes Gewissen hatte, sagte er: „Was glaubst du, warum Gott uns starke Schultern gegeben hat? Um den Herausforderungen des Lebens zu begegnen oder nur, um ein T-Shirt daran aufzuhängen?"

Manchmal werde ich ganz still, so wie er früher, und dann versuche ich, mir über die Klarheit meiner Wahrnehmung und die Flügel meiner Fantasie und die Tiefe meines Geistes klar zu werden. In all diesen Momenten, und in vielen anderen, trage ich meinen

Großvater Downing in mir, genau wie meinen anderen Großvater, meine Eltern und meine Mentoren.

Ich weiß nie, wann die Erinnerungen plötzlich wie aus dem Nichts auftauchen. Spät nachts, wenn ich lange gearbeitet habe und zu den Sternen hinaufschaue. Wenn ich meine Kinder umarme oder im Stau stehe oder eine schwere Entscheidung zu treffen habe oder in meine Seele sehe.

Nach all den Jahren erinnere ich mich immer noch. Ich habe mein ganzes Leben lang geschrieben. Noch immer ziehe ich eine handgeschriebene Nachricht einer E-Mail vor. Und wenn ich innehalte und die Augen schließe, fühle ich, wie mein Großvater meine Hand führt, wie er seine eigene führt.

„Das Ziel deines Weges liegt jenseits seines Endes", sagte er zu mir. Wir hinterlassen Spuren auf dieser Welt, die manchmal ganz anders verlaufen, als wir es uns vorstellen können. Alle unsere Gedanken, Gefühle und Handlungen sind auf geheimnisvolle Art mit dem Stoff verwoben, den wir das menschliche Schicksal nennen.

- *Stellen Sie sich täglich neue Aufgaben.* Wenn ich früher nach der Schule bei meinen Großeltern vorbeischaute, fragte mich Großvater Cooper, ob ich keine Hausaufgaben hätte. Wenn ich Nein sagte, entgegnete er: „Warum setzt du dich dann nicht hin und gibst dir selbst welche auf?" Es gibt keinen Grund, darauf zu warten, dass Ihnen irgendjemand sagt, was Sie tun sollen, wenn Sie die Chance haben, Ihren Weg selbstständig zu gehen. Wie mein Großvater immer sagte, sind die Sprossen auf der Leiter des Lebens nicht dazu da, sich auf ihnen auszuruhen und nur an ihnen festzuhalten; sie sollen Sie vielmehr auf dem Weg nach oben unterstützen. Was Sie und ich verdienen, hängt davon ab, was wir zu geben bereit sind, was wir versuchen zu lernen und wonach wir mit allen Kräften streben. Herumstehen und schimpfen hat noch nie jemandem geholfen. Wenn Sie dazu neigen, sich viel zu ärgern, dann geben Sie sich lieber täglich eine neue Aufgabe.

- *Achten Sie ganz genau darauf, was Sie aus dem Rest Ihres Lebens machen wollen.* Wenn Sie die Geschichte Ihres Lebens aufschreiben und danach laut vorlesen müssten, wie würden Sie sich dabei fühlen? Wenn Sie irgendetwas ändern könnten, während Sie die Geschichte fortschreiben, was wäre das?

  Hillel der Ältere sagte schon vor 2000 Jahren: „Wenn nicht jetzt, wann dann? Wenn nicht du, wer dann?" Der Aufruf richtet sich an uns alle. Der an der Universität von Harvard beschäftigte Biologe Richard Lewontin hat Folgendes beobachtet: „In der ganzen Geschichte der Menschheit gab es noch nie zwei Menschen, die sich auch nur in den einfachsten Molekularverbindungen glichen, und es wird sie auch nie geben." Erinnern Sie sich immer wieder daran, dass Sie einzigartig sind und die Verantwortung tragen, mit dieser Einzigartigkeit sorgfältig umzugehen.

  Man kommt nicht um die Tatsache herum, dass wir ständig Zelle für Zelle sterben. Jeden Tag werden wir aber auch erneuert, Molekül für Molekül, bei manchen Körperteilen geht das recht schnell, wie bei der Haut und den Sinnen, andere heilen langsam, wie das Herz und das Gehirn. Jede Erneuerung gibt uns eine neue kleine Chance, uns und die Welt zu verändern und weiterzuentwickeln, nicht nur mit Geist und Körper, sondern auch mit Herz und Seele.

  Der deutsche Philosoph Walter Benjamin, der auf der Flucht vor den Nazis starb, beschrieb dies als „den ständigen Versuch, den Rest des eigenen Lebens mit größter Aufmerksamkeit anzugehen". Es ist möglich.

- *Fragen Sie immer wieder, was es bedeutet, ein erfolgreicher Mensch zu sein.* Das Leben ist kurz, sagt der Volksmund. Und er hat Recht. Das Leben ist zu kurz zum Theaterspielen und Grimassenschneiden, zu kurz für Sprünge durch Reifen, für Entschuldigungen und Beschuldigungen, zu kurz dafür, es jedem Recht machen zu können oder die gesellschaftlichen Ansprüche zu erfüllen, reich und berühmt zu sein. Vor allem ist das Leben aber zu kurz, weil wir sterben. Wenn Sie nachts wach liegen, dann halten Sie inne und überlegen Sie, was wirklich wichtig im Leben ist und was Sie Ihren Mitmenschen geben können.

Mein Urgroßvater William Downing hatte immer einen zeitlosen kleinen Spruch über die Paradoxie des Lebens parat: „Ein Mensch sollte immer Kleidungsstücke mit zwei Taschen tragen. In eine Tasche steckst du dir einen Zettel, auf dem steht: ‚Ich bin nur Staub und Asche.'; in die andere Tasche einen Zettel mit den Worten: ‚Die Welt wurde nur für mich erschaffen.'"

- *Schreiben Sie eine kurze Nachricht für den Wohnzimmer- oder Küchentisch.* Stellen Sie sich vor, Sie müssten heute eine Nachricht schreiben, die wichtigste Nachricht Ihres Lebens. Sie kann nur eine Zeile lang sein oder eine ganze Seite, aber auf keinen Fall länger. Wenn Sie danach nach Hause gehen und die Nachricht auf den Wohnzimmer- oder Küchentisch legen sollten, damit spätere Generationen sie lesen können, während Sie für immer verschwinden, was würden Sie schreiben?

Ich habe mich dieser Aufgabe in meinem Leben schon mehrfach gestellt. Jedes Mal schreibe ich etwas anderes. Das ist harte Arbeit. Manchmal bin ich entsetzt. Meine Aufmerksamkeit und Konzentration richten sich ganz auf mein Denken und mein Fühlen. Mit dem Stift in der Hand destilliere ich ein wenig Bedeutung und Sinn aus dem Leben heraus. Ich stehe an dem Abgrund, der sich auftut zwischen den Worten, die ich schreiben möchte, und dem Beispiel, das ich durch mein eigenes Leben gebe. Auf die Frage, wie lange er denn dafür benötigt habe, die nur eine Seite lange Gettysburg-Rede zu schreibe, antwortete Abraham Lincoln: „Mein ganzes Leben."

- *Schließen Sie die Lücke zwischen Ihrer Arbeit und den Folgen für die Welt.* Eine der zentralen Herausforderungen des Lebens ist das Schließen der Lücke zwischen dem Ort, wo wir sind, und dem, an dem wir am liebsten wären. Dazu gehört auch die Verbindung zwischen dem, was Sie tun, und der Erkenntnis, welche Folgen dies für die Welt hat. Im Durchschnitt verbringen wir als Erwachsene 60 Prozent unserer Zeit (im Wachzustand) mit Arbeit. Trotzdem fühlt sich kaum jemand genötigt, das Beste aus sich herauszuholen, wenn es nur um Geld geht. Wir brauchen noch etwas anderes.

Kennen Sie die Herzen, Gesichter und Geschichten derer, die von Ihren Anstrengungen profitieren? Wenn nicht, wie können Sie dann erfahren, was Ihr Beitrag für das Leben oder die Arbeit anderer bedeutet? Hören Sie diesen wahren Geschichten zu, machen sie sich ein paar Notizen. Sie sind der einzige und wichtigste Katalysator dafür, dass wir ständig unsere verborgenen Kapazitäten anzapfen, um mehr zu geben.

- *Holen Sie das Beste aus sich heraus.* Mein Großvater Downing starb 1966 an Bauchspeicheldrüsenkrebs. Ich war damals 15 Jahre alt. Als Chirurg wusste er sicher genau, dass seine Krankheit tödlich war. Er nahm sein Schicksal ohne Klage an. Als es dem Ende zuging, wurde er sehr schwach. Manchmal mussten Schwestern ihn stützen, wenn er darauf bestand, andere Patienten in ihren Zimmern zu besuchen.

  Eines Tages klingelte das Telefon. Der Notarzt einer Klinik der Nachbarstadt war am Apparat. Es hatte einen Unfall gegeben, und eines der Opfer – ein Kind – hatte überlebt. Es wurde gerade in die Notfallaufnahme gebracht. In der Klinik gab es keinen Chirurgen, der in der Lage war, die notwendige Operation durchzuführen. Mein Großvater sei der Einzige, der sich nicht zu weit entfernt befand. Ob er sofort kommen könne?

  „Gibt es denn niemand anderen, der als Chirurg infrage kommt?", fragte mein Großvater. „Nein", lautete die Antwort. „Nur Sie."

  Meine Großmutter stand zufällig gerade neben ihm, als er sagte, ja, er würde kommen. Er wusste nicht, ob er helfen konnte, aber er würde kommen. Er konnte gar nicht *nicht* kommen.

  Meine Großmutter fuhr ihn hin. In der Notfallaufnahme angekommen, stieg er langsam aus dem Auto und ging von meiner Großmutter gestützt den Korridor hinunter. Er wusch seine Hände für die Operation und ging in den OP. Das Ärzteteam – vier Schwestern und drei Assistenzärzte – stöhnte auf, denn der Krebs hatte meinen Großvater ausgezehrt und auf knappe 50 kg abmagern lassen. Es war offensichtlich, dass er sich kaum auf den Beinen halten konnte.

Aber in seinen Augen leuchtete die Entschlossenheit, erzählten sie später. Und noch etwas anderes.

Mein Großvater Downing hielt vor jeder Operation kurz inne und schickte ein stilles Gebet zum Himmel, das er mir einmal offenbart hat: „Ich kann die Rätsel des Lebens nicht erfassen. Ich kann die Macht der Heilkräfte nicht ergründen. Aber in diesem Moment bin ich mit meiner ganzen Energie und meinem ganzen Geist genau hier. Ich will mein Bestes geben."

Dann atmete er tief ein und sammelte sich. Von diesem Moment an zitterten seine Hände während der ganzen Operation nicht ein einziges Mal mehr. Das Kind überlebte. Nicht lange darauf starb mein Großvater. Fast 1.000 Menschen kamen zu seiner Beerdigung. Noch einmal genauso viele besuchten die Leichenhalle und den Friedhof. Als Chirurg hatte er viele Leben gerettet. Aber da war noch etwas anderes. Mit zahllosen kleinen und unauffälligen Gesten hatte er noch viel mehr Menschenleben berührt, als er gerettet hatte.

„Ich will das Beste geben" ist ein Gebet, mit dem wir uns den vor uns liegenden Herausforderungen stellen wollen. Niemand kann mehr geben. Aber mit etwas Übung werden wir bald nicht mehr weniger geben wollen.

Unabhängig davon, wer Sie sind oder wie hart Ihr Leben war, unabhängig davon, welche Herausforderungen gerade vor Ihnen liegen, Sie haben in jedem Moment die Möglichkeit, Ihre Entwicklung zu beeinflussen. Vielleicht halten Sie wie ich einen Moment inne, wenn Sie schwierige Phasen durchleben, und sprechen das kleine Gebet, das ich von meinem Großvater gelernt habe und das mit diesen Worten endet:

„… In diesem Moment bin ich mit meiner ganzen Energie und meinem ganzen Geist genau hier. Ich will mein Bestes geben."

- *Sie wurden für eine Zeit wie diese geboren.* Als Mordechai im Alten Testament Königin Esther eröffnet, dass sie die Juden retten müsse, sprach er: „Du wurdest für eine Zeit wie diese geboren." Ich habe diesen Spruch in meiner Jugend oft gehört. Es gibt einen Grund für unser Leben. Von allen Momenten der Geschichte ist dieser hier – dieser Augenblick – das größte Versprechen.

Jetzt ist der Moment. Das ist Ihre Chance.

Es gibt in meiner Familie die Tradition, dass jemand am letzten Abend des Jahres das Wort ergreift und ein wenig erzählt, was wir in diesem Jahr gelernt haben und worauf wir in der Zukunft hoffen. Am Silvestermorgen des Jahrtausendwechsels erwachte ich sehr früh. Am Horizont konnte ich den ersten schwachen Schein des Morgengrauens erkennen. Ich saß ganz still und allein da, und ich spürte das Gewicht meiner Erinnerungen und der Hoffnungen, die ich auf die Zukunft richtete. Ich schrieb ein kleines Gedicht über die Hoffnung, die ich für meine Kinder hege, und für alle Kinder. Kurz vor Mitternacht las ich es im Kreise meiner Freunde und meiner Familie vor. Es schloss mit einer Aufgabe für uns alle:

… Um mit gutem Beispiel voranzugehen,

Liebe, als lebtest du ewig,

Arbeite, als ob du das Geld nicht brauchtest,

Träume, als ob niemand nein sagen könnte,

Hab Spaß, als ob du nie erwachsen werden müsstest,

Sing, als ob niemand zuhörte,

Handle so, als ob alles von deinem Handeln abhinge,

Und setze ein Zeichen, wo noch nie ein Zeichen war.

Danksagung

Was mich betrifft, so kann ich nur von Wundern sagen.

Walt Whitman

Ein vollendetes Buch ist wie ein Wunder. Der Entstehungsprozess zog sich über mehrere Jahre hinweg; er beinhaltete eine intensive Sinnsuche und erreichte viele Augen und Herzen. Als unabhängiger Denker fühlte ich mich dazu aufgefordert, dieses Buch zu schreiben, um die versteckten Möglichkeiten zu finden, die uns zu Menschen und zu Lebenden machen.

Wo immer das nicht gelungen sein mag, ist dies meine Schuld, wo immer das Buch besonderen Wert hat, verdankt es ihn zum größten Teil den Beiträgen anderer.

Von ganzem Herzen danke ich meiner Familie: Leslie, meiner Frau, die mir das größte aller Geschenke gemacht hat: ihre Liebe und ihre Bereitwilligkeit, ihr Leben mit mir zu teilen. Und meinen Kindern Chris, Chelsea und Shanna, ihr seid die Sterne an meinem Himmel. Euch zu lieben ist das Beste, was ich tun kann.

Ich danke meinem Vater Hugh, meiner Mutter Margaret und meinen Großeltern Hugh und Nora Cooper und Wendell und Marion Downing für alles, was sie geliebt, verloren, gelernt und gelebt haben. Eure Gegenwart hat mich auf vielerlei Weise gestärkt. Ich versuche jeden Tag, die Fragen und Verantwortlichkeiten zu leben, die ihr an mich weitergegeben habt.

Ich habe mich bei meiner Arbeit auf die vielen Notizen bezogen, die ich im Lauf der Jahre gemacht habe, auf wichtige Diskussionen, auf Gedanken über Bücher und Lehren und auf Fragen über das Leben und die Arbeit.

„Wer die Weisheit liebt", schrieb Heraklit, „muss fürwahr viel erfragen." Ich habe in allen Phasen meiner Arbeit viel Unterstützung lieber Freunde gefunden, die mir halfen, meinen Horizont zu erweitern und mit den Füßen auf dem Boden zu bleiben. Dazu gehören:

Mein Kollege und Freund Jerry de Jaager. Dein waches Auge und deine kreativen Einsichten haben dieses Buch zu weit mehr gemacht, als es sonst hätte werden können.

Meine Agentin Stephanie Tade. Deine Freundschaft und deine außergewöhnlichen Fähigkeiten sind ein besonderes Geschenk für mich.

John Mahaney, Lektor bei Crown Business Books. Danke, John, für deinen Rat und deine Hilfe bei der Entstehung dieses Buches. Ich bedanke mich auch bei den anderen Mitarbeitern von Crown Publishers, die mitgearbeitet haben.

Meine Schwester Mary, ihr Mann Pedro und ihre Kinder Andie, Becky und Tricia. Mein Bruder David, seine Frau Nanette und ihre Kinder Nate und Anna Marie. Danke für viele Jahre voller Liebe und schöner Erinnerungen.

Larry Taylor, Präsident von Pinkerton Security, mein bester Freund über Zeit und Raum hinweg.

Deborah J. Kiley, Leiterin der Abteilung Führungskräfteentwicklung bei Arthur Andersen. Danke für zehn Jahre enger Freundschaft und Zusammenarbeit bei der Entwicklung einer neuen Führungsgeneration.

Meine Assistenten bei den Nachforschungen, insbesondere Esther Orioli. Abgesehen von unserer Freundschaft bist du auch ein Vorbild für die Entschlossenheit, die für die Förderung einer veränderten Unternehmensstruktur notwendig ist.

Ich danke meinen Kollegen bei der Lessons in Leadership Distinguished Speaker Series, vor allem: Ken Blanchard, Stephen Covey, Bob Nelson, Tom Peters und Martha Rogers. Macht weiter so.

Ich bedanke mich für die Freundschaft meiner Partner bei vielen Projekten: Juliane Ross, Esther Orioli, Ayman Sawaf, Susan Duggan und George Sidman.

Dank an das Team von Q-Metrics und Essi Systems: Esther Orioli, Karla Carmony, Karen Trocki, Myron Binder, Dina Ishibashi und Brenda Aguilar. Es war mir eine Ehre, mit euch zusammenzuarbeiten.

Für die Partnerschaft und die Inspiration Dank an Larry und Bunny Holman, den Gründern von Wyncom. Ich danke auch den vielen außergewöhnlichen Mitarbeitern von Wyncom und Rhyno Productions (in alphabetischer Reihenfolge): Melissa Adkins, Linda Allin, Mary Allison, Lionel Aucoin, Judy Bishop, Paula Boycott, Joe Brumley, Rita Cambron, B.J. und Karen Cobuluis, Tony Condi, Keith Elkins, Melissa Fightmaster, Shirley Gilbert, Julie Gudlewski, Sheila Hardaway, Bob Heiple, Matt Henson, Deloris Hill, Connie Holman, Lee Katz, Frank Lovejoy, Sam Lynch, George Mears, Karen Miller, Tom Neitzel, Justin Rains, Robin Roth, Paul Sanders, Robin Smith, Debbie Taylor, Nettie Van Alstine, Leigh Ann Wagner, Chad Walker, Carol Wallace, Jim Whitaker, Retta Wilhite und Jacob Zimmer. Ich schätze euch und eure Arbeit – und daran wird sich nie etwas ändern.

Dank auch an meine speziellen Freunde:

Nancy Badore, Gründerin und Leiterin der Abteilung Führungskräfteentwicklung, Ford Motor Company.

Susan Duggan, Gründerin und CEO des Silicon Valley World Internet Center.

John Horton, Gründer und CEO des Leadership Center und des Leadership Forum.

Gayle Holmes, John Ramberg und Jan Logan von MenTTium.

Jim Erison, Gründer und Leiter des Masters Forum sowie an seinen Kollegen Tom Miller.

Howard und Linda Schultz, Gründer und Leiter des Triangle Learning Consortium (TLC).

Lodi Gyari, Leiter der International Campaign for Tibet.

Heidi Ream, Gründerin und Leiterin von Executive Exchange.

Alan Horton, Mitgründer von The Learning Corporation.

Den Dekanen vieler Wirtschaftsschulen, die meine Führungsseminare gesponsert haben.

Mein Dank gilt den Partnern von Arthur Andersen, die am Masters Program teilgenommen haben. Insbesondere meinen Mentoren Bob Allgyer, Jeff Bergeron, Deb DeHaas, Jeff Dobbs, Tom Fischer, Gary Holdren, Jim Kackley, Larry Katzen, Dave Kay, Paul Laughlin, Helen Lemmon und Steve Polacek.

Dem Leigh Bureau mit Danny Stern, Phyllis Bockus, Larry Leson, Karen Liodice, Tom Neilssen, Anne Pace, Ron Szymanski, Les Tuerk und Robin Wolfson.

Außerdem (in alphabetischer Reihenfolge): Julie Anixter, Sven Atterhed, Sam Baughey, Harold Bloomfield, Dan Brandenburg, Elly Rose Cooper, Kenneth Cooper, Bruce Cryer, Antonio Damasio, Jan Dehesh, Wen und Joyce Downing, Brian Doty, Alan Fox, Josh Freedman, Hans-Gerd Füchtenkort, Karen Hansen, Ruth und Norman Hapgood, Chuck Harstad, Mary Hershberger, Michael Hoppé, Mary „Bunny" Huller, Carol Kelsey, Rushworth Kidder, Peter Koestenbaum, Jim Loehr, Susan Marshall, Agnew und Peg Meek, George und Karen McCown, Michael Patton, Barry Posner, Michelle Post, Karl Pribram, Nido Qubein, Michael Ray, Doug Richard, Charlotte Roberts, Carl Rogers, Suanne Sandage, Dawn Sorenson, Jim Stockdale, Lynn Taylor, Teresa Tomlin, Rowan Sawaf, Nan Summers, Sirah Vettese, Kristine Walker, Bob und Tina Webster, Jim White, Jeff Willet und Kathryn Young.

Über den Autor

Der von Professor Michael Ray von der Stanford Business School als „Juwel der Nation" gelobte Robert K. Cooper ist Fakultätsmitglied der Lessons in Leadership Distinguished Speaker Series™, die von staatlichen Wirtschaftsschulen im ganzen Land unterstützt wird.

Cooper ist nicht nur bekannt dafür, die verborgenen Fähigkeiten außergewöhnlicher Führungspersönlichkeiten freizusetzen und ihre Stressfähigkeit zu stärken, sondern gilt auch als Pionier der praktischen Anwendung emotionaler Intelligenz und der neurowissenschaftlichen Untersuchung von Vertrauen, Initiative, Führung und Engagement.

Cooper war Zeitungsjunge, Häusermaler, Landarbeiter, Kampfsportler, herausragender Athlet, Soldat bei den U.S. Marines, Bergsteiger, Tischler, Landvermesser, Universitätsstudent, unabhängiger Dozent, Fitnesstrainer, Zeitungskolumnist, Mitentwickler für die Messung von Spitzenleistungen, Vorstandvorsitzender einer Firma, die sich auf die Fortbildung von Führungskräften und angewandte Intelligenz spezialisiert hat, Berater eines globalen Technologiekonsortiums, Unternehmensberater und Redner.

Er hat von Wissenschaftlern, Erfindern, Lehrern, Flüchtlingen und Führungskräften mit unterschiedlichsten Hintergründen gelernt.

In einer kürzlich erstellten Studie über Manager und andere Führungskräfte aus mehr als 90 Unternehmen und Organisationen wurde seine Arbeit mit der von 20 anerkannten Managementtrainern verglichen. Cooper belegte in allen Kategorien den ersten Platz, darunter inhärente Werte, Anwendungsmöglichkeiten, Vortragsweise und Gesamtergebnis. Seine Artikel wurden in *Strategy & Leadership* veröffentlicht, von seinen Büchern, darunter *The Performance Edge* und *Executive EQ,* wurden fast vier Millionen Exemplare verkauft.

Cooper ist Geschäftsführer von Advanced Excellence Systems, einem Beratungsunternehmen für Führungskräfte. Er arbeitet als beratender Professor im Ph.D.-Programm des Union Institute Graduate College in Cincinnati. Zusätzlich zu seiner akademischen Arbeit an der University of Michigan und der University of Iowa hat er seinen eigenen Abschluss an der University of Minnesota mit Auszeichnung gemacht und wurde am Union Institute Graduate College in den Fächern Gesundheit und Psychologie mit Schwerpunkt Unternehmensführung promoviert.

Cooper entwickelte und präsentierte Programme für Führungspersonal und Fortbildungen für viele verschiedene Unternehmen, darunter 3M, Arthur Andersen, Ford Motor Company, Sun Microsystems, Marriott, Morgan Stanley, Dean Winter, Scientific-Atlanta, SmithKline Beecham, Delta Airlines, Georgia-Pacific, Children's Healthcare, Fireman's Fund Insurance, Novartis, Qualcomm, Coca-Cola, Allstate Insurance, Methodist Hospitals und Pinkerton Security.

Er ist Ausbilder in mehreren Institutionen für medizinische Vorsorge. Er diente während des Vietnamkriegs als U.S. Marine. Als ausgezeichneter Sportler ist er Inhaber des Honor Trophy Award für „herausragende Leistungen in Lehre, Sport und Führung" der University of Michigan. Er lebt mit Frau und Kindern in Ann Arbor, Michigan.

Wenn Sie mehr über Robert Coopers Seminare, öffentliche Reden und Auftritte, Bücher, Videos, mündliche und schriftliche Beiträge und Artikel erfahren möchten, besuchen Sie bitte seine Website im Internet:

www.theother90percent.com

E-Mail-Adresse:
robertcooper@theother90percent.com

Stichwortverzeichnis